国家出版基金项目
NATIONAL PUBLICATION FOUNDATION

浙江文化艺术发展基金资助项目
PROJECTS SUPPORTED BY ZHEJIANG CULTURE
AND ARTS DEVELOPMENT FUND

迈向共同富裕

理论、起点、目标和路径

第一卷·共同富裕的理论与实现路径

李 实 等◎著

TOWARDS
COMMON PROSPERITY

THEORY, THRESHOLD, GOAL AND PATH

ZHEJIANG UNIVERSITY PRESS
浙江大学出版社
·杭州·

图书在版编目（CIP）数据

迈向共同富裕：理论、起点、目标和路径. 第一卷，共同富裕的理论与实现路径 / 李实等著. -- 杭州：浙江大学出版社，2024.7. -- ISBN 978-7-308-25307-9

I. F124.7

中国国家版本馆 CIP 数据核字 2024PZ6253 号

前　言

　　2020年是中国历史上不同寻常的一年。在这一年,中国完成了两大历史使命,一是消除了长期困扰中华民族的绝对贫困问题,二是实现了全面建成小康社会的目标。这一年召开的党的十九届五中全会审议通过了《中共中央关于制定国民经济和社会发展第十四个五年规划和二〇三五年远景目标的建议》,开启了全面建设社会主义现代化国家新征程,提出到2035年"全体人民共同富裕取得更为明显的实质性进展",到2050年"基本实现共同富裕"的中长期发展目标。这意味着,在未来30年中,中国将会不断推进共同富裕,一方面坚持高质量发展,继续做大"蛋糕",提高人民的富裕程度,先是赶上中等发达国家,然后赶上发达国家;另一方面更加重视社会公平原则,最大限度地实现发展成果的共享,合理分好"蛋糕",缩小城乡和地区差距,缩小收入和财产分配差距,实现基本公共服务均等化。党的二十大报告系统阐述了"中国式现代化"的新概念,进一步指出中国式现代化的五大特征,其中之一是全体人民共同富裕。共同富裕的重要性得到进一步提升:没有共同富裕就不可能实现中国式现代化。

　　共同富裕是自古以来人类的共同理想和美好追求。人类社会采取了不同的方式平衡公平与效率、发展与共享。中国共产党人高举共同富裕的旗帜,力图走出一条有中国特色的实现共同富裕的道路。正如中国式现代化不同于其他国家的现代化模式一样,中国的共同富裕道路也具有显著的自身特点。中国的共同富裕具有两大特征：一是全体人民的高水平的富裕，二是人与人之间的高度共享。两大特征的有机统一就是，全体人民都能过上富足的物质生活和精神生活，共同进入富裕社会，实现人类社会的终极发展目标——实现人自由而全面的发展。

然而，我们要充分认识到实现共同富裕的长期性、艰巨性和复杂性。特别对于中国这样一个发展中国家来说，推进共同富裕比起许多发达国家需要更长的时间，要面临更多的挑战和困难，需要付出更多的努力，更需要具备坚定的信心和卓越的智慧。历史的经验告诉我们，只是拥有共同富裕的理念是不够的，还需要对共同富裕的有关理论进行深入研究，对推进共同富裕的实践进行反复探讨和细致论证，坚持理论创新、制度创新、实践创新、文化创新，才能够逐步形成一套丰富的有中国特色的共同富裕理论和行之有效的推进共同富裕的行动方案。

2021年5月，《中共中央 国务院关于支持浙江高质量发展建设共同富裕示范区的意见》印发。近几年来，浙江省积极探索推进共同富裕的目标和实现路径，出台了一套较为完整的行动方案，鼓励市县区域结合自身特点，采取实际行动，扎实推进共同富裕。浙江省本着实事求是和在实践中不断创新的原则，在推进共同富裕方面已取得明显的进展，积累了一些值得总结的经验。

研究共同富裕不能"闭门造车"，要有开阔的眼界、全球的视野，学习和借鉴别国的经验，吸取他国的教训，才能准确理解中国特色的共同富裕的目标和实现路径。在平衡发展与共享、效率与公平等问题上，一些国家有独特的做法，也有一些值得中国学习的经验。学习他国经验并不意味着全盘照搬，还是要结合中国自身的国情和发展阶段加以吸收和借鉴。这样做的前提是要全面了解这些国家的做法，并在此基础上进行分析和研究。

浙江大学共享与发展研究院成立于2021年6月，旨在持续深入地研究中国特色的共同富裕理论，密切关注浙江和全国的共同富裕进程，通过高水平研究成果为国家实现共同富裕贡献智慧和力量。这正是研究院的根本宗旨，更是研究院的初心所在。研究院自成立以来，在组织实施持续性基础理论研究的同时，开展了一系列深入的调查研究，与有关各方建立了稳定的合作机制，研究成果直接服务于中央有关部门的政策制定，服务于浙江省高质量发展建设共同富裕示范区的制度设计，服务于社会公众对共同富裕的认知和关切。正是出于这份初心，研究院在成立之初设立"共同富裕研究课题"，对共同富裕的理论、浙江建设高质量发展共同富裕示范区的经验、推进共同富裕的国际经验进行持续研究，取得了一些研究成果。这些研究成果构成了本书的基本内容。

　　本书共有三卷。第一卷对共同富裕的理论、目标、实现路径等重大主题进行探讨。从共同富裕的基本内涵出发，对当前推进共同富裕面对的挑战和困难进行分析和论证，提出缩小城乡差距、地区差距和收入差距，实现高水平基本公共服务均等化的制度优化和政策措施。第二卷重点论述和总结浙江省自改革开放以来，特别是近几年建设共同富裕示范区过程中实施的重大改革举措和取得的初步经验。该卷在系统回顾共同富裕浙江实践探索的基础上，细致论述了浙江省在促进经济高质量发展、居民就业增收、城乡融合发展、区域协调发展、保障和改善民生、实施面向外来人口的包容性政策、促进精神生活共同富裕等方面的具体经验，也指出了存在的不足和进一步改进的建议。第三卷对发达国家现代化建设进程中在处理公平与效率、发展与共享、做大"蛋糕"与分好"蛋糕"的关系方面取得的经验和教训进行了回顾与总结。中国式现代化并非孤立于世界之外的、偏居一隅的独自发展，借鉴域外经验并将其本土化始终是我国现代化发展进程中的重要方法与路径。虽然"共同富裕"作为一个特定的表述来自我国的政治体系，属于中国"首创"的原生性概念，但是在人类历史发展的长河中，从来都不乏关于普遍性福利及普遍性繁荣的讨论，尤其是在第二次世界大战后，关于普遍性富足和全民福利的概念已经沉淀为多数西方国家的普遍性制度安排，因此我们有必要从国别的角度来梳理发达国家所积累沉淀的历史经验和历史教训，为我国设立共同富裕的目标、体制、机制和实现路径提供借鉴和帮助。

本书由李实、何文炯、刘涛共同负责全书的总体框架设计,三人分别担任第一卷、第二卷和第三卷的主编,负责相应章节的设计、组稿和统稿工作。第一卷的各章作者分别是李实、朱梦冰(第一章),李实(第二章),李实、詹鹏、陶彦君(第三章),杨修娜、李实(第四章),茅锐(第五章),杨一心(第六章),何文炯(第七章),张翔、孙源(第八章),刘晓婷(第九章),马高明(第十章)。第二卷的各章作者分别是刘培林、辛越优(第一章),郭继强、李新恒(第二章),张海峰(第三章),史新杰、吴宇哲(第四章),刘来泽(第五章),何文炯(第六章),杨一心(第七章),董扣艳(第八章)。为该卷写作做出贡献的还有姚引妹、蒋潮鑫、王中汉、陈鹏举、郭瑞恬、潘绘羽、许智钇、张世艳、曾培等。第三卷的各章作者分别是刘涛(第一章、第二章),王滢淇、刘涛(第三章),王滢淇(第四章),李秋璇、孟小秋、刘涛(第五章),陶彦君(第六章),刘木兰、刘涛(第七章),朱梓媛、刘涛(第八章),刘涛(第九章)。

在过去两年中,学术界对共同富裕进行了广泛的研究和较为深入的讨论,将共同富裕的研究推向了一个新的高度。本书作者也以各种方式参加国内外的学术研讨会和活动,与国内外专家进行交流与讨论,获得许多有益的启示和建议。本书的研究成果部分来自作者们的长期学术积累和课题研究,这些研究课题得到了中央和浙江省政府部门、相关基金会和社会组织特别是浙江大学相关机构的资助和支持。在本书付梓之际,我们特别感谢全国哲学社会科学工作办公室、国家自然科学基金、国家发展和改革委员会、财政部、中央农村工作领导小组办公室、国家高端智库、浙江省委、浙江省人民政府、浙江省委政策研究室、浙江省发展和改革委员会、浙江省社会科学界联合会和有关部门的信任、帮助和支持,感谢浙江大学领导,浙江大学社会科学研究院、公共管理学院和经济学院的大力支持,感谢课题组全体成员的辛勤劳动和卓有成效的工作,感谢浙江大学出版社为本书出版提供的优质服务。

李　实　何文炯　刘　涛

2023 年晚秋于杭州

目　录

第一章　共同富裕的内涵、目标和实现路径　/001

第一节　共同富裕的内涵　/001

第二节　实现共同富裕的基础与挑战　/003

第三节　探索共同富裕之路　/015

第二章　中国收入分配格局和政策的演变　/022

第一节　中国收入分配格局的总体特征　/022

第二节　21世纪以来我国收入分配的总体格局变化　/024

第三节　收入分配格局变化的影响因素　/025

第四节　收入分配政策的演变及其再分配效应　/029

第五节　加大收入分配政策的调节力度　/035

第三章　居民财产积累机制和财产不平等趋势　/042

第一节　财产积累机制的一般性解释　/044

第二节　数据和财产核算　/047

第三节　居民财产规模变化和特点　/053

第四节　居民财产不平等的变化趋势　/056

第五节　财产构成对财产积累的贡献　/062

第六节　储蓄和财产价格变动对居民财产积累的影响　/070

第七节　规范财富积累机制的总体方向　/079

第四章　扩大中等收入群体推动共同富裕　/082

第一节　扩大中等收入群体的重要意义　/082

第二节　中等收入群体的概念和界定标准　/083

第三节　我国中等收入群体规模及特征　/090

第四节　我国中等收入群体规模与发达国家的比较　/094

第五节　我国中等收入群体规模与其他金砖国家、墨西哥
　　　　的比较　/096

第六节　中等收入群体比重与经济发展水平之间的关系　/099

第七节　扩大中等收入群体的政策建议　/104

第五章　缩小城乡差距的城乡融合发展路径　/107

第一节　城乡差距的发展规律与理论解释　/108

第二节　城乡融合发展的现实背景与意义　/114

第三节　城乡融合发展的全球和地方经验　/120

第四节　城乡融合发展缩小城乡差距的政策建议　/125

第六章　高水平推动基本公共服务均等化　/130

第一节　基本公共服务体系建设历史回顾　/131

第二节　基本公共服务均等化与共同富裕　/135

第三节　推动高水平基本公共服务均等化的驱动力分析　/140

第四节　促进基本公共服务均等化的行动逻辑　/148

第五节　高水平推动基本公共服务均等化的路径选择　/152

第七章　优化社会保险制度促进共同富裕 /157

　　第一节　社会保险与共同富裕的关系 /157

　　第二节　社会保险制度改革对共同富裕的贡献 /162

　　第三节　共同富裕视角下现行社会保险制度的缺陷 /167

　　第四节　建设适应共同富裕要求的社会保险制度 /173

第八章　建立国民基础养老金制度促进共同富裕 /183

　　第一节　我国基本养老保险参保情况 /185

　　第二节　城乡居民养老保险缴费和领待的"解绑脱钩" /188

　　第三节　城乡居民养老保险基础养老金和农村低保的

　　　　　　"并标挂钩" /190

　　第四节　建立国民基础养老金制度的财务可行性 /199

　　第五节　建立国民基础养老金制度的现实基础 /201

第九章　共同富裕背景下的养老服务体系高质量发展 /203

　　第一节　共同富裕与基本养老服务 /204

　　第二节　基本养老服务的概念与现状 /208

　　第三节　基本养老服务的理论与发展 /214

　　第四节　养老服务体系高质量发展的对策建议 /228

第十章　儿童发展促进共同富裕 /232

　　第一节　儿童发展与共同富裕的关系 /232

　　第二节　我国儿童发展的现状与问题 /234

　　第三节　国外儿童发展政策与研究的经验借鉴 /236

　　第四节　儿童发展促进共同富裕的对策建议 /238

参考文献 /241

第一章 共同富裕的内涵、目标和实现路径

党的十九届五中全会明确提出了"扎实推动共同富裕",到 2035 年"全体人民共同富裕取得更为明显的实质性进展",这意味着中国已经开启"共同富裕"的新征程。站在"两个一百年"奋斗目标的历史交汇点上,实现共同富裕的远景目标,不仅要理解共同富裕的内涵与目标,还应该清醒地认识到在实现共同富裕进程中所遇到的问题与挑战,为实现共同富裕设计出更加合理的路径和政策。本章首先阐述共同富裕的内涵,进而就实现共同富裕面对的主要问题和挑战进行详细分析,同时总结经验和教训,为寻求共同富裕的实现路径提供参考意见。

第一节 共同富裕的内涵

共同富裕有两个关键词,一是富裕,二是共享,二者缺一不可。它是富裕的共享,也是共享的富裕。这意味着实现共同富裕是发展与共享的有机统一,是效率与公平的有机统一,在发展中实现共享,在共享中促进发展。"共享"不等于平均主义,共同富裕不是均等富裕,而是一种合理的、有差别的富裕。实现共同富裕不是采取简单再分配方式,而是在实现权利平等、机会均等的基础上,在人人参与共建共享发展的过程中达到富裕社会。

共同富裕的基本条件是全体人民达到整体富裕水平。当前，我国的经济社会发展达到了较高水平，即将进入高收入国家行列。国家统计局的报告显示，2019 年，中国人均国民总收入（GNI）为 10410 美元，首次突破 1 万美元大关，高于中等偏上收入国家 9074 美元的平均水平。[①] 2022 年，我国人均国民总收入进一步提高到 12604 美元（按当年平均汇率测算）。根据世界银行 2022 年 7 月公布的最新标准，高收入国家的人均 GNI 标准为 13205 美元。这意味着，中国人均国民收入距离高收入国家的门槛只相差 600 美元左右。2018 年，全国中高收入人群接近 4 亿人（李实和杨修娜，2021）。特别是，近些年来中国富豪群体的数量及财富规模快速增长和扩大（罗楚亮和陈国强，2021）。在 2019 年福布斯公布的全球亿万富豪榜中，来自中国的富豪超过了一成，中国成为仅次于美国的第二大富豪来源国。[②] 由于我国采用了划分中等收入群体的绝对收入标准，这意味着随着收入水平的提高，中等收入群体的规模会不断扩大，占比也会不断提高。一项模拟分析的结果表明，2022 年中国中等收入人群的规模接近 4.6 亿人。

高收入是由高水平的劳动生产率来支撑的，是以生产和管理的高效率为基础的。然而，在整个社会的富裕程度不断提高的情况下，只是一部分人富裕起来，还不能称为共同富裕。共同富裕必须具备第二个条件，即全社会成员共享发展的成果，个人的收入增长与整体的经济增长保持同步，甚至低收入人群的收入有更快的增长。换言之，社会成员之间收入差距保持在较低水平，社会中各个收入阶层间的流动性保持在较高水平，社会充满活力。从发达国家的发展经验来看，经济发展水平越高的国家，居民收入差距往往越小（Heshmati and Lee，2010）。特别是，部分高收入国家在发展过程中逐渐形成了相对成熟的收入再分配制度，在经济发展过程中最大限度地保障公平（Goni et al.，2011）。然而，相比而言，中国的收入差距要远大于大部分

---

① 张军.从民生指标国际比较看全面建成小康社会成就[N].人民日报，2020-08-07(10).

② 福布斯.2019 福布斯全球亿万富豪榜[EB/OL].（2019-03-05）[2022-09-10].http://www.forbeschina.com/lists/21.

高收入国家。[①]

　　从个人福祉的角度来看,共同富裕应该包括如下三个方面的内容:一是家庭和个人收入;二是家庭和个人的财产;三是个人和家庭能够享受到的公共服务。这三个方面的内容决定了家庭和个人的福祉。而从全社会的角度来看,收入、财产和公共服务的水平反映了社会的富裕程度,而它们的差距反映了社会的共享程度。因此,收入、财产和公共服务的高水平和高度共享才是共同富裕的基本特征。由此看来,共同富裕不等于平均富裕,也不等于财富均等。即使实现了共同富裕,收入和财富的分配格局也应该具有如下四个方面的特点:一是应该设定一个最低标准的富裕水平,每个人的收入和财富水平都应该达到这个富裕的标准。这个标准可以用来区分共同富裕社会与一般的富裕社会。二是从过程来看,实现共同富裕意味着收入和财富差距要不断缩小;从结果来看,共同富裕社会的收入和财产差距要明显地小于现在的状况。三是实现公平的收入分配和财产分配制度和机制,基本消除不合理的收入和财富差距。四是实现高水平的基本公共服务的均等化。提高基本公共服务水平以及基本公共服务的可及性和均等化水平,有助于刺激消费,促进经济增长和居民收入增长,也有助于缩小收入差距,实现社会公平。

第二节　实现共同富裕的基础与挑战

　　在实现第一步发展目标“让一部分人先富起来”的基础上,中国已经开始走向“共同富裕”的新征程。实现共同富裕既是一个远景目标,也是一个长期发展过程。在中国存在发展“不平衡、不充分”的情况下,实现共同富裕要求在继续保持经济高速增长的同时伴随着收入差距的不断缩小。在实现共同富裕的进程中,我们充分认识到当前面临的主要问题和挑战。这些问

---

　　① 数据来源:世界财富与收入数据库(WID. world)。

题和挑战也构成实现共同富裕的起始条件，而理性地认清这些条件对于制定共同富裕的目标和确定实现路径无疑是有帮助的。

首先，中国仍是一个中等偏上收入的国家，与发达国家相比仍有很大的差距。这意味着实现共同富裕还是要加速经济增长，做大经济总量"大蛋糕"。改革开放的前30年，中国的经济增速是相当快的，近些年经济增速有所下降，但仍维持在6%左右的水平。2020年，尽管受到严峻复杂的国内外环境特别是新冠疫情的严重冲击，中国的经济增长仍保持2.3%的增速。[①]理论上来讲，如果未来15年仍保持6%的增长速度，中国将在2035年之前实现人均GDP翻一番以上，按照2020年的不变价可以达到2.3万美元，在2049年之前实现翻两番的目标，达到近5万美元。[②]考虑到复杂的国内外环境等负向冲击导致的经济增速下行的影响，如果中国经济以较低的2%—3%的增速增长，到2049年左右，中国人均国民收入仍然能达到翻一番的目标。保持较高增速的经济增长，超过全球平均水平的经济增长，是中国实现共同富裕的基本前提。

其次，中国居民收入差距居高不下。居高不下的收入差距问题是其中一个主要问题，而合理缩小收入差距则是一个重大挑战。步入21世纪以来，中国居民收入差距出现了一个先上升后下降再到高位波动的过程。根据国家统计局的估计，2003年到2008年，中国收入差距的基尼系数是持续上升的，到了2008年达到最高点，为0.491。在随后几年中，基尼系数出现小幅度下降，而在最近几年中处于高位波动状态（见图1-1）。中国家庭收入调查（CHIP）课题组估计的结果也表明，从2013年到2018年，在收入差距扩

---

① 数据来源：国家统计局.中华人民共和国2020年国民经济和社会发展统计公报［EB/OL］.(2021-02-28)［2022-09-10］.https://www.gov.cn/xinwen/2021/02/28/content_5589283.htm.

② 按照年均6%的人均实际增长率，以2020年的不变价衡量，中国人均GDP从2020年的7.245万元增加到17.36万元；而如果按照2035年价格计算（假定每年价格上涨3%），那么中国人均GDP将达到26.39万元。在人民币/美元的官方汇率不变的情况下（1美元=6.9元人民币），中国人均名义GDP将达到3.82万美元。这一水平将与2020年人均GDP超过2万美元的42个国家和地区中的中间水平的现期人均GDP大体相当。当然，这些国家和地区的经济还会增长，因此很难预测到2035年中国人均GDP在全球的排序。但有一点是可以肯定的，如果中国经济增长速度超过了全球平均水平，特别是超过高收入国家的经济增长速度，中国人均GDP在全球的排序会进一步上升。

大和缩小的因素相互抵消后,这一时期全国收入差距并未出现明显缩小的态势(罗楚亮、李实和岳希明,2021)。近年来,中国居民收入差距处于高位波动状态,这也意味着如果不进一步推进收入分配制度改革,不采取更大力度的收入分配和再分配政策,在未来一段时期内,中国居民收入差距仍将可能处于高位水平,难以出现缩小的趋势。

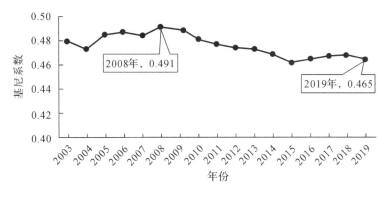

图 1-1　中国居民收入差距的近期变化

数据来源:国家统计局。

上述对未来收入差距变动的判断还基于以下几点事实:第一,从收入分配结构上看,城乡之间收入差距、城镇内部差距和农村内部差距是全国收入差距的三个主要组成部分。2008 年后,城乡之间收入差距一度有所缩小。相关数据表明,城市居民与农村居民的人均收入之比从 2008 年的 3.4(农村居民收入=1,后同)下降到 2019 年的 2.7 左右。最新的 CHIP 住户调查数据的结果也表明,城乡之间收入差距对全国收入差距的贡献份额从 2007 年的 46% 下降到 2013 年的 31%,后进一步回落到 2018 年的 28%(罗楚亮等,2017;罗楚亮、李实和岳希明,2021)。这说明这段时期城乡之间收入差距起到了缩小全国收入差距的作用。然而,这一时期城镇内部和农村内部收入差距都有不同程度的扩大。例如,城镇居民收入差距和农村居民收入差距的基尼系数由 2007 年的 0.34 和 0.35 分别上升到 2013 年的 0.38 和 0.41(罗楚亮等,2017)。这意味着这一时期全国收入差距的小幅缩小主要受到城乡之间收入差距缩小的影响,换句话说,城乡之间收入差距缩小,并且其缩小幅度超过了城镇内部和农村内部收入差距扩大的幅度,带动了全国居民收入差距的缩小。如图 1-2 所示,2009—2014 年,农村居民收入的增长明显超过了城镇居民,高出 1—3 个百分点。然而在 2015 年之后,城乡居民的收入增长率更加趋于一致。这意味着城乡之间收入差距缩小的幅度趋于缩小,那么它对全国收入差距缩小的影响趋于减弱。在城镇内部和农村内部收入差距仍在扩大的情况下,全国收入差距也就难以出现不断缩小的趋势。

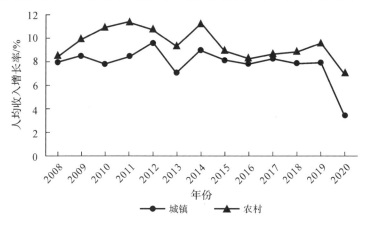

图 1-2　城乡居民人均收入增长率

数据来源:国家统计局。

第二,居民可支配收入中,工资性收入占很大的比重,劳动者的工资差距也成为影响居民收入差距的一个重要因素。从最新的 CHIP 数据来看,21 世纪以来,城镇劳动力的工资差距一直处于扩大趋势。工资差距的基尼系数从 2002 年的 0.358 上升到 2013 年的 0.374,到 2018 年又上升到 0.394(见图 1-3)。而且,不同文化程度、不同行业和职业之间的工资差距都在扩大(见图 1-4)。工资差距的扩大必然会推动居民收入差距的扩大,因而在工资差距不断扩大的同时,试图缩小居民收入差距也会变得更加困难。

第三,我国实际的收入差距也许要大于估计出来的收入差距。现在几乎所有有关居民收入差距的估计结果都是基于住户抽样调查数据。然而,在一般情况下,住户抽样调查数据都存在高收入人群样本缺失或数值偏低的问题,这会导致收入差距的低估(李实和罗楚亮,2011;Piketty et al.,

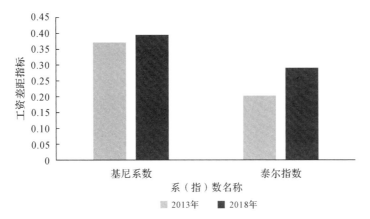

图 1-3　2013—2018 年城镇劳动力工资差距的变化

数据来源：李实,邢春冰,吴姗姗. 中国经济转型中的工资差距变动
[C].2020 年第五届劳动经济学年会(珠海)会议论文,2020.

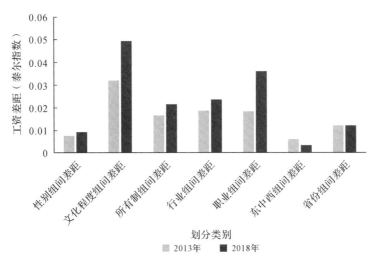

图 1-4　城镇就业者不同人群之间工资差距(泰尔指数)

数据来源：李实,邢春冰,吴姗姗. 中国经济转型中的工资差距变动[C].
2020 年第五届劳动经济学年会(珠海)会议论文,2020.

2019)。在存在高收入样本偏差的情况下,随着中国富人数量及其财富收入的迅速增加,收入差距被低估的问题会变得越来越严重。如图 1-5 所示,实线表示利用住户调查数据估计出来的收入差距的基尼系数,而实际的居民收入差距的基尼系数很有可能是如虚线所示的变动趋势,那么 2008 年后全国居民的实际收入差距也许不是下降的,而是有着不同程度的上升。我们的一些前期研究对这种偏差带来收入差距低估的影响做了研究（李实和罗楚亮，2011；罗楚亮，2019）。通过富豪榜数据及帕累托分布的方法推算高收入人群的收入分布特征，再结合 CHIP 2007 和 CHIP 2013 的住户调查数据估算后发现，住户调查数据中高收入人群缺失会造成收入差距基尼系数的低估，在纠正这一偏差后，收入不平等程度会上升约 6 个百分点。这意味着，修正高收入人群样本偏差后，2007—2013 年全国收入差距并没有出现缩小趋势。

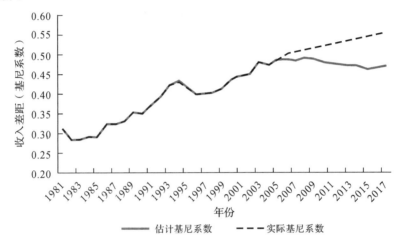

图 1-5　实际与估计的收入差距示意

由此可见，我国处于高位的收入差距并没有出现稳定缩小的迹象。之所以出现这种情况，是因为无论是在初次分配环节还是在再分配制度上，都存在不同程度的问题。在初次分配方面，初次分配结果的合理性和公平性很大程度上依赖于要素市场的完善程度。经过 40 多年的改革开放，我国在市场化建设上取得了很大进步，但是在生产要素市场的培育和发展方面仍存在不小的缺憾，要素市场的形态距离真正的市场经济的要求还相去甚远，还远不能做到"让市场在资源配置中起决定性作用"。劳动力市场存在严重的市场分割现象，资本市场和土地市场存在明显的垄断和扭曲，带来各种寻租和腐败行为（陈宗胜和周云波，2001；李实和赵人伟，2006；陈纯槿和李实，2013）。这种要素市场不完善的例子可以说是数不胜数。这都在不同程度上带来了不合理的初次分配结果,造成过大的城乡收入差距和区域收入差距。

在再分配方面,现有的税收和转移支付制度在调节收入分配上发挥着有限的作用。众所周知,税收体制调节收入差距主要是靠个人所得税,而它在国家税收收入和财政收入中所占比重不大。[①] 相比而言,我国间接税却占政府财政收入的很大比重,而间接税的性质决定了其甚至会扩大收入差距。而且,个人所得税在很大程度上只是一种"工薪税",对于不靠工薪收入的高收入人群来说,该税种对其收入的影响是无关紧要的。因而,在直接税比重偏低而间接税比重偏高的情况下,政府税收也就难以发挥调节收入分配的作用(聂海峰和岳希明,2013;岳希明、张斌和徐静,2014)。尽管近年来政府加大了对低收入人群转移支付的力度,但是受到各种因素的限制,它在缩小收入差距方面起到的作用是比较有限的(朱梦冰和李实,2017;李实和朱梦冰,2018;宋锦、李实和王德文,2020;岳希明和张玄,2020,2021)。总的来说,中国收入差距仍将持续处于高位波动。这对实现共同富裕不能不说是一个严峻的挑战。

急剧扩大的财产分配差距构成了另一个主要挑战。进入21世纪后,在国民经济和居民收入快速增长的背景下,我国居民财产迅速增长。2002年,家庭人均财产约为3.0万元(按照2013年的价格折算);到2013年,家庭人均财产现值增长至16.3万元。这意味着这一时期全国家庭人均净财产的年均增长率高达16.7%(Knight et al.,2016)。然而,居民财产增长是不均衡的。居民财富积累的不均衡几乎表现在各个方面,比如,农村与城市之间、大城市与小城市之间、高收入人群与低收入人群之间,都出现了财产分配差距的急剧扩大。利用CHIP数据测算的结果显示,2002年,财产最多的10%家庭占有的全部居民财产的份额为37%,而财产最少的10%家庭占有的份额为1%,前者是后者的37倍;而到了2013年,前者的份额上升到

---

① 2010年,个人所得税占国家(中央和地方)财政收入的5.8%,占税收收入的6.6%;到了2020年,这两个比重分别为6.3%和7.5%(数据来源:国家统计局)。

48%，后者的份额下降到 0.4%，前者比后者高出 120 倍。2018 年，中国居民财产分配差距进一步扩大，估计出来的基尼系数约为 0.67，远超过收入差距的基尼系数（Knight et al.，2021）。还应该看到，与收入差距的低估类似，居民财产差距也存在被低估的问题。如果对住户调查中富豪样本的遗漏偏差加以修正，则居民财产差距的基尼系数会进一步上升（罗楚亮和陈国强，2021）。值得注意的是，发达国家有着长期的财产积累的历史，比如，欧美国家的居民财产积累历史长达一百年甚至几百年之久。然而，改革开放后中国私有财产权才开始逐渐恢复，20 世纪 80 年代才出现私营经济，90 年代后期开始形成房地产市场，大部分家庭开始拥有私有产权的住房。这表明我国的财产积累过程是比较短暂的，而财产差距扩大的速度是相当快的。而且，居民财产分配差距的扩大成为收入差距扩大的主要推动因素，并且其推动力越来越大。

众所周知，财产与收入是相辅相成的。居民财产的高速积累会拉动财产性收入的增加，而高收入人群的财产性收入往往更高（Knight et al.，2021；宁光杰、雒蕾和齐伟，2016）。如图 1-6 所示，2005—2011 年，城镇地区高收入组家庭的财产性收入积累增速明显高于低收入家庭，且财产性收入占家庭可支配收入的比例也不断增长。这意味着，从低收入群体到高收入群体，财富集中度是快速上升的。从 2002 年到 2013 年，最高 10% 的群体所占的财产份额从 37.1% 增加到 48.4%（Knight et al.，2016）。[①] 近些年来，居民财产性收入的集中率保持上升态势，这表明随着财产性收入份额的增加，财产性收入将导致总体收入差距的进一步扩大（罗楚亮、李实和岳希明，2021）。

应该看到，收入差距的扩大及其高收入人群财产性收入的快速增长导致了财产分配差距的扩大，同时财产分配差距的扩大反过来影响到收入差距的进一步扩大。还应该看到，中国财产分配差距的扩大不仅受到收入分

---

① 这一结果有很大可能是低估的。皮凯蒂等根据不同来源的数据对中国居民财产分布做了重新估计，根据他们的估计结果，在 2015 年中国最富 10% 的人群拥有的财富份额高达 67%（Piketty et al.，2019）。

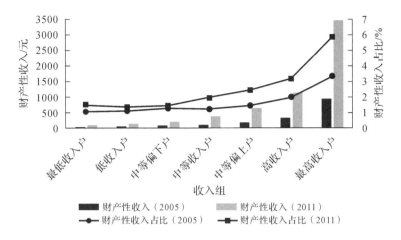

图 1-6　2005 年和 2011 年不同收入组家庭的财产性收入及占比

数据来源:历年《中国城市(镇)生活与价格年鉴》。

配差距扩大的影响,而且在很大程度上也来源于财产分配本身的不平等问题(李实、魏众和古斯塔夫森,2000)。比如,后来出现的城镇居民房产分配的差距,很大一部分源于原有的福利分房制度,该制度造成的城镇居民住房分配的差距,经过 20 世纪 90 年代后期的住房制度改革,在房地产市场上以货币化的方式显现出来,房价上涨的区域化特点又加剧了房产增值差异的不平等。除此之外,我国缺少一些有效调节居民财产再分配的政策,如国际上通行的遗产税和赠与税,这意味着财产在代际的转移进一步强化,降低了代际财产流动性,导致社会财富、收入阶层的固化。

　　总之,一方面,财产分配本身并不平等,房价上涨的区域化特点又导致地区间、城市间财产增值的较大差异。另一方面,我国的财产税税种单一,只是对房产交易过程进行征税,而缺乏对房产持有征税。其结果是财产分配差距不断扩大,从而构成了实现共同富裕的又一挑战。

　　另外,不均等的公共服务构成了一个新挑战。基本公共服务均等化是指在基本公共服务领域尽可能使居民享有水平大致相当的基本公共服务(倪红日和张亮,2012)。作为再分配过程的重要工具,基本公共服务均等化是解决收入分配不公、实现社会公平的主要形式。推进基本公共服务均等化,是全面建成小康社会的题中应有之义,对早日实现共同富裕具有十分重要的意义。步入 21 世纪以来,我国基本公共服务均等化取得了一定的进展,但是按照共同富裕的标准,实现基本公共服务均等化仍需做出更大的努力,仍需大力解决城乡间、地区间和人群间享受的基本公共服务水平和质量的差异问题。公共服务涉及的内容很多,在此不可能逐一讨论,以下就社会所关心的养老保障制度和教育资源分配中存在的不均等问题做一简要讨论。

先就养老保障制度而言,中国的养老保障是公共服务的主要内容之一。大量的文献表明,中国养老保障制度是碎片化的,城乡间实行着不同的制度,城市内部不同就业身份的人群实行不同的制度,而各个制度之间缺少衔接和协调,造成不同身份退休人员养老金收入的很大差异(王亚柯等,2013)。这种待遇的差异不仅没有起到缩小收入差距的作用,反而在一定程度上起到了"逆向调节"的效果(岳希明和种聪,2020)。比如,中国退休人员之间的养老金收入差距不断扩大,成为拉大城镇内部收入差距的重要因素(李实、赵人伟和高霞,2013)。根据 CHIP 数据计算的结果,个人养老金收入的基尼系数从 2002 年的 0.424 上升到 2013 年的 0.464,后进一步上升至 2018 年的 0.524(李实、吴凡和徐晓静,2020)。与此形成反差的是一些发达国家作为公共转移收入的养老金对缩小收入分配差距有着积极的作用(Hungerford,2010;Goni et al.,2011)。换言之,发达国家的各项社会保障和福利使得低收入人群获得更多的转移性收入,进而起到缩小收入差距的作用。相比而言,在一定程度上我国社会保障发展过程中没有处理好经济发展水平之间的关系(杨翠迎和何文炯,2004)。然而,中国社会保障制度特别是养老保险制度仍面临着明显的城乡制度性分割,城乡间养老金收入差异较大。我国农村养老制度发展较为滞后,新型农村社会养老保险(简称新农保)制度建立以来,农村老年人获得的养老补贴微不足道,对增加老年农户的收入起不到明显的作用(李实和朱梦冰,2018)。利用最新的 CHIP 数据做出的分析结果显示,2018 年城镇居民的养老金是农村居民的 9 倍左右,城乡间存在着严重的养老金不平等问题(岳希明和种聪,2020)。此外,农村内部养老保障体系因为区域经济发展差异而使得各地农村老人领取的养老金数额也有所不同。这意味着养老等社会保障项目存在事实上的不平等,城乡之间、地区之间、不同人群之间在享有养老金等转移支付方面存在着很大的差异。这不仅削弱了养老保障制度的收入再分配效果,而且反映了实现基本公共服务均等化的艰难进程。

再看看中国的受教育机会平等问题,尤其是学前受教育机会的平等问题。众所周知,受教育机会平等是社会公平的基础,也反映了一个社会的公共服务均等化程度。推动基本公共服务均等化的重要内容之一是促进公平而有质量的教育发展,然而中国城乡之间、地区之间受教育机会和教育质量的差异仍然十分明显。如果不同地区间孩子的受教育机会和教育质量存在差异,它会进一步导致社会阶层的固化和收入不平等的代际传递(杨娟、赖德胜和邱牧远,2015)。学前教育作为终身教育的开端,其普及性和质量关乎每个儿童的未来发展。近些年来,中国在推进学前教育改革发展方面取得了重大进展。学前教育资源迅速增加,普及水平大幅提升。到 2019 年,全国共有幼儿园 28.1 万所,其中普惠性幼儿园[1]占比高达 72.1%,全国学前教育的毛入学率高达 83.4%[2]。但是,学前教育的资源配置在地区间和园所间仍存在较大差异,财政经费投入并不平衡。优质的教育资源配置,如硬件设施、教职工配备和教育经费等,长期向教办园倾斜,普惠性民办园的教育质量整体较为薄弱(洪秀敏、朱文婷和钟秉林,2019)。除此之外,我国当前学前教育质量存在明显的地区差异,农村幼儿园的教育环境和质量明显较差,且地区间学前教育财政经费投入严重不均衡。从图 1-7 中不难看出,各省(区、市)在学前教育财政投入方面差异较大。经济发达的东部地区生均

---

[1]　鉴于办园体制的差异,我国幼儿园分为普惠性民办园、教办园和他办园三种类型。其中,普惠性民办园是指向社会提供普惠性服务的民办幼儿园,教办园是由教育行政部门开办的且财政全额拨款的幼儿园,他办园主要是非教育行政部门开办的幼儿园。

[2]　教育部. 中国教育概况——2019 年全国教育事业发展情况[EB/OL]. (2020-08-31)[2022-10-19]. http://www.moe.gov.cn/jyb_sjzl/s5990/202008/t20200831_483697.html.

教育支出明显高于中西部地区，部分省（区、市）在学前教育方面的生均教育支出甚至不足投入最高的北京市的20%。而且，这种情况并不仅仅存在于学前教育阶段，义务教育阶段的公共支出在区域间、城乡间和阶层间都表现出较大的差异（王少峰，2014）。

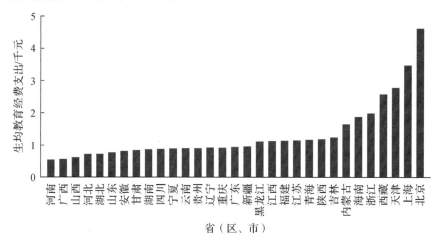

图1-7 各省（区、市）幼儿园生均教育经费支出比较

数据来源：《中国教育经费统计年鉴（2012）》。图中数据均为各省（区、市）在2011年的名义幼儿园生均教育经费支出。

区域间的义务教育差距主要表现在教育资源的配置，特别是生均教育经费的差异。以2018年各地区小学生均经费为例，最高的北京市和最低的河南省之间相差近5倍。省（区、市）之间的情况是这样，省内不同市县之间的差异也同样如此。此外，尽管近些年来农村教育情况有了较大程度的改善，但城乡之间义务教育的教育质量仍存在较大差别。数据显示，2018年城镇地区的小学生均教育经费投入为14383元，而农村地区的小学生均教育经费为11827元（见图1-8），前者比后者高22%左右。根据《中国教育经费统计年鉴（2019）》的数据，初中阶段的城乡间教育经费投入比高达1.39：1。值得注意的是，城乡间义务教育阶段的经费支出差距从21世纪初开始不断下降，但2013年起又出现了小幅回升的趋势。总的来看，贫困地区的入学率、师生比和公共教育投入要低得多（Zhang and Kanbur，2005；Hannum and Wang,2006)。在现有升学体制下,义务教育阶段的公共教育资源配置的不平衡和不公平会带来接受高等教育机会不平等问题。在 20 世纪 90 年代末开始的大学扩招政策的推动下,中国高等教育规模持续增长,中国高等教育的毛入学率从 1998 年的 9.76% 提高到了 2019 年的 51.6%。[①] 但是,城乡之间接受高等教育机会不平等问题依然存在(李春玲,2010;杨奇明和林坚,2014)。这些结果都表明,基本公共服务均等化仍然需要更大的努力才能够真正实现。

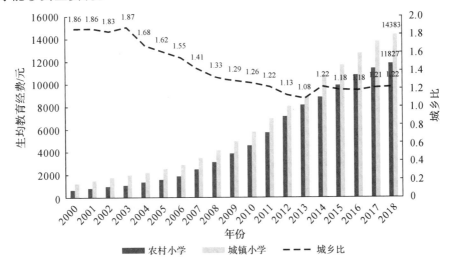

图 1-8　2000—2018 年各省(区、市)小学生均教育经费

数据来源:历年《中国教育经费统计年鉴》。

第三节　探索共同富裕之路

共同富裕一是要富裕,二是要共享,即既要富裕,又要共享。在发展与共享方面,中国仍需要长期不懈的努力。实现共同富裕需要从长计议,不可急于求成。共同富裕是一个长期目标,实现共同富裕是一个长期过程。从

---

① 教育部. 2019 年全国教育事业发展统计公报[EB/OL]. (2020-05-20)[2022-10-19]. http://www.moe.gov.cn/jyb_sjzl/sjzl_fztjgb/202005/t20200520_456751.html.

富裕与共享的关系上看，富裕是共同富裕的基础条件，共同富裕是指在全社会富裕的基础上实现全民共享。实现共同富裕，一方面是为了改变当前我国社会经济发展中的不平衡和不充分的问题，另一方面是为了实现全体人民的全面发展。正是基于这几个方面的考虑，实现共同富裕需要科学而又周密地设计发展路径，需要采取切实可行的政策措施，更需要全社会齐心合力地推进。

一、实现共同富裕是一个长期过程

实现共同富裕是一个长期的过程，这是由共同富裕的目标以及实现这一目标的难度所决定的。共同富裕是一个总体目标，它由两个维度的子目标构成。一个是富裕程度子目标，一个是共享程度子目标。就富裕程度来说，它不是与中国过去的富裕水平相比，而是与世界上发达国家的富裕水平相比，更加准确地说是与 30 年后的发达国家的富裕水平相比。大部分的国际机构一般都是将发达国家或地区看作富裕国家的近似经济体。虽然不同的国际机构对此有不同的标准，但一般来说人均 GDP 最高的前 40 个经济体大多被一些国际机构划分为发达经济体（大约为全球所有经济体中人均收入最高的 20%），如国际货币基金组织在 2020 年划分出 39 个经济体为"发达经济体"。在人均 GDP 最高的 40 个经济体中，2020 年人均 GDP 最低的是 2.5 万美元左右。按照中国当今 1 万美元的人均 GDP 来预测，到 2035 年中国人均 GDP 要达到 2.5 万美元水平，需要保持以美元衡量的人均 GDP 年均实际增长 6.3%。考虑到发达经济体也在保持一定的经济增长，在这些经济体经济增长 2% 的情况下，那么中国要进入人均 GDP 前 40 名的行列，需要保持人均 GDP 年均实际增长 8.3%，而如果在年均增长 6.3% 的情况下，则需要大约 20 年的时间。

共同富裕不等于"平均富裕"，不等于"财富均等"。即使到了实现共同富裕的阶段，收入和财富差距依然存在，只是与现在的财富分配格局有所不同。这种不同主要表现为三个方面：一是每个人的收入和财富水平都达到一种生活水平的富裕标准;二是收入和财富差距不大,要明显小于现在的差距程度;三是基本消除了由权力和机会不平等带来的不合理收入和财富差距。解决这些方面的问题需要继续推进收入分配制度改革。我们过去的改革经验表明,收入分配制度改革涉及方方面面的利益,是一个极其复杂的过程,是整体改革中的深水区,需要稳步推进,因此难以在短期内取得成效。正是基于这种考虑,实现共同富裕需要时间,需要分阶段推进。笔者认为,具体而言,实现共同富裕分为三个阶段。2021年起,我国已经进入实现共同富裕的第一阶段征程。这一阶段的目标是到2035年在实现全体人民共同富裕方面取得更为明显的实质性进展;2036—2049年为第二阶段,到21世纪中叶基本实现全体人民共同富裕的目标;2050—2121年为第三阶段,到第二个建党百年全面实现共同富裕。因而,我们应该把共同富裕看作第二个百年奋斗目标,争取在22世纪20年代初全面建成中国标准的共同富裕社会。

二、落实以人为中心的发展理念

实现共同富裕需要进一步落实以人为中心的发展理念,促进全体人民的全面发展。在市场经济环境中导致收入和财富分配差距过大的一个重要因素是个人发展能力的差异,特别是个人和群体之间人力资本积累的差异。研究发现,人力资本(包括个人受教育程度、身体健康状态等)在过去十几年中对个人收入增长的影响越来越大,对人群之间收入差距的影响作用也越来越大(李实、邢春冰和吴姗姗,2020)。实现人力资本积累的公平性和分配均等化的关键是缩小个人发展的差异,而个人发展差异的缩小在很大程度上有助于缩小收入差距。现阶段,个人人力资本积累的差异一方面来自家庭背景的差异,主要是来自地区间公共资源不均衡的分配。具体来讲,受到城乡和区域发展不平衡的影响,不同人群在教育等发展机会的获得上有所不同,结果是不同人群具有不同的发展能力,从而带来不同收入水平和财富积累。应该看到,这种差异并不是源自个人努力的差异,而是成长环境的不同及其公共服务可及性的差别。特别是在儿童早期阶段,家庭条件和社区环境对一个人将来发展能力的提高是至关重要的(Heckman et al.,2013;Chetty et al.,2016)。因此,改变人力资本发展方面不平衡和不充分状况的唯一选择是加大对包括教育在内的人力资本的投资力度,尽快实现人力资本投资的均等化,特别是要实现公共教育资源分配的均等化。为此,要建立促进城乡教育资源均衡配置的机制,大力促进教育公平,优先发展农村教育事业,用教育公平来促进全社会的公平,进而缩小差距,实现共同富裕。与此同时,还要健全乡村医疗卫生服务体系,平衡城市和农村间的医疗资源分配。还要完善统一城乡的社保制度,改革现有的分割的社会保障体系。

三、寻找公平和效率的新平衡

要实现共同富裕,首先要处理好公平与效率的关系,实现二者之间的新平衡。我国要保持长期、稳定、高速的经济增长和居民收入的增长,需要不断地创新和提高劳动生产率,只有这样,才能够在富裕的基础上共享发展成果,进而实现真正意义上的共同富裕。虽然我国经济总量已居世界第二位,但是人均 GDP 只是全球中等偏上收入国家水平,离富裕社会的目标仍有一定差距,我们需要加快发展并保持一定的经济增长速度。在国内外发展环境充满着越来越多不确定因素的情况下,特别是 2020 年初开始的新冠疫情对经济增长的负向冲击影响下,保持较高的经济增长速度不能不说是一个考验。在劳动力供给相对稳定的条件下,保持经济高速增长只能依靠劳动生产率的提高,只能依靠不断的创新和技术进步。而劳动生产率的提高和技术进步离不开有激励的分配制度,离不开按照各种生产要素贡献实施的分配制度。因此,实现共同富裕需要社会发展成果的共享,需要实行一定程度的收入再分配,但是需把握好一个度,即以不损害经济发展效率为原则。寻求经济发展中公平与效率的一种新平衡,需要一种更加公平的收入分配制度。而公平的收入分配制度应该是公共选择的一种结果,而不是根据一种理想设计出来的。从分配结果来看,收入差距不应该太大,但也不能没有。一定的收入差距是保证经济增长和效率提高的必要条件,但是过大的收入差距不仅不利于效率提高,反而会损害长期的经济增长。

四、从生命周期视角平衡发展与共享的关系

人的一生会经历三个阶段:就业(工作)前阶段、就业(工作)阶段和就业(工作)后阶段,也就是通常所说的成长学习阶段、工作阶段和退休阶段。从人的生命周期视角来看,人生的三个阶段对效率与公平的要求有所不同。具体来讲,就业前阶段是指一个人从出生到接受高等教育结束,这是人力资本积累的主要阶段,也正是个人发展能力提升的关键阶段。这一阶段需要的是各种资源的投入,也就对公共资源和服务有更多的依赖。这个阶段需要坚持"平等优先"的原则,特别需要均等地分配公共教育资源和医疗资源,使得处于就业前阶段的每一个人享有均等的发展机会和条件。就业阶段是一个人参加工作并获得收入的阶段,该阶段应该更强调效率。就业者获得的收入和公共服务主要取决于其能力和贡献,因此必须坚持"效率优先"的原则。对于第三阶段,即退休后的人生阶段,也要坚持"平等优先"的原则,保障退休人员更加均等地享有公共养老资源和医疗资源。

五、构建公平合理的收入分配制度

我国收入分配制度改革的核心,是构建初次分配、再分配和第三次分配相互协调配套的基础性制度体系,以解决三次分配中存在的问题。初次分配领域存在着严重的收入分配不公问题。不完善的生产要素市场需要政府制定相应的政策和制度,构建一个既公平合理又兼容效率的初次分配制度。同时,在再分配领域,税收调节力度不大,转移支付的再分配功能不足,社会保障制度在不同人群和不同制度间的差异性、贫困地区社会福利项目覆盖面和瞄准度较低,都导致政府再分配政策没有起到有效地调节收入差距的作用。

共享发展成果和缩小收入差距是共同富裕的关键所在,在走向共同富

裕的进程中,收入分配差距过大的问题构成了一个不可回避的挑战。近几年,收入差距扩大的趋势虽然受到了一定程度的遏制,但是我国居民收入差距仍处于高位水平,仍需要进一步缩小城乡之间的收入差距,中等收入群体规模仍需要大幅度扩大。基于此,需要进一步理顺分配秩序,促进分配结果更加合理化,这将是缩小收入差距和实现共同富裕的重要选择。为了遏制收入差距进一步扩大的势头,解决收入分配不公问题,必须加快收入分配制度改革,健全和完善收入再分配政策体系。

当前中国初次分配制度改革仍处于半途之中,很多不合理的收入差距在初次分配阶段就已经存在。中国初次分配中的问题主要根源于生产要素市场的不完善。因此,在初次分配领域,收入分配制度改革更多地需要借助于总体改革的推进。特别是中国生产要素市场的改革,其与初次收入分配制度的改革是相辅相成的,甚至在很大程度上前者的进展决定了后者的进展,前者的成功决定了后者的成功。因此初次分配制度改革的重点是解决市场不完善和扭曲造成的利益分配不平衡问题。

现有研究发现,中国收入差距处于高位徘徊的一个重要原因是收入再分配的政策力度不够(蔡萌和岳希明,2016)。中国的税收结构具有重间接税、轻直接税的特点,决定了税收在调节收入分配、缩小收入差距方面受到很大的限制(汪昊和娄峰,2017)。与此同时,政府转移支付带来的缩小收入差距的效应仍明显不足(李实、朱梦冰和詹鹏,2017)。因而,在再分配领域,增加税收的调节收入分配的作用,增加公共转移支付的再分配功能应该成为公共财政改革的出发点和落脚点。与此同时,要完善社会保障制度,缩小社会保障制度的差异,加大对低收入人群和相对贫困人口的转移支付力度。

六、让低收入人群成为富裕群体

近几年,我国在解决发展不平衡方面取得了一定的进展,但仍然没有摆脱一个发展中大国具有的发展不平衡的基本特征,也没有改变绝大部分人口为低收入人群的格局。现阶段我国的低收入人群还比较庞大,大概占全部人口的60%以上,有近9亿人,其中农村人口中低收入群体占比高达90%以上。要实现共同富裕,就要扩大中等收入群体规模,提高低收入人群收入,而提高低收入群体收入的关键还是提高农民收入。首先,提高农民收入的首要任务是推进城镇化,提高城镇化水平。农民收入的重要组成部分是外出务工的工资性收入,因此,要提高农民的工资性收入,就要稳定其在城市的就业并为其提供更多的就业机会。其次,要大力促进乡村振兴,提高农业技术水平,大力发展农村产业,增加高收入的就业岗位,切实提高农民收入。再次,要持续推进土地制度改革。现阶段农民的财产性收入非常少,这与农民没有从土地中获得收益直接相关。应该持续推进土地制度改革,让农民从土地承包权和使用权中获得相应的收益,这将有助于提升收入分配特别是城乡间收入分配格局的公平性。最后,加大农村地区人力资本投入,提高农村教育质量,提升农民受教育水平,这将是提高农民收入最持续且有效的途径。同时,要提高城市中低收入群体的收入。这需要从解决就业问题入手,即改变就业岗位供小于求的局面,从而提高劳动者工资。除此之外,对于没有劳动能力的人群,要通过提高最低生活保障水平等社会保障制度真正地为他们撑起一把保护伞。

第二章　中国收入分配格局和政策的演变

第一节　中国收入分配格局的总体特征

进入 21 世纪以来,我国收入分配格局出现新变化。全国居民收入差距经历了一个先扩大后在高位水平上波动的过程。几年前不少学者曾乐观估计,随着中国经济开始进入新常态,居民收入差距将开始呈现一个不断缩小的趋势。然而,收入差距的实际演变并非如此,近几年居民收入差距基本上处于高位水平。在各种影响因素的作用下,它会出现暂时性的上下波动,难以形成一种稳定的长期缩小的势头(李实等,2018)。

相对于全国收入差距而言,城市内部和农村内部收入差距却表现出不同的变化特点。在过去 40 多年中,城市内部和农村内部收入差距一直处于不断扩大的势头,各自的基尼系数在持续地上升。这意味着在收入决定机制上和收入分配的影响因素上,城乡有着各自不同的特点。更为重要的是,城市和农村具有不同的收入分配和再分配政策,这些政策并没有对缩小城乡内部收入差距发挥应有的作用。对此,在描述我国收入分配格局的变化时,不能不分别对城市和农村收入分配的特点及其收入再分配政策的影响作用加以论述。

　　在讨论中国收入分配格局的变化时,有一个维度是不能忽视的,即城乡之间和地区之间居民收入差距的变化。中国城乡制度的分割是中国经济发展过程中一个非常有特色的问题,又是阻碍城乡一体化发展和扩大城乡居民收入差距最为重要的因素。近 20 年来,我国户籍制度改革有了一定的进展,虽然距离预期的目标仍有不小的差距,但是它对于城乡之间、地区之间收入差距的变化会起到一定的作用。与户籍制度相关联的一个问题是城市中农村流动人口和农民工的问题。他们的收入水平及其与城市居民的收入差距、变化也构成了我国居民收入分配格局变化的一个重要方面。

　　过去 40 多年来,中国收入分配格局的演变受到三种因素的影响。第一种因素是经济发展与经济结构的变化。第二种因素是经济转型,即从计划经济向市场经济的转型加剧了收入分配的分化,出现了一些新的收入分配变化的影响因素。由于中国经济转型并没有完全完成,存在许多不完善的方面,从而导致了寻租、腐败和隐性收入的产生,对收入差距扩大有着明显的影响。第三种因素是政府的收入分配与再分配政策及其演变(李实和赵人伟,1999)。这三种因素在不同时期发挥的作用有所不同,而且它们之间存在着较为复杂的关系,在很大程度上,每一种因素都具有很强的内生性。

　　从收入分配的分析框架来看,可以从两个层面来认识收入分配结果,一是初次分配,二是再分配。从两个层面看到的分配结果或收入差距会有所不同。从一般意义上说,初次分配的结果更多地受到市场力量的影响,而再分配的结果会同时受到市场力量和政府干预的双重影响,两种结果的不同主要在于政府的收入再分配政策的调节力度。21 世纪以来我国收入分配政策的再分配效果及其变化将是本章讨论的议题之一。

　　从 2021 年起,我国社会经济发展进入了一个新阶段,在推进共同富裕取得更为明显的实质性进展的过程中,居民收入分配问题将会引起更多的重视。如何解决当前收入分配领域中的突出问题,将会成为一个需要深入讨论的议题。本书试图在这里提出一些粗浅的意见,希望能够起到抛砖引玉的作用。

第二节　21 世纪以来我国收入分配的总体格局变化

在过去 40 多年的经济发展与改革进程中,我国收入分配格局发生了很大的变化。从居民收入差距的变化来看,可以分为两个阶段。2008 年之前为第一个阶段,在此之后为第二个阶段。在第一个阶段,居民收入差距出现了全方位扩大,先是农村内部收入差距扩大,然后是城市内部收入差距扩大。根据国家统计局的估计,1978 年到 1990 年,农村内部收入差距的基尼系数由 0.23 上升到 0.31,到 2008 年上升为 0.37;城镇内部收入差距的扩大始于 1983 年,当年的基尼系数为 0.16,基本上与 1978 年的基尼系数持平,随后快速上升,到 1993 年达到 0.30,到 2008 年为 0.34(章国荣和盛来运,2003;李实和万海远,2018)。与此同时,城乡之间收入差距先是有所缩小,主要归结为改革开放初期农民收入增长超过了城镇居民,然后从 20 世纪 80 年代中期开始出现了长达 25 年的城乡居民收入差距扩大的过程。在 1983 年,城乡居民的平均收入之比为 1.82,到了 2008 年上升为 3.4。对这一阶段的研究文献也表明,虽然对收入差距的估计结果会有所不同,但是基本认同收入差距不断扩大这一判断(李实、史泰丽和佐藤宏,2013;李实和朱梦冰,2018;Luo et al.,2020)。

在第二个阶段,收入分配格局出现了不同的特点。首先,城乡之间收入差距有所缩小,基本上形成了一种长期的缩小趋势。城乡居民的平均收入之比从 2008 年的 3.4 下降到 2015 年的 2.7,进一步下降到 2019 年的 2.6。而且,利用 CHIP 课题组的调查数据,将全国收入差距分解为城镇内部差距、农村内部差距和城乡之间差距,从而发现城乡收入差距对总体不平等的贡献从 20 世纪 90 年代中期的约 30% 上升到 2002 年的 40%,在 2007 年高达 50%,转而回落至 2013 年的 30%(Luo et al.,2018)。其次,得益于城乡之间收入差距的缩小,全国收入差距出现了 7 年的缓慢缩小过程(宁吉喆,2017)。全国收入差距的基尼系数从 2008 年的 0.49 下降到 2015 年的

0.464。然而,在此之后收入差距的基尼系数回升了几年,2018 年回升到 0.47。最后,居民收入差距的缩小并非全方位的。2008 年后,城市内部和农村内部收入差距仍在扩大;到了 2019 年,其收入差距的基尼系数处于 0.4 上下,仍高于 2008 年的水平,更是远高于改革开放初期的水平。① 总体来看,现在我国收入差距仍处于高位水平,前几年出现的缩小并没有构成一种稳定下降的趋势。

第三节　收入分配格局变化的影响因素

21 世纪以来,我国收入分配格局的变化可以认为是多种影响因素相互作用的结果。在各种影响因素中,既有缩小收入差距的因素,也有扩大收入差距的因素。这些因素在不同时期会有不同的分配和再分配效应,因此分析起来变得非常复杂。受到篇幅限制,此处只是简要概述几个时期各自重要的影响因素及其产生的分配与再分配效应。

第一,2003 年以后,相对于之前"效率优先,兼顾公平"的政策导向,"科学发展观"和"和谐社会"等概念的提出显示了一种更加注重城乡和地区平衡的发展理念。在新的发展理念指导下,中央政府提出了对农村和农民实行"多予、少取、放活"的政策方针。在后续几年中出台了一系列促进农村发展和提高农民收入的政策措施,简称为"惠农政策"。这些政策在增加农民收入方面,有的属于现金转移支付类别,起到了直接的收入增长效应;有的则是补贴性的公共服务(如新型农村合作医疗),节省了农民在享受公共服务上的支出,对农民收入增长产生了间接作用。其中,值得称赞的是 2004 年提出"五年内取消农业税"的承诺,到 2006 年全部得到兑现。还有,从 2003 年开始逐步引入农村新型合作医疗制度,到 2010 年实现了全覆盖。为了这项制度的设立和运转,除农村居民缴纳一定的参保费外,政府提供了更

---

① 1978 年,城镇内部居民收入差距的基尼系数为 0.17,农村内部为 0.23(章国荣和盛来运,2003)。

大比例的补贴资金,意味着农民通过购买医疗服务获得了医疗补贴,虽然这种补贴是隐性的。① 此外,同时引入的新型农村社会养老保险制度(新农保)使农村老人的生活稍有改善,这是中国有史以来第一次将社会养老金制度引入农村。另外,从 2006 年开始,我国西部农村地区实施义务教育学杂费免除政策,到 2007 年进一步扩展到中东部农村地区,也在很大程度上减轻了农村的负担。最后,针对农业和农民的各种农业补贴政策也陆续出台,如 2004 年实施的粮食直接补贴政策,2006 年实施的农业生产资料综合补贴政策,都或多或少增加了农民收入。

也许有人会问,既然这些政策大多是在 2008 年以前出台的,为什么这个时期城乡之间收入差距仍在不断扩大呢? 之所以产生这种情况,很大程度上与政策的滞后效应有关。一般而言,一项政策从出台到落实需要时间,特别是对于一个大国来说,需要的时间会更长,而且这一时期出台的几项惠农政策大多采取了"先试点,后推广"的方式。政策的滞后效应会更加明显。换句话说,在政策存在滞后效应的情况下,一些政策从出台到产生实际的较为明显的效果会等上几年甚至更长的时间。因此,2008 年之前几年出台的惠农政策大多是在几年之后才开始显示出其效果。这一点从农村居民的收入增长率的变化上得到验证。同样,从城乡居民收入差距的变化上可以看到,在 2003 年后的 5 年中,虽然城乡收入差距仍在扩大,但是其扩大速度明显减缓(见图 2-1)。

第二,在政府再分配政策发挥作用的同时,经济发展和市场力量发挥着更大的作用。到了 2008 年,中国经济转型已推进了 30 年,其中年均经济增长率达到了 9% 左右。经济高速增长带动了劳动力需求增加,非农就业人员规模不断扩大。相比 1982 年,2008 年城乡就业人数增加了 67%,其中城镇就业人数增加了 181%,第二、第三产业的就业人数增加了 206%。② 从这一

---

① 按照当时的政策规定,在 2003 年,农村参保人每人每年缴纳 10 元参保费,政府补贴 30 元,共同作为参保资金。到了 2018 年,农民个人参保费有了较大幅度提高,基本上每人 200 元左右,相应地政府的财政补助也有所增加,提高到 500 元左右。

② 根据国家统计局网站数据计算,https://data.stats.gov.cn/easyquery.htm? cn=C01。

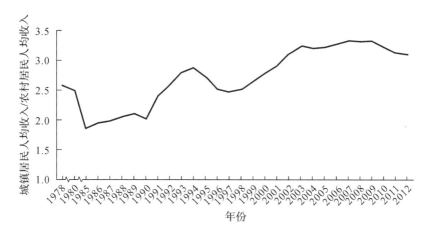

图 2-1 1978—2012 年城乡居民收入差距

资料来源:根据国家统计局网站数据绘制,https://data.stats.gov.cn/easyquery.htm? cn=C01。

点来看,这一时期我国经济增长的模式仍是劳动密集型,而这种模式的最大好处是可以同时实现经济增长与就业增加双重目标。就业规模的扩大是伴随着大量农村劳动力的两类就业转移产生的,一类是从农业向非农产业的就业转移,另一类是从农村向城镇的就业转移。伴随着农村劳动力的就业转移,农村剩余劳动力的状况得到了逐步改善,随之出现了农民工工资的逐年上升(卢锋,2012)。如图 2-2 所示,2002 年农民工的实际工资增长率不到1%,到 2003 年超过了 6%,在后续几年中一直保持在 6%以上。这一时期城镇农民工大多是单身外出打工者,他们或将收入的很大一部分寄回或带回老家,这对于提高农村居民收入水平无疑做出了很大的贡献。

第三,2008—2009 年的国际金融危机对中国经济产生了一定的冲击,而它对收入分配的影响是始料未及的。在 2009 年初,当国际金融危机波及中国经济时,国内失业问题变得严峻起来,大批农民工失业回乡,经济衰退的迹象已有所显现。中央政府及时出台了一揽子经济刺激方案,缓冲了金融危机的冲击。这项刺激方案的最大特点是大幅度增加了对基础设施建设的投资。基础设施建设需要更多的劳动力,特别是非技能劳动力,尤其是对农民工的需求大幅度增加。这在劳动力市场上造成了一种农民工供不应求的

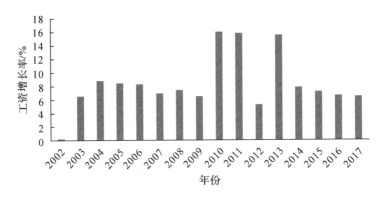

图 2-2 中国农民工工资增长率

资料来源:李实,Terry Sicular,Finn Tarp.中国收入不平等:发展、转型和政策[J].北京工商大学学报(社会科学版),2020(4):21-31.

注:工资增长为实际值(按不变价计算)。2009—2017 年的农民工的工资增长率是作者基于国家统计局农民工调查(NBS 2010,2012,2013,2014,2015,2016a,2017a)计算所得;2002—2008 年的估计来自卢锋(2012)。

局面,其结果是农民工工资的快速上升。如图 2-2 所示,在"四万亿计划"实施后的两年,即 2010—2011 年,农民工的实际工资连续两年高速增长,年增长率都在 16% 左右。更为重要的是,正是从这一时点开始,中国劳动力市场供大于求的局面开始转变,出现了供不应求、农民工工资随之与城镇职工工资同步增长的局面。

第四,2013 年开始实施的"精准扶贫"政策对城乡收入差距变动的影响也是值得关注的。"精准扶贫"政策实施初期,按照 2011 年调整后的贫困标准,农村贫困发生率为 13% 左右,约有贫困人口 1.2 亿人。到了 2018 年,农村贫困发生率下降到 2% 以下,贫困人口减少到 1700 万人(《中国扶贫开发年鉴》编辑部,2019)。这意味着在过去 10 年左右的时间内,大约有 1 亿贫困人口的收入水平上升到贫困线之上。客观地说,这一结果对于城乡之间收入差距以及全国收入差距变化的影响是相对有限的。一是因为这个人群的规模并不是很大,只占全国人口的不足十分之一;二是因为贫困人口的贫困距并不是很大,它只占农村居民人均收入的大约十分之一;三是贫困人口的收入增长率并没有明显超过非贫困人口的收入增长率①。然而,"精准扶贫"政策及其带来的各级政府、企业、社会和个人向农村贫困地区投入的各类扶贫资金,对农村基础设施、农村产业发展、公共服务供给能力的提升,创收条件的改善等方面产生的影响是难以估计的。这对于缩小城乡之间经济社会发展差距以及收入差距起到了更加明显的作用。

第四节　收入分配政策的演变及其再分配效应

一、计划经济时期的分配制度

在计划经济时期,中国并没有专门用于调节收入分配的政策措施。与计划经济体制连为一体的城市的工资分配制度和农村的工分制,既是分配制度,又是激励制度。城乡各自的分配制度将初次分配过程和再分配过程压缩为一种"一次"分配的结果。与此相配套的制度是城市中清一色的公有制经济和农村中的人民公社制度。政府部门作为计划经济体制的执行者和监督者,控制着各种生产要素配置和公共资源的分配。在缺少市场分配机制的情况下,每个人的收入是被事先"计划"的,不会受到一些变动因素(变量)的影响。在这种制度下,城市中就业者的收入(主要为工资)也是有差别的,这种差别不是由短期的个人工作贡献决定的,而是由等级(级别)决定的。干部制度的二十四级制、工人的八级工资制都显示了在级别之间存在一定的收入差别。② 经济系统中的激励机制主要来自级别的升迁,而不是工资收入。级别制度不仅具有经济激励的作用,也代表不同的社会地位,也就是说它具有双重的激励作用。然而,对于大多数人来说,升迁的机会太少

---

① 比如利用 CHIP 调查数据比较了不同收入组人群的收入增长率,结果发现在 2007—2013 年,收入最低的 10% 人群的收入增长率为 14%,而其他收入组人群的收入增长率在 12% 左右(Luo et al., 2020)。

② 计划经济体制下干部工资级别的情况参见 1956 年 6 月国务院全体会议第 32 次会议通过的《关于工资改革的决定》。

（晋升的机会是由两个因素决定的：一是晋升的频率，即在多长时间内有一次晋升；二是晋升的位次与有资格晋升人数的比率），晋升产生的激励效应只是局部的，主要作用于少数人身上（少数人最有希望获得晋升机会）。显而易见，计划经济体制下的分配制度缺少激励功能，没有建立起劳动报酬与工作贡献之间的紧密联系，从而导致了整个社会的效率低下。这也是计划经济时期收入分配制度的最大弊病。

二、20 世纪 80—90 年代的收入分配政策

到了 20 世纪 70 年代末，经济体制改革已经启动，但是收入分配制度改革处于相对滞后的状态。在农村地区土地承包制开始实施以后，农民收入主要取决于其生产成果，还会受到农产品价格以及政府税费的影响。在土地承包制初期，农民受益很大，农民与政府之间的分配关系变得更加直接简单。对于农民来说，"交够国家的，留足集体的，剩下都是自己的"。也就是说，农民获得了其劳动成果的最后"索取权"。但是农民不知道交多少才算是"交够"国家的，也不知道留多少才算是"留足"集体的，农民更不知道，他们生产出的农产品能换回多少货币在一定程度上还取决于农产品价格水平，而价格水平却不是农民自己决定的。

在农民获得农业生产的索取权后不久，其收入增长就被不断增加的税费吞噬。特别是进入 20 世纪 90 年代后，农民承受的税费负担日益增加，即使在中央政府三令五申要减轻农民负担的情况下，农民承担的税费负担仍有增无减。根据 CHIP 调查数据计算出的农村家庭的税费占其可支配收入的比重，在 1988 年为 5%，其中农业税为 1.8 个百分点，杂费为 3.2 个百分点；到了 1995 年，农村家庭缴纳的税费比重上升到 5.3%，其中农业税为 1.5 个百分点，杂费上升到 3.8 个百分点（佐藤宏、李实和岳希明，2006）。而这一时期，城镇居民的收入水平相当于农民的近 3 倍，却几乎不需要缴纳任何税费。这无疑拉大了城乡收入差距。

更需要指出的是，当时农村的税费不仅扩大了城乡之间的收入差距，而

且也在扩大着农村内部的收入差距。这是因为税费的设定只是考虑到征收的方便性,并没有考虑到其调节收入分配的作用。特别是"三提五统"的缴费①基本上是按照户或人头征收,造成了低收入家庭更大的税费负担。在1988年,农村收入最低的10%家庭的税费占其收入的比重为7.5%,高出平均水平50%,而收入最高的10%家庭的税费占其收入的比重仅为3.8%,低于平均水平24%。这意味着不同家庭负担税费率与其人均收入水平呈负相关。到了1995年,这种情况变得更加严重。收入最低的10%家庭的税费占其收入的比重为13.9%,高出平均水平162%,而收入最高的10%家庭的税费占其收入的比重仅为3%,比平均水平低43%。② 由此可见,税费具有了更大的逆向再分配效应,并以更大的幅度扩大着农村内部收入差距。

在农村居民税费负担不断加重的同时,城市家庭基本上没有税费负担。然而,城镇居民经历了一个补贴不断显性化的过程。在改革开放初期,城镇居民的实际收入远大于其名义收入或货币收入,二者之间的差额主要是实物性补贴,其占据了城镇居民实际收入的很大一部分(赵耀辉和李实,2002)。在1988年的CHIP调查数据中,城镇居民可支配收入中工资性收入所占比重不足45%,而各种补贴和实物性收入接近40%,其中票证折算的市场价值占5%,公有住房补贴占18%,其他补贴和实物收入占近16%。当然,从严格意义上说,城镇居民享受的这些补贴应该计入他们的实际收入中,然而还有一些隐性补贴也在影响着城镇居民的生活水平和质量,那就是社会福利。按照国际上通用的住户可支配收入的定义,由政府提供的公共服务的市场价值不应该计算为住户收入的一部分,然而在当时,这种公共服务带有很强的选择性,只提供给城镇居民,而农村居民是享受不到的。而且有些公共服务的可得性也不是平等的,如城乡学生都接受义务教育,政府对义务教育都有不同程度的补贴,但是对城市教育的补贴远多于对农村教育

---

① 农民缴纳的费用称为"村提留,乡统筹",又简称为"三提五统":"三提"是"公积金、公益金和管理费",这些费用交给村,称为"村提留";"五统"指"五项统筹",包括教育附加费、计划生育费、民兵训练费、民政优抚费、民办交通费,上交给乡或镇,称为"乡统筹"。

② 关于农村不同收入家庭的税费负担的计算结果,参见佐藤宏、李实和岳希明(2006)。

的补贴。正是由于这种城乡之间享有公共服务的差异性,为了衡量城乡居民之间在获得收入及各种公共资源上的差异,这部分公共服务的市场价值或包含的政府提供的隐性补贴应该归算为居民实际收入。正是基于这种思路,李实和罗楚亮(2007)利用2002年CHIP调查数据重新估算了城乡之间收入差距。估计结果显示,只是根据通常的居民可支配收入定义,2002年城乡居民人均收入之比为3.1,如果将城乡居民享有的公共服务的市场价值加到其可支配收入上,那么城乡居民人均收入之比将上升到4.4。

三、2000年后的收入分配政策

经过改革开放后20余年的经济发展,21世纪初,中国经济上了一个台阶。2000年,中国人均GDP接近8000元,相当于当时汇率下的960美元。[①]与此同时,居民收入差距出现不断扩大的趋势。这引起了社会各界的普遍关注。从2003年起,中央政府试图改变发展方式,并且开始实施一些再分配政策措施以扭转收入差距扩大的趋势。经过五年的努力,全国居民收入差距从2009年开始出现了七年的缓慢下降的过程。从这个意义来说,2003年是中国收入分配制度改革中一个重要的年份,从此开始了政府有意识地加大调节收入分配的尝试。

收入再分配政策的调整首先在农村加以实施,通过减轻农民的税费负担,逐步取消了农业税和"三提五统"。到了2002年,农民缴纳的税费虽然在比例上有所下降,平均来说大约为纯收入的3%,但是低收入农户的税费率仍高达6%以上。到了2007年,农村税费减免的政策取得了成功。2007年的CHIP数据显示,农村居民的税费几乎为零(Hoken and Sato,2017)。如表2-1所示,该年农民已不再缴纳农业税,只是缴纳少量的费,占其收入的比例不足0.5%。更为重要的是,不管是低收入居民还是高收入居民,费的负担几乎是相同的,改变了过去税费的累退性。

---

① 2000年的官方汇率为1美元=8.27元人民币,而在1980年官方汇率为1美元=1.49元人民币。如果按照1980年的汇率计算,2000年中国人均GDP为5330美元。

表 2-1　2002 年和 2007 年农村居民税费占纯收入比重

单位:%

组别	2002 年			2007 年		
	税	费	合计	税	费	合计
收入最低的 10%	4.7	1.5	6.2	0	0.3	0.3
收入最低的 20%	4.1	1.3	5.4	0	0.3	0.3
收入 20%—40%分组	3.1	1.0	4.1	0	0.3	0.3
收入 40%—60%分组	2.5	0.9	3.4	0	0.3	0.3
收入 60%—80%分组	2.0	0.8	2.8	0	0.2	0.2
收入最高的 20%	1.0	0.7	1.7	0	0.3	0.3
收入最高的 10%	0.7	0.9	1.5	0	0.4	0.4
总体	1.9	0.9	2.8	0	0.3	0.3

资料来源:佐藤宏,李实,岳希明.中国农村税赋的再分配效应 1995—2002——世纪之交农村税费改革的评估[J].经济学报,2006 (2):140-160;Hoken H, Sato H. Public policy and long-term trends in inequality in rural China, 1988-2013[Z]. Western University Centre for Human Capital Productivity Working Paper No. 2017-16, 2017.

　　除了在"少取"上出台了一些政策,中国政府也在对农民"多予"上采取了一些措施。其中,种粮补贴使得绝大多数农民获得好处。如 2004 年开始的种粮直补政策,2006 年开始实施的农业生产资料综合直接补贴政策,2007年实行的良种和农机具购置补贴政策,都属于这类"多予"政策措施。随着这些政策的推进,政府投入的相应资金不断增加,在 2005 年几项直补的财政资金为 230 亿元,到 2013 年增加到 1600 多亿元,每亩地为 90 元左右。另一项重大的"多予"措施是农村低保制度的建立。城市低保制度建立于 1999年,到 2001 年开始逐步放松低保申请条件,2002 年实施"应保尽保"的方针,该年城镇低保人员达到 2054 万人。而农村低保制度直到 2004 年才开始实施,在随后几年中快速扩展开来。从 2005 年起,农村领取低保金人数开始了几年的成倍增加,到 2013 年增加到了 5388 万人,比 2004 年增加了 11 倍。虽然农村低保制度晚于城市低保制度,保障标准也低于城镇水平,但是它从制度建设上而言是一种"有胜于无"的结果(Golan et al.,2017),它对于缩小城乡之间收入差距的作用是不可否认的。

进入 21 世纪后,城镇居民收入有了更快的增长。2003 年到 2013 年,城镇居民人均收入的实际年均增长率达到历史上的较高水平,高达 9.6%。与此同时,在个人所得税率不变的情况下,政府征收的个人所得税额出现了大幅增加,从 1418 亿元增加到了 6531 亿元,增长了 3.6 倍,实际年均增长 13.5%,增幅超过了城镇居民收入增长。这在一定程度上起到了缩小收入差距的作用,虽然这个作用是比较有限的。[①]

2000 年后,城镇公共政策中另一项举措是继续推进社会保障制度的改革。经过 10 多年的探索,到 2000 年,我国已初步建立了社会统筹和个人账户相结合的基本养老保险制度。该制度先是在城镇所有企业实施,到了 2015 年,将政府机关、事业单位员工包括进来。基本养老基金由企业和个人共同缴费形成,其中企业缴费的一部分形成社会统筹基金,企业缴费的另外一部分和职工个人缴费的全部形成职工个人账户基金。这个制度在设计之初并没有考虑到其收入再分配功能,职工缴费与其收入比率具有明显的累退性,带来逆向再分配效应,导致收入差距的扩大(李实、朱梦冰和詹鹏,2017)。同样地,城镇职工医疗保险制度具有相同的问题,个人缴费率具有明显的累退性,也具有逆向收入再分配效应。[②]

正是受上述收入再分配政策的影响,中国收入差距出现不同于前期的变化,城乡之间的收入差距扩大幅度开始收缩,直至有所缩小;农村内部收入差距虽然继续扩大,但是扩大速度也有所减缓;城镇内部收入差距仍在继续扩大。

---

① 有关个人所得税对收入差距调节作用的研究成果,参见岳希明、张斌和徐静(2014),李实、朱梦冰和詹鹏(2017)。

② 关于社保缴费的再分配效应的研究,参见李实、朱梦冰和詹鹏(2017),Cai 和 Yue(2020)。

第五节　加大收入分配政策的调节力度

到 2020 年,中国人均 GDP 超过了 1 万美元。如果在此后 10 年中,中国经济能够保持较高的增长速度,实现人均 GDP 和居民可支配收入翻一番,那么居民的生活水平和质量将会有更大的改观。党的十九届五中全会提出了 2035 年社会主义现代化远景目标之一是"全体人民共同富裕取得更为明显的实质性进展"。这意味着收入分配制度改革被重新提上议事日程。

一、主要的挑战

在推进共同富裕的进程中,我们还将面临巨大的挑战。这主要表现为以下几个方面。

第一,收入分配差距仍将处于较高水平。21 世纪前 15 年,中国居民收入差距出现了一个由升转降的过程。收入差距从 2003 年到 2008 年呈波动扩大趋势,然后出现 7 年的缩小过程。然而,从 2016 年开始,收入差距又出现了小幅度反弹,到 2018 年,基尼系数回升到 0.469(见图 2-3)。这表明过去 10 年中居民收入差距基本上处于高位波动状态。CHIP 的调查数据也显示,2013 年至 2018 年,全国居民收入差距的基尼系数基本上保持不变(罗楚亮、李实和岳希明,2021)。那么,这种状况是否还会持续下去呢?如果不加快收入分配制度改革,不加大收入分配政策的调节力度,收入差距高位波动的状态还将持续下去。这种判断主要基于以下几个依据。

一是过去近 10 年全国收入差距出现了一段时间的缓慢缩小的过程,这主要得益于城乡之间收入差距的缩小。而在此期间城市内部和农村内部收入差距并没有缩小,反而有不同程度的扩大。城乡之间收入差距缩小的幅度超过了城乡内部收入差距扩大的幅度,从而带来了全国收入差距的缩小。可是,从近几年城乡之间收入差距的变化来看,其缩小幅度呈现递减趋势。如图 2-4 所示,在 2013 年和 2014 年,农村居民收入增长率比城镇居民高出

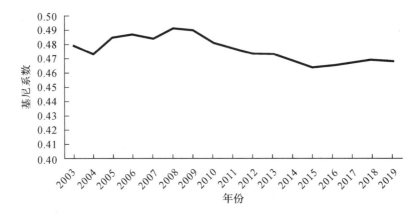

图 2-3 2003—2019 年全国基尼系数变化情况

资料来源:根据国家统计局相关的年度统计公报资料绘制。

约 2 个百分点,而到了 2016 年和 2017 年,二者收入增长率差距只在 0.5 个百分点左右。在未来几年中,从城乡各自的经济增长潜力来看,城乡之间收入增长率的差别将会逐步消失,甚至有可能会出现城镇居民收入增长率超过农村居民的情况。

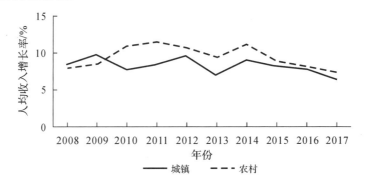

图 2-4 2008—2017 年城乡居民人均收入增长率

资料来源:根据国家统计局网站数据绘制,https://data. stats. gov. cn/easyquery. htm? cn＝C01。

二是城镇收入差距的持续扩大受到工资差距扩大的影响。CHIP 的调查数据显示,从 2013 年到 2018 年,城镇职工的工资收入差距仍在扩大,基尼系数从 0.34 上升到 0.38(李实、邢春冰和吴姗姗,2020)。而且,城镇工资收入差距的扩大表现在性别之间、行业之间、职业之间和不同文化程度人群之间。在工资收入占城镇居民可支配收入的很大一部分的情况下,工资差距的扩大无疑会导致城镇居民收入差距的扩大。而且,城镇工资差距的扩大可能会成为未来的一种常态,这是因为以人工智能、数字经济为主导的新技术进步在一定程度上会带来就业极化、职业分化以及工资差距的扩大化。

三是居民财产差距的急剧扩大带来了收入差距的扩大。进入 21 世纪以后,我国居民财产积累速度明显加快。2002 年至 2013 年,全国居民家庭财产的实际年均增长率高达 17%,其中城镇居民家庭为 20%。与此同时,居民财产分配差距也在急剧扩大。即使根据低估的分析结果[①],这一时期全国居民财产差距的基尼系数也从 0.49 上升到 0.62(Knight et al.,2016)。居民财产差距的扩大一定会引起收入差距的进一步扩大。从一定意义上来说,过去 10 年中,以至于在未来一段时期,财产差距的扩大将会成为收入差距扩大的一个主要推动因素。

第二,现有的收入再分配政策调节力度不足。这一点从初次分配与再分配后收入差距的变化中可以看出。利用 CHIP 2013 调查数据,一些相关研究分别估计了居民再分配前的市场收入和再分配后可支配收入的基尼系数,其结果显示,政府的各种再分配政策实施以后,基尼系数下降了 8% 左右(岳希明、张斌和徐静,2014;李实、朱梦冰和詹鹏,2017)。相比而言,大多数经济合作与发展组织(OECD)国家在初次分配阶段的收入差距与中国相差不大,但是经过再分配以后,收入差距都出现了较大幅度的缩小。如在 2010 年,英国居民初次分配的市场收入的基尼系数为 0.53,再分配后的可支配收入的基尼系数下降到 0.40 左右,下降幅度接近 30%。

进一步考察税收和转移支付的再分配效应,更能说明问题。在税收方面,中国针对居民个人和家庭的税负主要是个人所得税,它是一种直接税。

---

① 所谓的"低估"问题主要是指,由于富人样本量严重偏低,以及一些富人样本存在着富人低报其财产的问题,估计出来的财产差距要小于实际的财产差距。如果对这个样本偏差问题加以修正,这一时期中国居民财产差距的基尼系数大约在 0.7(见李实、万海远和谢宇,2014)。

一方面,个人所得税在政府税收中的比重是较低的,在 2013 年占比不足 6%,占政府全部财政收入的 5%;另一方面,它在调节收入分配方面发挥有限的作用。根据 CHIP 数据计算的结果,2013 年个人所得税仅使得收入差距的基尼系数下降了 0.3%(岳希明、张斌和徐静,2014)。除了个人所得税,居民实际上还负担着间接税,如增值税、消费税等。这些间接税都在起到扩大收入差距的作用。岳希明、张斌、徐静(2014)的研究成果显示,在 2013 年居民负担的增值税使得收入差距的基尼系数上升了 2.8%,消费税使得收入差距基尼系数上升了近 1%。

城乡居民除了承担税赋,还要负担社会保障缴费,而这些缴费在很大程度上都产生了扩大收入差距的负向作用。在很长一段时期内,社会保障的资金一部分来自企业,一部分来自个人,而个人缴费部分是按照其工资的一定比例缴纳,而不是按照累进比例缴纳,加上一些较高收入职业人群的缴费低于较低收入职业人群,造成社会保障的个人缴费产生了扩大收入差距的不利影响。比如,在 2013 年,城镇的养老保险缴费和医疗保险缴费使得城镇内部收入差距基尼系数上升了接近 1%;在农村,两项缴费使得农村内部收入差距基尼系数上升了 0.7%。

与税费的再分配效应相反,公共转移支付使得居民收入差距缩小。然而,在多项公共转移支付项目中,发挥最大作用的是城镇离退休职工的养老金收入,而其他转移支付项目的再分配作用都是非常有限的。Cai 和 Yue (2020)的研究发现,在 2002 年到 2013 年,作为中国最大的转移性收入的养老金,其分配却非常不平等。绝大多数养老金发给了城市退休人员,他们中一部分人的养老金数额较高,使得城镇养老金收入在边际上产生了扩大收入差距的负面影响。城镇职工养老金收入确实构成了政府转移支付支出的很大一部分,然而它在不同离退休人员之间的分配差距也在不断扩大。CHIP 调查的数据显示,相对于 2002 年,2013 年城镇离退休人员的养老金收入的基尼系数上升了近 10%,2018 年上升了 22%(李实、吴凡和徐晓静,2020)。

二、进一步调节收入分配

面对上述挑战,我们必须认真对待,寻求更加有效的调节收入分配的政策手段,否则党的十九届五中全会提出的"全体人民共同富裕取得更为明显的实质性进展"的目标将难以实现。如何进一步有效地调节收入分配,解决一些收入分配不公的问题,明显地缩小收入差距?本书认为,应该在以下几个方面有所作为。

首先,采取更大的力度来贯彻"提低、扩中,调高"的方针。中国虽然已成为中等偏上收入国家,在不久的将来会成为高收入国家,但是仍具有发展中大国的一个基本特点,即低收入人群是社会的主体人口。根据有关机构的测算,到 2019 年,中国低收入人口比例仍在 60％以上,而中等收入人口比例不足 40％(李实、岳希明和罗楚亮,2020)。这种收入阶层现状也是收入差距高居不下的一个原因。因此,提高低收入人群的收入水平,使他们的收入能够更快地增长,应该成为未来收入分配和再分配政策的出发点和落脚点。"提低"也有助于"扩中",这是因为一部分低收入人群在收入提高后可以进入中等收入群体,从而扩大中等收入群体的规模。

其次,"提低"要有一套政策体系。考虑到低收入人群具有不同的特点,提高他们的收入需要采取不同的有针对性的政策,做到政策的精准性。特别是低收入群体中的农民工群体,提高他们的收入更加有效的办法是赋予他们平等的权利,包括平等的就业权利、平等地享受城市公共服务的权利、其随迁子女平等地享受所在地受教育的权利等。对于农村中的低收入群体,特别是处于相对贫困状态的无劳动能力的老弱病残人员,加大对他们的转移支付力度,而对于有劳动能力的低收入人群,则是保障他们的就业机会和提高其劳动技能。总之,对于一个庞大的低收入群体,任何单一的政策措施都不会起到预期的作用,只有一套系统而又有效的政策体系才能发挥作用。

再次,应该看到居民财产分配差距对收入分配的影响,因此有必要采取一些有助于缩小财产差距的政策措施。一方面，让"无产者"拥有财产。这些人群主要是大部分的农村居民和城市中的低收入家庭。解决农村居民的财产问题的出路是农村土地制度改革，让农民真正获得土地的所有权，从而获得更多的土地收益，而解决城市中的"无产户"的财产问题则是为他们提供更加优惠的购房补贴，让他们首先解决房产问题。另一方面，采用房地产税和遗产税来遏制房产分配的过度集中过程。从过去居民财产积累和分布的变动来看，在未来一段时间，居民财产差距的扩大趋势仍将持续下去，对此我们还缺少相应的调节手段，而房产税和遗产税是可以选择的政策手段，也是被许多国家采用的调节财产差距的通用措施。

最后，从长期考虑，实现共同富裕的有效途径是加大对人力资本的投资和实现人力资本投资均等化。在我国市场经济体制逐步完善的情况下，初次分配中收入差距的主要来源是个人发展能力的差异，而个人能力的差异又是源自其人力资本投资的差异。根据 CHIP 调查数据计算出来的结果显示，在过去 10 年中，人力资本（包括个人受教育程度、身体健康状态）对个人收入增长的影响越来越大，对人群之间收入差距的影响作用也越来越大（李实、邢春冰和吴姗姗，2020）。这意味着缩小个人之间人力资本投资差别在很大程度上有助于缩小收入差距，有助于使得低收入人群成长为中等收入人群。从一些统计数据上看，进入 21 世纪后，我国在义务教育的公共投资方面取得了一些实质性进步，教育经费与经济基本上保持了同步增长，城乡之间义务教育经费的差距有所缩小。然而，在非义务教育阶段，如高中教育阶段，城乡之间和地区之间公共教育经费支出的差别仍然很大。另外，学前教育是个人能力发展过程中最重要的人生阶段，许多地区并没有将学前教育纳入义务教育范围，一些农村地区仍有相当大比例的学前儿童没有接受正规的学前教育。这些都反映了我国在人力资本投资方面的不平衡和不充分的问题。改变这种局面没有太多的选择，应加大对包括教育在内的人力资本的投资力度，尽快实现人力资本投资的均等化。

总之，中国在实现共同富裕的征程中会面临许多的困难与挑战，同时也充满机遇和希望。只要坚持正确的发展方向,深化收入分配制度改革,建立初次分配、再分配、第三次分配互为一体的收入分配制度,推进公共政策和收入分配政策体系的建设,加大收入再分配政策的调节力度,就一定能在实现共同富裕方面取得更大的进展。

第三章　居民财产积累机制
和财产不平等趋势

　　党的十九届五中全会提出，到 2035 年，"全体人民共同富裕取得更为明显的实质性进展"；到 21 世纪中叶，"全体人民共同富裕基本实现"。党的二十大报告进一步强调，"中国式现代化是全体人民共同富裕的现代化"，在推进共同富裕的进程中，要"规范收入分配秩序，规范财富积累机制"。实现共同富裕意味着全体人民都能够享受高水平的生活福祉并得到全面发展。具体而言，共同富裕目标可以归纳为"三高、三小"，即收入水平高、财产水平高、公共服务水平高，以及收入差距小、财产差距小、公共服务差距小（李实，2021）。在共同富裕研究方面，现有研究主要集中在居民收入增长和收入差距问题上，而对财产积累和财产差距的研究是少之又少。即使有少数有关财产问题的研究文献，也大多为对居民财产差距的分析，而对财产积累问题的研究几乎是一个空白。正是考虑到这种情况，本章利用中国居民收入分配课题组于 2002 年、2013 年和 2018 年进行的三次住户调查收集到的住户财产数据，对 21 世纪以来中国城乡居民的财富积累机制进行分析和解释。[①]

　　居民财产分配研究对于理解当代中国社会分层、社会不平等和社会流

[①]　为了与已有文献的表述相一致，本卷将"财富"统一表述为"财产"。

动等问题至关重要。美国、欧洲等发达国家和地区经过了几百年的财产积累过程,个人财产成为这些国家社会分层的重要维度,对阶层认同、儿童教育和政治观点等社会结果产生深远影响(Keister and Moller,2000)。虽然中国居民财产积累起步较晚,但过去几十年正快速经历发达国家几百年的财富积累历程。更重要的是,居民财产积累过程中出现的财富分配不平等对社会不平等和不同人群社会经济地位的变化都会产生不可忽视的影响(Xie and Jin,2015)。这意味着有关财产积累和分配研究不仅是经济学需要关注的议题,也涉及社会学及其他研究领域。

然而,有关中国居民财产问题的研究成果并不多见,主要归因于居民财产调查的困难和数据的缺失。在有限的研究文献中,仍有少数文献测度了中国居民财产积累趋势和财产不平等程度,并尝试解释背后的原因。基于这些文献的研究结论可以看到,20 世纪 90 年代到 21 世纪初,中国居民人均财产水平和财产差距都快速上升(Knight et al.,2022;Li and Wan,2015;Piketty et al.,2019;Xie and Jin,2015;李实、魏众和古斯塔夫森,2000;李实、魏众和丁赛,2005)。[①] 已有文献还发现,21 世纪以来,房价上涨是居民财产快速积累的重要原因。但是很少有文献详细而又系统地研究居民财产的积累过程和机制,特别是居民储蓄对财产积累增加的影响。

根据已有文献的居民财产核算方法,财产构成包括金融资产、净房产、生产性固定资产价值、耐用消费品价值等形式(李实、魏众和丁赛,2005)。在一般社会中,正如财产积累基本模型表明,居民财产积累的最终来源主要是储蓄和财产价格的变化(Garbinti et al.,2021;Stiglitz,1969)。因此,本章借助中国家庭收入调查项目在 2002 年、2013 年和 2018 年获得的居民财产调查数据,对居民财产积累机制进行实证分析,试图解答三个问题:第一,过去 20 年中国居民财产规模和财产不平等的变化特点。第二,过去 20 年中国居民财产结构的变化特点,尤其是金融资产、净房产、耐用消费品等财产

---

① 最近一篇解释中国居民财产结构变化的文献使用了 2013 年中国家庭收入调查数据(Knight et al.,2022)。

份额变化在居民财产增长中的贡献。第三,过去20年中国居民财产积累的主要来源,尤其是储蓄和房价变化对不同财产组、不同人群财产积累速度的贡献。

第一节 财产积累机制的一般性解释

社会学和经济学都在关注财富不平等问题,只是有着不同的研究侧重点和采用不同的分析工具。不过,一个重要趋势是,对收入和财产不平等的研究更强调学科交叉的必要性(Korom,2019;Savage and Li,2021;Savage,2014)。不平等既是一种经济现象,也具有广泛的社会、文化和政治影响。虽然本章主要基于经济学的分析工具对中国财产积累过程进行解释,但是研究发现和结论对于不同学科和研究领域都具有参考价值。

斯蒂格利茨(Stiglitz,1969)最早提出一种基本模型(basic model),从动态视角解释财产积累机制。其基本逻辑是,居民财产增长来源于储蓄,而储蓄受到储蓄率和收入来源的影响。收入分解为劳动报酬和资本回报两部分,那么可以使用该基本模型解释劳动生产率、储蓄行为对居民财产积累的影响。

Saez 和 Zucman(2016)对财产积累机制的基本模型进行了扩展,考虑到了财产价格的变化和不同收入分位点的异质性。其基本定义如公式(3-1)所示。

$$W_t^p = (1+q_t^p)(W_{t-1}^p + s_t^p Y_t^p) \qquad (3-1)$$

其中,W_t^p 表示第 p 分位点家庭在 t 期末的财产存量,Y_t^p 表示第 p 分位点家庭在 t 时期内的收入,s_t^p 表示第 p 分位点家庭的储蓄率,q_t^p 表示存量财产在 t 时期的价格变化。

考虑到不同收入水平家庭的收入来源存在较大差别,部分学者(Garbinti et al.,2021)将收入来源拆分为劳动报酬和资本回报两个部分。得到式(3-2):

$$W_t^p = (1+q_t^p)\left[W_{t-1}^p + s_t^p(Y_{Lt}^p + r_t^p W_{t-1}^p)\right] \tag{3-2}$$

在以上公式的基础上,我们还可以继续加上财产赠与和继承的影响,得到式(3-3):

$$W_t^p = (1+q_t^p)\left[W_{t-1}^p + s_t^p(Y_{Lt}^p + r_t^p W_{t-1}^p) + H_t^p\right] \tag{3-3}$$

其中,H_t^p 是第 p 分位点家庭在 t 时期通过不同家庭之间财产转移获得的新增财产净值(若是赠与其他人,则是负值)。上式两侧分别除以 W_{t-1}^p,可以得到不同分位点财产增速的决定机制,如式(3-4)所示。

$$1 + sp_t^p = \frac{W_t^p}{W_{t-1}^p} = (1+q_t^p)\left[1 + s_t^p\left(\frac{Y_{Lt}^p}{W_{t-1}^p} + r_t^p\right) + \frac{H_t^p}{W_{t-1}^p}\right] \tag{3-4}$$

其中,sp_t^p 表示第 p 分位点家庭在 t 时期的财产相对增长率。

基于上述基本模型,我们可以形成关于居民财产积累机制的几点认识。

第一,储蓄率的影响。储蓄是财产积累的重要来源,在收入不变时,储蓄率越高,财产积累速度会越快。现实中,高收入人群的储蓄率 s_t^p 一般较高,财产积累的相对速度更快。这也意味着,在人均收入相同的情况下,收入差距越大,社会平均储蓄率越高,社会财产积累速度会越快。在收入相同的情况下,低财产人群会有更多预防性储蓄,可能会导致更高的社会储蓄率。因此,储蓄对不同人群财产积累速度的影响,又与他们的收入分布、财富分布有一定的关系。De Nardi 和 Fella(2017)基于美国数据的研究发现,储蓄动机受到代际人力资本投资或遗产继承、企业家精神和健康风险等因素的影响,不同人群的动机存在较大差异,因而即使是相同收入水平的人群,其储蓄行为对其财产积累的影响也会存在差异。需要注意的是,根据家庭的预算约束条件①,在家庭收入水平不变时,储蓄率的提高通常以家庭消费的减少为代价。尤其对于低收入家庭来说,往往需要牺牲大量的当期消费才能在未来积累起可观的财富。

第二,收入增长的影响。在固定的储蓄率下,居民收入增长速度越快,

---

① 不存在借贷时的家庭预算约束:当期的家庭收入＝当期的家庭消费＋当期的家庭储蓄＝当期的家庭消费＋储蓄率×当期的家庭收入。

其财产积累速度越快。过去几十年,中国居民收入快速增长也是其财产增长的一个主要原因。此外,居民收入增长包括两个重要来源:一是劳动报酬,二是资本收益。不过,资本收益的特殊性在于它一般与居民财产存量有关——财产存量越高,资本收益越高。所以,已有财产存量会通过资本收益增加财产积累。不同类型的财产会有差异性的收益率,比如土地财产的收益一般表现为部分农业收入和土地租金收入,房产的收益主要表现为房租收入,生产性固定资产的收益表现为经营收入或分红收入,等等。若高财富净值人群持有财产的收益率更高,那么财产收益就会扩大财产差距。

第三,财产价格的影响。财产价格包含三个部分:一是在跨期对比中,由通货膨胀导致的财产实际价值的变化,比如生活消费品的价格增加会导致个人持有财产的实际价值下降。二是财产本身的市场价格变化,比如自有房产的实际市场价值变化。若大城市房价增速更快,由于大城市内高财富净值家庭的财产集中在房产的比例较高,那么房价上升会扩大财产差距。反之,若中小城市的房价增速比大城市更快,那么房价变化会缩小财产差距。三是资产价值的折旧,比如生产性固定资产和耐用消费品的折旧。

第四,财产结构变化的影响。出于对不同种类财产未来增值差异的预期,人们可能会对财产结构进行调整,将低预期增值的财产转化为高预期增值财产,带来总财产积累的增加。一个典型的行为是抛售低收益资产、购入高收益资产,虽然其不会影响行为发生时点的财产存量价值,但会影响后期的财产积累速度。还应该看到,在不同种类财产的未来收益率出现差异时,当一种资产(如房产)的未来增值速度远高于其他资产时,不仅会带来财产结构变化,提高未来财产的积累速度,还会对居民的消费率或储蓄率产生影响,为了获得更高的资产收益而降低消费或增加储蓄,甚至会影响居民的借贷行为,如预期房价上升后通过增加负债或者几代人集资的方式来购买房产。

第二节　数据和财产核算

一、数据来源

本卷的主要数据来自北京师范大学中国收入分配研究院的中国家庭收入调查(CHIP)。为了描述进入 21 世纪以来的财产特点,本章选择使用 2002 年、2013 年和 2018 年的数据。已有部分研究文献使用 2002 年和 2013 年的财产数据做了相关的分析(李实、魏众和丁赛,2005;Li and Wan,2015;罗楚亮和陈国强,2021;Knight et al.,2022)。本章对财产数据的处理方式与这些文献基本相同,不过存在如下差异:第一,本章的样本权重选择了"城乡×地区"方法(李实、岳希明和史泰丽,2018),而不是部分文献使用的"城乡"加权法。第二,为了便于对三个年份的结果进行比较,本章按家庭常住地重新划分了 2013 年数据的城乡类别,并以此为基础计算样本权重和所有的分析结果。第三,CHIP 2013 和 CHIP 2018 数据缺少现住房之外的其他房产信息。本章使用 Saez 和 Zucman(2016)提出的资本化收入方法(capitalization method),根据出租房屋收入推算居民其他房屋的住房价值。具体来说:一是根据住户自有现住房的相关变量,获得住房市场估计值与月租金市场价的关系。二是分省份计算住房价值除以住房年租金的均值。三是根据上述比例以及住户出租房屋获得的净收入,推算住户其他房屋的市场价值。[①] 本章在关于储蓄的讨论中使用了家庭收入信息,此处的收入定义与罗楚亮和陈国强(2021)以及 Luo 等(2020)的主要差别是,扣除了自有住房估算租金等虚拟收入。

---

① 现住房市场价值和市场租金都是调查员根据被调查户现住房情况和所在地区价格估算得到的。由于不是所有其他房产都会用于出租,本章推算的其他房产价值仍可能存在低估。不过,在其他房产信息缺失的情况下,本章的估算方法应该是相对最好的选择。

二、财产核算方法

本章使用家庭净财产的概念,它等于家庭总财产减去负债。与以往研究中国财产分配的文献保持一致(李实、魏众和丁赛,2005;Li and Wan,2015;罗楚亮和陈国强,2021;Knight et al.,2022),本章将家庭净财产划分为 7 种财产分项,它们分别是金融资产、净房产、生产性固定资产价值、耐用消费品价值、其他资产价值、非住房负债和土地价值。上述划分方法与国际划分标准基本相同。[①] 对于 2002 年的财产数据,本章的处理方法同李实、魏众和丁赛(2005)一致。对于 2013 年和 2018 年的财产数据,本章的具体处理方法如下:(1)金融资产[②],包括人民币金融资产余额,外币金融资产余额,黄金(不包括黄金首饰),其他贵金属、珠宝(包括黄金首饰),其他工艺品、收藏品,以及经营性流动净资产。(2)净房产=住户的自有现住房市场估计值+期内拥有其他房屋估价-购(建)房贷款未还余额。(3)生产性固定资产价值,包括农业经营性固定资产和非农业经营性固定资产。(4)耐用消费品价

[①] 例如,进行财富跨国比较研究的大型住户调查数据库——卢森堡财富研究数据库(Luxembourg Wealth Study Database,简称 LWS)将家庭净财产划分为金融资产、非金融资产和负债三大部分。其中,金融资产主要由存款、流动资产、股票、债券等组成;非金融资产主要由住房、生产性固定资产、耐用消费品等组成。LWS 对家庭财产的划分方式可详见数据库官网。鉴于部分财产分项对于中国居民财产积累的重要性,研究中通常将非金融资产中的住房价值、生产性固定资产价值、耐用消费品价值和土地价值等分项进行单列。

[②] 由于 2002 年的金融资产将"家庭经营活动占有的自有资金、向企业或其他经营活动的投资、收藏品的估计市场价值"包括在内,本章在对 2013 年和 2018 年的数据进行核算时,将"黄金(不包括黄金首饰),其他贵金属、珠宝(包括黄金首饰),其他工艺品、收藏品,以及经营性流动净资产"也纳入金融资产。对于人民币金融资产余额为 0 的样本(2013 年约占总样本的 2.5%,2018 年约占总样本的 2.3%),本章通过回归进行填充,回归的控制变量包括住户可支配收入、住户消费支出、住户所在省份、住户是否在农村。

值,包括家用汽车价值①和其他耐用消费品价值②。(5)其他资产价值,即其他动产③。(6)非住房负债,包括购车贷款、教育贷款、由于家庭成员治病所欠债务、其他生活所欠债务。(7)土地价值④,根据家户农业经营净收入进行估算。假设农业经营净收入的 25% 是由土地带来的,土地收益率为 8%,从而估算出土地价值。在对 2002—2018 年的财产数量进行跨期比较时,本章利用消费价格指数将 2002 年和 2013 年的财产价值换算为 2018 年的价格。为避免家庭人数给研究结果带来影响,本章以个人为分析单位,即净财产均指人均家庭净财产。

三、采用富豪榜数据修复财产差距估计结果的方法

许多文献发现,住户调查数据对收入和财产的估计可能存在一定的低估,一般出于两类原因:一是被调查家庭低报收入和财产信息;二是调查样本遗漏高收入和高财富人群(李实和罗楚亮,2011;罗楚亮和陈国强,2021)。一些国际文献基于部分国家的数据推断认为居民收入分布和财产分布的顶端服从帕累托分布(Cowell,1995;Lydall,1968)。正是基于这一推断,一些学者通过拼接高收入人群数据的方式,尝试对中国收入分布或财产分布进行修正(Li et al.,2020a;Xie and Jin,2015;李实和罗楚亮,2011;罗楚亮和陈国强,2021),进而对中国居民的收入和财产差距进行重新估计。由于受到数据的限制,除了 Li 等(2020a),其他文献都是采用富豪榜数据与住户调查数据进行拼接。本章也使用了胡润富豪榜数据修复高净值人群的财产价值

---

① 2013 年在拥有家用汽车的家庭中,有 15% 的住户家用汽车估计值为 0。2018 年在拥有家用汽车的家庭中,有 16% 的住户家用汽车估计值为 0。对此,我们的处理方法与李实、魏众和丁赛(2005)类似。我们对家用汽车大于 0 的家庭进行无常数项的回归,然后利用估计出来的系数对缺失值进行填充。

② 2013 年有 17.5% 的家户没有回答其他耐用消费品的具体价值,或其他耐用消费品价值为 0,但回答了洗衣机、空调、冰箱等具体拥有的数量。2018 年有 20.6% 的家户没有回答其他耐用消费品的具体价值,或其他耐用消费品价值为 0,但回答了洗衣机、空调、冰箱等具体拥有的数量。对此,我们的处理方法与李实、魏众和丁赛(2005)类似。我们对消费品价值大于 0 的家庭进行回归,然后利用估计出来的系数对缺失值进行填充。

③ 为与 2002 年的变量对应,2013 年和 2018 年农村住户的其他资产价值为 0。

④ 城镇住户的土地价值为 0。

的低估问题[①],修复方法与罗楚亮和陈国强(2021)采用的方法基本相同。为了便于对不同时期进行比较,我们选择了每年富豪榜前800位富豪进行估计。2002年仅公布了前100位富豪信息,本章使用2007年前800位富豪的信息,并按2002年和2007年前100位富豪的财产均值比值下调其财富值,得到2002年的估计值。

本章同样假定高收入段的收入分布服从帕累托分布,并采用胡润富豪榜数据拟合帕累托分布的参数。帕累托分布的分布函数为:

$$F(y;\alpha)=1-\left(\frac{y_0}{y}\right)^{\alpha} \tag{3-5}$$

根据其分布特征,个体收入与个体从大到小的排序位次之间存在如下线性关系(Creedy,1985):

$$\ln N=\ln K-\alpha\ln y \tag{3-6}$$

其中,N 表示个体财产从大到小排序的位次,y 是个人财产值。$\ln K$ 和 α 是待估参数。

在与住户数据进行拼合时,还需要知道临界位置 y_0,即在哪个位置的右侧用帕累托分布,左侧用住户调查数据的分布。由于住户调查数据在高收入段的缺失不仅可能存在低估问题,也可能存在遗漏人群的情况,因此,住户调查数据中高收入段的实际人数比例应该也存在低估问题。所以,我们的做法是,取住户调查数据家庭人均净财产的最大值作为临界值 y_0。临界值以上的部分,根据帕累托分布推算总体人口数量和每个人的净财产,每个人的权数为1。临界值以下的部分,样本权数按 $(P-P_{top})/P$ 的比例等比例缩小。然后将两个数据的财产信息和权数信息合并,这样就得到了一套代表全国所有群体的新样本数据。

表3-1报告了胡润富豪榜2000—2022年的数据信息。不同年份胡润富豪榜公布的富豪人数存在差异。为了方便对不同年份的数据进行对比,我

---

① 数据来源:胡润百富网站,https://www.hurun.net/zh-CNRankHsRankDetails? pagetype = rich。

们仅取前 100 位、第 101—400 位和第 401—800 位的富豪进行对比。总体而言的特征是：第一，大部分年份富豪财产的实际增长率都非常高，远高于国家统计局公布的居民可支配收入增长率。第二，富豪财产在 2000—2021 年基本保持增长趋势，2022 年出现下降。2022 年的下降幅度超过了 2012 年，接近 2008 年金融危机导致的下降幅度。第三，2013 年以前，顶端 100 位富豪的财产增长率基本略低于第 101—400 位和第 401—800 位。2013—2020 年，顶端 100 位富豪的财产仍然保持较快的增长速度，但第 101—400 位和第 401—800 位的财产增速明显放缓。

表 3-1 2000—2022 年胡润富豪榜的财产信息

年份	富豪数/人	平均财产/亿元，现价					实际增长率/%		
		全部	第1—100位	第1—100位（预测值）	第101—400位	第401—800位	第1—100位	第101—400位	第401—800位
2000	50	17	—	9	—	—			
2001	100	15	15	13	—	—			
2002	100	16	16	15	—	—	5.81		
2003	100	19	19	18	—	—	18.86		
2004	100	25	25	24	—	—	24.67		
2005	400	15	35	32	9	—	39.06		
2006	500	22	57	56	15	—	59.56	76.31	
2007	813	42	179	199	38	—	13.17	201.38	133.78
2008	1011	30	120	118	35	14.18	−36.40	−12.96	1.64
2009	1015	38	155	129	44	19.13	29.72	28.46	35.88
2010	1360	39	188	191	56	25.41	17.37	22.97	28.56
2011	1004	59	217	205	68	31.87	9.60	14.45	19.00
2012	1024	54	194	198	64	30.33	−13.09	−8.05	−7.25
2013	1018	64	238	252	74	35.21	19.59	12.71	13.17
2014	1271	64	302	290	82	39.15	24.43	8.98	9.00
2015	1877	73	404	419	126	62.62	32.14	52.15	57.75

续表

年份	富豪数/人	平均财产/亿元,现价					实际增长率/%		
		全部	第1—100位	第1—100位(预测值)	第101—400位	第401—800位	第1—100位	第101—400位	第401—800位
2016	2056	72	436	433	130	65.29	5.60	0.86	2.21
2017	2129	81	567	554	150	70.94	28.04	13.29	6.95
2018	800	168	599	575	155	69.73	3.56	1.26	−3.72
2019	1819	98	676	632	165	72.07	9.71	3.83	0.44
2020	2401	114	1025	925	235	101.88	47.88	38.76	37.91
2021	2916	117	1141	1045	291	126.42	10.35	22.47	22.98
2022	1305	188	954	945	246	109.75	−18.02	−16.91	−14.89

数据来源:富豪数据来自胡润富豪榜。"第1—100位富豪预测值"来自对帕累托分布的估计结果。其中,所有年份都仅选取前800位富豪的数据,2002年帕累托分布通过2007年分布按名义增长率平移后得到。

因为以上特征,2013年前后估计得到的帕累托分布会更为陡峭,2018年会相对平坦。或者说,高财产人群对财产分布的影响在2013年可能很大,但在2018年很可能比较小。从我们根据2002年、2013年和2018年数据得到的拼合数据的概率密度曲线中可以看到,在2013年,概率密度曲线的中高段有一个非常明显的断崖式波峰。

按照一般的统计规律,概率密度曲线中不会出现断崖式的波峰。形成这个结果的原因很可能是财产信息低报问题和遗漏中高段财产人群问题。我们现在缺乏相关数据进行修复。为了解决这个问题,我们用统计方法对概率密度曲线中间段进行了平滑处理。在后续研究中,我们将同时报告直接拼接分布的结果和平滑概率密度曲线的结果。

在估计帕累托分布时还存在另外两个问题:一是在同一年份,当使用不同的富豪数量时,得到的参数存在较大差异。原因是当仅使用少量富豪(如前100位)的数据进行估计时,他们与住户调查数据之间会存在更大范围的缺口,容易导致更大幅度的估计误差(见后文的对比结果)。因此,我们在估计中尽可能多地使用富豪信息,并且在不同年份(2002年、2013年、2018年)

对比时使用的富豪数量相同。二是若每个年份仅用当年数据进行估计,不同年份之间的估计结果存在一定程度的跳跃。原因可能是富豪财产信息质量造成的估计误差。

为了解决以上两个问题,本章在拼接财产分布时选取前 800 位富豪。由于 2002 年只有前 100 位富豪的信息,我们将 2007 年富豪信息按"前 100 位富豪的人均财产比值"等比例平移到 2002 年,用于估计 2002 年的高财产人群的财产分布。这是本章的主要估计结果。此外,在稳健性分析中,为了减少测度误差的影响,我们将 2013 年和 2018 年邻近 5 年的富豪信息合并,然后分别估计 2013 年和 2018 年的高财产人群的财产分布。由于样本量增加,得到的估计结果在不同时期之间会更加可比。

第三节　居民财产规模变化和特点

一、居民财产快速积累

利用 CHIP 数据中的居民财产信息,我们估计了 2002 年、2013 年和 2018 年中国居民财产价值及其增长速度,估计结果见表 3-2 和表 3-3。从中我们可以得到如下发现。

表 3-2　2002 年、2013 年和 2018 年人均净财产和收入基本情况(2018 年可比价)

单位:元

指标	人均净财产			人均收入(国家统计局)		
	2002 年	2013 年	2018 年	2002 年	2013 年	2018 年
全国一仅住户调查数据	38841	165595	265662	6806	20039	28228
全国一加富豪榜数据	39740	284478	352482	—	—	—
城镇一仅住户调查数据	74725	242672	375682	11492	28964	39251
农村一仅住户调查数据	19562	73588	89965	3798	10320	14617

表3-3　2002—2013年、2013—2018年人均净财产和收入年均增长率情况(2018年可比价)

单位:%

指标	财产年均增长率		收入年均增长率(国家统计局)	
	2002—2013年	2013—2018年	2002—2013年	2013—2018年
全国—仅住户调查数据	14.1	9.9	10.3	7.1
全国—加富豪榜数据	19.6	4.4	—	—
城镇—仅住户调查数据	11.3	9.1	8.8	6.3
农村—仅住户调查数据	12.8	4.1	9.5	7.2

第一,居民财产积累速度远快于居民收入的增长速度。按2018年可比价,2002年、2013年、2018年的人均净财产分别为38841元、165595元和265662元,2002—2013年和2013—2018年的人均净财产年均增长率分别为14.1%和9.9%,都明显超过了同时期的收入增长率(10.3%和7.1%)。因此,居民财产与收入之比也从2002年的5.7显著上升至2018年的9.4。

第二,2002—2013年城镇和农村居民人均净财产增长率都超过了11%,均高于收入增长率。不过2013年之后农村人均净财产增速大幅下降,年均增速仅为4.1%,远低于城镇增速的9.1%。因此,不同于城乡收入差距在2013—2018年逐渐缩小,城乡财产差距在2013年之后大幅扩大,2018年人均净财产的城乡倍差达到近4.2。

第三,不同财产分位点的年均增长率表现出三个特征(见图3-1)。一是2002—2013年财产高分位点的财产积累速度明显较快,而低分位点的财产积累速度较慢。二是2013—2018年最高分位点的财产积累速度显著下降,从超过15%下降至10%左右,与其他分位点的增速相差不大。由于借贷的增加,最低分位点的增速在2013—2018年进一步下降。三是2013年之后,中间分位点(约10%至约80%)的年均增长率普遍下降2—3个百分点。

第四,考虑到住户调查数据可能存在的低估问题,用富豪榜数据修复居民财产分布后,估计出2002—2013年的财产积累速度更快,年均增长率达到19%以上。不过,2013年之后的增速却显著下降,人均净财产的增长率

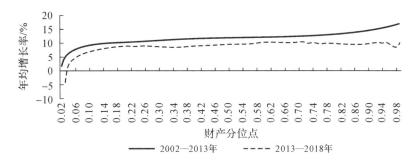

图 3-1　不同分位点的人均净财产实际年均增长率

只有 4.4% 左右。这表明,高净值人群在 2013 年之前的财富增速快于普通
居民,但在 2013 年之后则慢于普通居民。

二、中国居民财产水平在国际上的位置

以皮凯蒂为代表的一些学者在过去 20 多年间一直尝试核算世界上所
有国家的收入和财产状况。他们在 2015 年建立并发布了世界财富与收入
数据库(World Inequality Database)。世界财富与收入数据库的数据来源包
括资产负债表、住户调查数据、所得税缴纳记录、富豪数据等,采用相同或相
似方法核算了不同国家的居民收入和居民财产(Chancel et al.,2022)。基
于世界财富与收入数据库,本部分将中国人均财产与其他国家进行对比。
为了增加可比性,本部分的中国数据也来自世界财富与收入数据库,主要统
计指标是其网站公布的人均财产。需要注意,世界财富与收入数据库定义
的财产同时包含公共财产和私人财产,而此处只考虑私人财产。同时,为了
方便与其他国家对比,其财产估算方法与本部分存在较大差别。

根据图 3-2,与世界上其他国家相比,中国的居民财产规模表现为三个
特征:一是在 2000 年之后快速增加,其趋势与本部分根据 CHIP 数据得到的
趋势基本一致。二是中国居民人均财产水平与发达国家还存在较大差距,
不过差距的相对水平逐步缩小。三是中国居民的人均财产水平已经远高于
印度,并在 2015 年超过了俄罗斯。

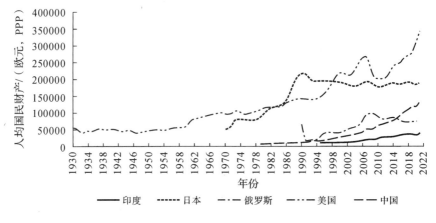

图 3-2 1930—2021 年部分国家人均财产

数据来源:世界财富与收入数据库(WID. world)。图中数据是根据各个国家商品购买力指数(PPP)折算得到的 2021 年价格欧元值。

第四节 居民财产不平等的变化趋势

一、财产不平等

表 3-4 报告了根据住户调查数据和拼接富豪榜数据后得出的财产不平等信息。主要得到如下发现。

表 3-4 2002—2018 年的财产不平等和收入不平等趋势

项目	财产			收入		
	2002 年	2013 年	2018 年	2002 年	2013 年	2018 年
全国—仅住户调查数据						
基尼系数	0.541	0.619	0.634	0.428	0.436	0.444
泰尔指数	0.527	0.728	0.789	0.315	0.324	0.333
最高 10% 的份额/%	40.9	48.9	50.3	31.5	30.6	31.2
最高 5% 的份额/%	26.8	34.6	35.1	19.7	19.0	19.6
最高 1% 的份额/%	8.5	12.5	13.5	6.0	6.1	6.4

项目	财产			收入		
	2002 年	2013 年	2018 年	2002 年	2013 年	2018 年
全国—加富豪榜数据						
基尼系数	0.551	0.784	0.722	—	—	—
泰尔指数	0.655	2.379	1.993	—	—	—
最高 10% 的份额/%	42.2	71.3	62.4	—	—	—
最高 5% 的份额/%	28.5	62.9	50.8	—	—	—
最高 1% 的份额/%	10.5	48.6	34.1	—	—	—
最高 0.1% 的份额/%	3.4	24.4	23.7	—	—	—
全国—加富豪榜数据且平滑分布						
基尼系数	0.550	0.785	0.701	—	—	—
泰尔指数	0.573	2.030	1.566	—	—	—
最高 10% 的份额/%	42.1	72.0	59.7	—	—	—
最高 5% 的份额/%	28.3	63.0	47.4	—	—	—
最高 1% 的份额/%	9.9	43.3	29.8	—	—	—
最高 0.1% 的份额/%	2.1	1.4	18.7	—	—	—
城镇—仅住户调查数据						
基尼系数(仅住户数据)	0.442	0.590	0.589	0.325	0.347	0.368
泰尔指数(仅住户数据)	0.329	0.622	0.653	0.178	0.210	0.233
最高 10% 的份额/%	31.3	44.5	44.8	24.7	26.1	27.4
最高 5% 的份额/%	19.1	30.0	30.2	14.9	16.1	17.0
最高 1% 的份额/%	5.5	10.0	11.3	4.2	5.3	5.5
农村—仅住户调查数据						
基尼系数(仅住户数据)	0.397	0.483	0.482	0.340	0.398	0.414
泰尔指数(仅住户数据)	0.276	0.454	0.477	0.212	0.274	0.285
最高 10% 的份额/%	29.7	37.2	37.4	27.1	29.4	29.8
最高 5% 的份额/%	19.0	25.8	26.3	17.3	18.6	18.9
最高 1% 的份额/%	6.2	10.8	11.4	6.0	6.2	6.6

第一,财产不平等程度在 2002—2013 年大幅上升。住户调查数据结果与已有文献基于 CHIP 数据和中国家庭追踪调查(CFPS)数据的估计结果非常吻合(Knight et al.,2022;Li and Wan,2015)。进一步拼接富豪榜数据,我们发现财产基尼系数在 2002 年变化不大,从住户数据的 0.541 上升至 0.550 左右,2013 年财产基尼系数从住户数据的 0.619 上升至 0.784 左右。泰尔指数、最高人群财产份额等统计指标也大幅上升。这表明,在考虑富豪财产分布之后,2002—2013 年财产不平等的整体水平和上升幅度所体现的现实情况都更为严峻。

第二,根据住户调查数据结果,2013—2018 年,财产不平等程度小幅下降,财产基尼系数仅从 0.619 上升至 0.634,没有表现出 2013 年之前的快速增长特征。若拼接富豪财产信息,财产基尼系数甚至出现了下降,从 0.784/0.785 下降至 0.722/0.701。本节下一部分将尝试对该现象进行解释。

第三,21 世纪以来的财产不平等程度远高于收入不平等程度。2002 年、2013 年和 2018 年的收入基尼系数都在 0.5 以下,单从这三年看,差异不大。不过,财产基尼系数在 2013 年以来稳定保持在 0.6 以上,财产不平等状况显然更为严峻。若考虑收入分布和财产分布的低估问题,财产不平等的严重程度也明显高于收入不平等。根据罗楚亮和陈国强(2021)将 CHIP 数据和福布斯富豪榜数据拼接后的估计结果,2007 年、2013 年、2018 年的收入基尼系数分别为 0.488、0.501 和 0.478。[①] Li 等(2020a)收集了更多类型高收入人群的信息,除胡润富豪榜上榜人士外,还包括明星、上市公司 CEO、私营企业主、直播博主、高收入作家、高收入运动员等。他们得到修正后的收入基尼系数为 0.646。

二、富豪的财产分布发生了什么变化

根据前述估计结果,财产差距在 2002—2013 年的扩大趋势比较明显,但

---

① 这里摘取了罗楚亮和陈国强(2021)按"调查数据中最大值"作为阈值的结果。这也是本书财富分布的拼接方法,因而相对可比。

是在 2013—2018 年只是有微小幅度的扩大,并且拼接富豪数据后的财产基尼系数和泰尔指数甚至出现了下降。此外,根据表 3-2 和表 3-3,前 100 位富豪的人均财产在 2013—2018 年仍然保持较快增速。如果只看这几个数据,2013—2018 年财产不平等程度应该会继续上升,拼接富豪数据后的上升速度应该更快。为什么会出现估计结果的不一致?本部分尝试理解背后可能的原因。

富豪数据的不同使用方式会影响估计结果。表 3-2、表 3-3 和表 3-4 选用了我们认为最稳妥的估计结果。作为对比,我们在本部分估计五种不同的拼接方式:一是所有年份仅选取前 100 位富豪数据。二是所有年份选取前 800 位富豪的数据。由于 2002 年只公布了前 100 位富豪的财产信息,用 2007 年前 800 位富豪的信息按收入比值等比例调整到 2002 年,得到 2002 年的富豪分布。这是表 3-2、表 3-3 和表 3-4 报告的结果。三是 2013 年和 2018 年分别使用附近五年的富豪榜数据合并在一起代替,2002 年用 2013 年数据等比例平移得到。相当于假定 2002 年拥有与 2013 年一样的富豪财产分布形状。四是 2002 年和 2013 年同第三种处理方式,2018 年分布通过 2013 年分布等比例平移得到。相当于假定 2018 年拥有与 2013 年一样的富豪财产分布形状。五是 2002 年和 2018 年同第三种处理方式,2013 年分布通过 2018 年分布等比例平移得到。相当于假定 2013 年拥有与 2018 年一样的富豪财产分布形状。

表 3-5 报告了五种拼接方式的人均净财产和财产基尼系数估计值。

表 3-5　五种不同财产分布拼接方式的财产基尼系数估计结果

拼接方式	加富豪榜数据			平滑分布后的估计结果		
	2002 年	2013 年	2018 年	2002 年	2013 年	2018 年
1	0.723	0.872	0.917	0.730	0.770	0.891
2	0.551	0.784	0.722	0.550	0.785	0.701
3	0.653	0.806	0.733	0.658	0.806	0.713
4	0.653	0.806	0.812	0.658	0.806	0.816
5	0.585	0.722	0.733	0.582	0.712	0.713

第一，当仅选取前100位富豪的信息进行估计时，人均净财产和财产基尼系数都明显较高。三个年份拼接后的概率密度曲线也明显不符合一般的统计规律。[①] 这表明，只用前100位富豪数据的结果不符合现实，会严重高估财产不平等程度。

第二，第二组结果和第三组结果略有差异，但基本趋势是一致的。用邻近五年富豪榜合并分别替换2013年和2018年富豪信息，人均净财产和财产基尼系数都略有上升，但不改变整体趋势。第三组的2002年分布是用2013年数据平移得到的，此时估计得到的财产基尼系数为0.653，远高于第二组的0.551。这表明，2013年财产分布相比于2007年（因第二组2002年的分布是2007年平移得到）更加陡峭，富豪财产逐渐向财产分布的更高位置集聚。或者说，扣除富豪人均财产的影响后，富豪财产分布形状的变化对2002—2013年财产基尼系数的贡献约等于44%（用0.653与0.551的差值除以0.784与0.551的差值）[②]。

第三，在第四组和第五组结构中，2013年和2018年数据拥有相同的分布形状，只是前800位富豪的人均财产不同。可见，人均财产的增加使得财产基尼系数上升（按2013年分布时从0.806上升至0.812，按2018年分布时从0.722上升至0.733）。然而，富豪财产分布的变化使得全部人口的财产基尼系数下降（按2013年均值时从0.806下降至0.722，按2018年均值时从0.812下降至0.733），平均而言下降8.15个百分点。根据夏普利（Sharply）分解思想（Shorrocks，2013），在2013—2018年财产基尼系数的变化中，富豪财产分布对财产基尼系数的贡献达到111%。扣除富豪财产分布的变化之后，其他因素（富豪财产均值增加、普通人财产均值增加、普通人财产分布）会使得财产差距略微扩大，即仅用住户调查数据的估计结果。

因此，2013—2018年财产不平等程度下降的主要原因是富豪财产逐渐

---

① 因篇幅所限，正文没有报告。

② 贡献率的计算方法类似于Datt和Ravallion（1992）估计贫困发生率变化中分配效应的计算方法。

远离财产分布的顶端。为了让以上解释的特征看起来更加直观,图3-3绘制了2018年两种不同情况下的富豪财产概率密度曲线和帕累托分布拟合曲线。可见,2018年富豪的实际拟合曲线比2013年平移到2018年得到的拟合曲线更为平坦。

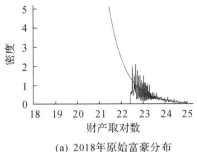
(a) 2018年原始富豪分布

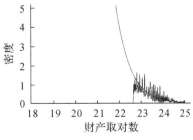
(b) 2013年富豪分布等比例平移到2018年

图3-3 2013年和2018年分布形态的对比

注:为了两个年份结果可比,仅选取前800位富豪。(a)图对应表3-5中第五种拼接方式,对应的全部人口基尼系数为0.733。(b)图对应表3-5中第四种拼接方式,对应的全部人口基尼系数为0.812。

三、国际比较

基于世界财富与收入数据库公布的信息,本部分将中国财产不平等状况与其他国家进行对比。为了增加可比性,本部分的中国数据也来自世界财富与收入数据库,主要统计指标是财产最高10%人口的财产份额。

与世界上其他国家相比,中国的财产不平等表现为两个特征:一是在短时间内快速增加,之后保持高位徘徊;二是财产不平等程度在世界上已经处于较高水平。第一个特征与我们根据CHIP数据得到的结果基本一致。关于第二个特征,从图3-4看,加拿大、法国、德国、日本等国家的财产差距相差不大,1998—2022年美国和俄罗斯的财产差距在图3-4所列国家中处于最高水平。中国2010年之后的财产差距开始逐步逼近美国和俄罗斯。

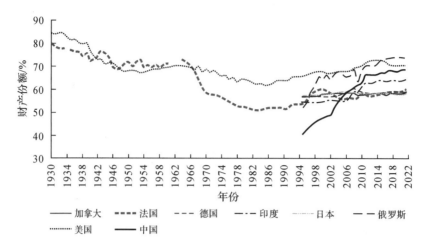

图 3-4　1930—2021 年部分国家财产额最高 10％人群的财产份额

数据来源:世界财富与收入数据库(WID. world)。

第五节　财产构成对财产积累的贡献

一、居民财产构成及其变化

表 3-6 报告了 2002—2018 年全国、城镇和农村的财产构成及其变化趋势。可以看出,居民财产构成变化表现为两个特征:第一,全国居民的财产构成变化趋势是,房产份额不断增加,并挤压金融资产和土地价值的份额。房产份额从 2002 年的 57.77％上升至 2013 年的 73.37％,之后略微上升至 2018 年的 74.69％。金融资产和土地价值的份额对应减少,其他财产份额变化不大。第二,若分城乡来看,城镇居民财产构成变化主要表现为房产对金融资产的挤压,而农村居民财产构成变化主要表现为房产对土地价值的挤压。此外,农村居民净财产中耐用消费品份额增加明显,体现了农村居民正处于对耐用消费品需求旺盛和渴望改善生活条件的过程。

在财产积累过程中,各类分项财产的增长率有着明显差异。它对家庭净财产的增长又有何种影响呢？表 3-6 也报告了各类分项财产对家庭人均净财产增长的贡献率,用分项财产增加值占全部财产增加值的比例来表示。它反映了净财产变化中来自某项财产变化的影响。这种影响主要取决于该项财产增长率和初期存量规模。一类分项财产出现相对较高的增长率可能有两个原因:一是该类财产的增值带来了更多财产积累,如房产价值上涨带来的财产增加;二是其他种类财产转化为该类财产带来的该类财产的增值,如在房价上升的诱惑下有人将金融资产转换为房产。

表 3-6　2002—2018 年居民财产构成及其变化

单位:%

财产构成项目	财产构成			年均增长率		对净财产增长的贡献率	
	2002 年	2013 年	2018 年	2002—2013 年	2013—2018 年	2002—2013 年	2013—2018 年
全国							
净财产	100.00	100.00	100.00	14.09	9.91	100.00	100.00
金融资产	21.55	14.29	14.11	9.91	9.64	12.06	13.81
净房产	57.77	73.37	74.69	16.60	10.31	78.15	76.88
生产性固定资产价值	3.88	3.18	3.42	12.06	11.54	2.97	3.83
耐用消费品价值	6.77	7.68	7.40	15.40	9.11	7.96	6.95
其他资产估计现值	0.90	0.05	0.05	−12.45	10.74	−0.21	0.05
非住房负债	−0.84	−0.56	−0.69	9.93	14.74	−0.47	−0.91
土地价值	9.96	2.04	1.06	−1.24	−3.47	−0.39	−0.55
城镇							
净财产	100.00	100.00	100.00	11.30	9.13	100.00	100.00
金融资产	26.06	13.06	13.27	4.53	9.48	7.28	13.64
净房产	64.62	77.88	77.53	13.21	9.03	83.78	76.88
生产性固定资产价值	1.60	2.20	2.99	14.60	15.99	2.47	4.42
耐用消费品价值	6.96	7.23	6.72	11.68	7.55	7.34	5.78
其他资产估计现值	1.34	0.06	0.06	−15.91	8.07	−0.51	0.05
非住房负债	−0.58	−0.37	−0.50	6.90	15.61	−0.28	−0.73

续表

财产构成项目	财产构成			年均增长率		对净财产增长的贡献率	
	2002 年	2013 年	2018 年	2002—2013 年	2013—2018 年	2002—2013 年	2013—2018 年
农村							
净财产	100.00	100.00	100.00	12.80	4.10	100.00	100.00
金融资产	12.30	19.12	19.72	17.42	4.75	21.60	22.42
净房产	43.71	55.60	55.76	15.29	4.16	59.90	56.50
生产性固定资产价值	8.56	7.04	6.34	10.82	1.93	6.49	3.17
耐用消费品价值	6.38	9.46	11.99	16.90	9.15	10.57	23.35
非住房负债	−1.37	−1.28	−1.97	12.14	13.49	−1.25	−5.08
土地价值	30.41	10.06	8.16	2.01	−0.16	2.69	−0.36

2002 年以来,中国家庭的分项财产的增长率对其财产积累做出怎样的贡献呢?根据表 3-6 中估计的结果,我们可以归纳为如下几点。

第一,从全国来看,房产在居民家庭净财产积累中做出了最大贡献。2002—2013 年家庭净财产增长中房产贡献了 78.15%,在 2013—2018 年贡献了 76.88%。其次是金融资产,也做出了较大贡献,2002—2013 年和 2013—2018 年的贡献率分别是 12.06% 和 13.81%。房产贡献大的主要原因是房地产市场发展所伴随的房价上涨和自有住房面积增加,这是推动居民财产增加的重要原因。金融资产有两类重要表现形式:一是银行储蓄,二是购买金融理财产品。其在推动居民财产增长中也发挥了重要作用。

第二,城镇居民财产积累中房产的贡献也最大,在 2002—2013 年和 2013—2018 年,其贡献率分别是 83.78% 和 76.88%。在房价上升幅度下降的同时,城镇居民财产积累中房产的贡献在 2013 年之后略有下降,而金融资产的贡献率在 2013 年之后略有上升,从 2002—2013 年的 7.28% 上升至 2013—2018 年的 13.64%。城镇居民的生产性固定资产增长对其净财产积累的贡献也从 2002—2013 年的 2.47% 略微增加到 2013 年后的 4.42%。

第三,农村居民财产积累的特点与城镇居民有着较大差别。这主要表现在五个方面:一是耐用消费品大幅增加,成为农村家庭重要的财产储存形式。它对农村居民净财产积累的贡献在2002—2013年为10.57%,略高于城镇居民,然而在2013—2018年大幅增加至23.35%。二是土地价值对农村居民净财产积累的贡献率在2002—2013年只有2.69%,而到2013—2018年,它的贡献率转为负值。三是在这两个时期,房产价值在农村居民财产积累中的贡献只有59.90%和56.50%,均远小于城镇居民。四是金融资产在农村家庭财产积累中的贡献率一直比较高,在这两个时期中都达到了21%以上。这表明,银行储蓄是农村家庭较为重要的财产存储形式。五是生产性固定资产份额有所下降,对农村居民财产积累的贡献率也在下降。

二、不同财产组的差异

参考国际上研究居民财产分配的有关文献,我们分别将全国、城镇和农村居民根据其财产的多少分为三个财产组:家庭人均净财产最低40%组、中间50%组和最高10%组。表3-7报告了各财产组居民人均净财产年均增长率。可以注意到,2002—2013年最高10%财产组的财产增速远快于其他财产组,不过2013—2018年最高10%财产组的财产增速大幅下降,与中间50%组的增速相差不大。

表3-7　2002—2018年不同财产组居民人均净财产年均增长率

单位:%

地区	2002—2013 年			2013—2018 年		
	最低 40%	中间 50%	最高 10%	最低 40%	中间 50%	最高 10%
全国	10.43	12.97	16.12	7.93	10.07	10.08
城镇	9.02	11.59	15.81	8.45	8.78	10.01
农村	10.62	12.25	19.61	7.58	7.90	6.83

我们继续通过分解方法计算不同财产组内各类分项财产对净财产积累的贡献。为了细化分析,同时报告了金融资产的三个子分类——金融理财、经营性流动资产及现金、存款和其他,以及2013—2018年生产性固定资产

价值的两个子分类——农业生产性固定资产和非农生产性固定资产的贡献率。估计结果见表3-8。

表3-8　2002—2018年不同财产组居民财产构成对各组内财产积累的贡献率

单位：%

财产类型	2002—2013年			2013—2018年		
	最低40%	中间50%	最高10%	最低40%	中间50%	最高10%
净财产	100.00	100.00	100.00	100.00	100.00	100.00
金融资产	34.55	15.34	6.30	23.89	14.90	11.59
金融理财	0.25	−0.03	0.54	1.12	1.94	2.65
经营性流动资产	1.07	1.18	0.81	0.43	1.24	2.56
现金、存款和其他	33.22	14.20	4.94	22.34	11.72	6.37
净房产	51.95	73.39	85.66	55.43	74.83	81.36
生产性固定资产价值	1.78	2.92	3.17	2.48	2.31	5.40
农业生产性固定资产	—	—	—	0.04	−0.20	0.01
非农生产性固定资产	—	—	—	2.44	2.51	5.39
耐用消费品价值	14.18	10.20	5.22	26.34	9.78	1.97
其他资产估计现值	−0.02	−0.20	−0.24	0.13	0.08	0.02
非住房负债	−3.75	−0.44	−0.06	−7.44	−0.76	−0.27
土地价值	1.47	−1.12	−0.02	−0.69	−1.06	−0.05

注：表中百分比数据统一保留两位小数，因四舍五入可能导致个别累计数据与加总之和存在出入。本章后同。

全国不同财产组人群的财产积累具有不同的特点。从财产构成上看，最高10%财产组的财产构成表现为两个特点：一是该财产组房产价值增长对净财产积累的贡献非常大，在2002—2013年和2013—2018年两个时期都达到了80%以上，与最低40%财产组相比，房产的贡献率高出25个百分点以上。二是高财产组的高收益分项财产对净财产积累的贡献显著高于其他财产组。比如2013—2018年金融理财对最高10%财产组净财产积累的贡献率达到2.65%，明显高于其他财产组。再比如，来自生产性固定资产价值对高财产组净财产的贡献率，2002—2013年为3.17%，2013—2018年为

5.40％,也明显高于其他财产组。

相比较而言,最低 40％财产组净财产增值中来自房产的贡献相对较小,贡献率仅为 51.95％(2002—2013 年)和 55.43％(2013—2018 年),而来自金融资产的贡献率达到了 34.55％(2002—2013 年)和 23.89％(2013—2018年)。此外,耐用消费品的贡献率也高达 14.18％(2002—2013 年)和 26.34％(2013—2018 年)。总体来看,最低 40％财产组持有较少的高回报财产,持有较多的低回报或易折旧的财产。

三、不同特征人群的差异

我们还对比了 16 岁以上不同年龄组和学历的成年人的财产构成差异。因为无法识别个人层面的财产信息,本部分的处理方式是:首先计算家庭人均财产及其构成,然后按个人特征对人群进行分组,并计算不同人群组内不同财产构成对财产积累的贡献率。[①] 表 3-9 和表 3-10 给出了估计结果,从中我们可以有以下几个发现。

表 3-9　2002—2018 年不同年龄组成年人的财产构成对各组内财产积累的贡献率

单位:％

财产类型	2002—2013 年			2013—2018 年		
	16—39 岁	40—59 岁	60 岁以上	16—39 岁	40—59 岁	60 岁以上
净财产	100.00	100.00	100.00	100.00	100.00	100.00
金融资产	13.42	11.09	10.38	14.75	14.75	10.79
金融理财	0.45	0.05	0.27	1.50	3.25	2.01
经营性流动资产	1.33	0.98	0.27	2.86	1.55	0.49
现金、存款和其他	11.64	10.06	9.84	10.39	9.95	8.30
净房产	75.29	78.45	84.12	73.68	75.64	84.03
生产性固定资产价值	3.44	3.45	1.11	4.95	3.77	2.02

---

① 因为缺少个人层面的财产信息,我们不能直接得到不同年龄、不同学历人群的财产信息。这里是不同特征个体的"家庭人均财产"的对比。我们主要对比不同特征人群持有的"家庭人均财产",例如高学历与低学历的对比,反映了学历对财产积累的影响方向和影响程度。

续表

财产类型	2002—2013 年			2013—2018 年		
	16—39 岁	40—59 岁	60 岁以上	16—39 岁	40—59 岁	60 岁以上
农业生产性固定资产	—	—	—	−0.13	0.05	−0.19
非农生产性固定资产	—	—	—	5.08	3.72	2.21
耐用消费品价值	9.63	7.78	4.67	8.96	6.89	3.69
其他资产估计现值	−0.20	−0.25	−0.22	0.07	0.05	0.04
非住房负债	−0.67	−0.41	−0.18	−1.34	−0.78	−0.36
土地价值	−0.85	−0.02	0.14	−1.00	−0.26	−0.17

表 3-10　2002—2018 年不同学历成年人的财产构成对各组内财产积累的贡献率

单位:%

财产类型	2002—2013 年			2013—2018 年		
	初中及以下	高中	大专及以上	初中及以下	高中	大专及以上
净财产	100.00	100.00	100.00	100.00	100.00	100.00
金融资产	14.07	10.26	8.38	12.90	11.67	17.48
金融理财	0.03	−0.11	0.42	0.94	2.64	4.78
经营性流动资产	1.35	0.80	0.54	1.59	1.60	2.74
现金、存款和其他	12.69	9.57	7.42	10.37	7.43	9.96
净房产	75.69	80.16	82.02	76.69	78.94	75.05
生产性固定资产价值	3.64	3.03	1.88	4.32	4.32	3.54
农业生产性固定资产	—	—	—	−0.21	0.23	0.09
非农生产性固定资产	—	—	—	4.53	4.10	3.44
耐用消费品价值	7.90	7.50	8.32	7.78	5.88	5.20
其他资产估计现值	−0.14	−0.30	−0.43	0.02	0.17	0.01
非住房负债	−0.65	−0.33	−0.29	−1.00	−0.73	−1.19
土地价值	−0.44	−0.28	0.19	−0.69	−0.09	−0.08

　　首先,从年龄分组看,不同年龄组内财产构成对财产积累的贡献有着较为明显的差异。相对而言,房产对家庭财产积累的贡献率随着年龄的增长而不断上升。如在三个年龄组中,2002—2013 年,60 岁以上老人组财产积累中来自房产的贡献率是最高的,超过 84%,而对于 16—39 岁的年轻人来说,房产的贡献率只有 75% 左右。然而,金融资产对家庭财产积累的贡献与

年龄却是负相关的,16—39岁年轻人需要通过储蓄积累财产或者为了存款买房,他们的金融资产增长率超过了其他年龄组人群,因而他们的金融资产对净财产积累的贡献也超过了其他年龄组。如表3-9所示,2002—2013年,16—39岁年龄组净财产积累中来自金融资产的贡献率比60岁及以上年龄组高出约3个百分点,2013—2018年高出近4个百分点。还可以看到,年轻人更多地进行创业和从事生产经营活动,他们财产积累中来自生产性经营固定资产的贡献更大,他们对汽车、手机、电脑等耐用消费品的需求更高,所以他们财产积累中耐用消费品的贡献率也比较高。

其次,不同学历人群的财产积累机制有所不同,而这种不同更多地表现在两个不同时期。2002—2013年,低学历人群的财产积累更多地来自金融资产。如表3-10所示,初中及以下学历人群的财产积累中,来自金融资产的贡献为14.07%,比大专及以上学历人群高出约68%。低学历人群提高金融资产的增长率,其背后有多种原因,其中一种是受到预防性储蓄行为的驱使。特别是在此期间,社会保障制度存在着保障不力的情况,低学历人群又是不易或少有享受社会保障福利的人群,他们有更强烈的预防性储蓄行为动机也就不难理解。还有一个更重要的原因是房价上涨诱发高学历人群将部分金融资产转换为房产,而低学历人群却不容易进行这种转化。如表3-10所示,在此期间,大专及以上学历人群的财产增长中有82%左右来自房产增值,而对于初中及以下学历人群来说,房产的贡献率仅为76%左右。然而,到了2013—2018年,高学历人群与低学历人群的财产积累机制发生了较大变化。这一期间高学历人群净财产积累中来自金融投资的贡献明显变大,如大专及以上学历人群的金融资产增值占其净财产增长的比例达到17%左右,比初中及以下学历人群高约5个百分点,其中大约4个百分点来自理财投资。这一时期的房价上升幅度明显小于前一个时期,加上一些地区实施限购政策,房产投资的机会减少,预期收益下降,致使一些高学历和高收入人群减少对房地产的投资,转向金融投资。也就是说,房价的变动在很大程度上影响着不同特征人群的财产配置,影响着他们的财产积累机制和财产增长率。

第六节　储蓄和财产价格变动对居民财产积累的影响

以上分析了财产积累过程中财产构成的变化及其对财产积累的影响,我们继续探究财产积累的影响因素。根据本章第二节的基本模型和第三节对分项财产的解释,财产积累动态变化的最终来源主要是储蓄和资产价格变化。其中,资产价格变化主要来自持有房产的房价上涨。同时,生产性固定资产和耐用消费品的折旧会让财产减值。我们将分别估计储蓄和房价变化对家庭净财产积累的贡献,然后据此推断其他因素的影响。

一、储蓄的影响

模拟储蓄影响财富积累的方程,如式(3-7)所示:

$$W_t^{p^*} = W_{t-1}^p + s_t^p \cdot Y_t^p \qquad (3-7)$$

相比基本模型,这里假定资产价格不变,没有家庭之间的财产转移行为。根据公式可以知道,储蓄对财产积累的相对影响,取决于人均储蓄与人均财产的比值。人均储蓄的高低取决于两个因素:一是在其他条件相同时,人均收入越高,储蓄越高。二是在其他条件相同时,平均储蓄率越高,储蓄越高。由于高收入人群的储蓄率一般比较高,所以当收入与储蓄的关系固定时,收入差距越大,平均储蓄率会越高,财产积累速度会越快。此外,储蓄与不同人群的财产积累还存在如下关系:在其他条件相同时,收入分布与财产分布的相关性越强,储蓄对扩大财产不平等的影响就越强,不过不会影响人均财产增长率。基于以上假定条件和收入、储蓄、财产三者之间的关系,我们利用CHIP数据,对2002—2018年居民家庭储蓄对财产积累的影响进行如下分析。

第一,储蓄率特征。使用局部加权方法,分别估计得到每个收入分位点和每个财产分位点附近的平均储蓄率(见图3-5)。不难看出,虽然收入与储蓄率之间存在正向相关关系,但在收入相同时,财产与储蓄率之间存在负向相关关系。所以,从逻辑上而言,虽然收入与财产之间的正向关系可能使得储蓄增加有助于财产积累增加,甚至会扩大财产差距,但是在收入相同的情况下,储蓄率与财产之间的负向关系会让储蓄对财产差距的影响结果不确定。

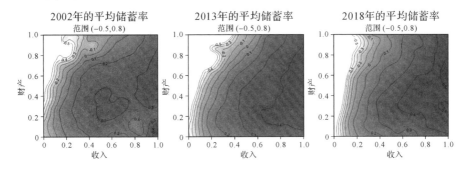

图 3-5　2002—2018 年不同收入和不同财产分位点的平均储蓄率

图 3-6 绘制了不同财产分位点的平均储蓄率(储蓄与收入之比)和储蓄财产比。图 3-6(a)显示,居民财产越多,储蓄率(储蓄与收入之比)越高。但图 3-6(b)显示,2002 年、2013 年和 2018 年的储蓄与财产比值呈现出一种随着财产的增加而不断递减的特征。所以,储蓄对低净值人群财富积累的贡献更大。图 3-6(a)还显示,2002—2018 年每个财产分位点的储蓄率几乎都在上升。不过,因为财产与收入之比也在大幅增加,储蓄与财产的比值在2002—2018 年逐渐下降(在 2002 年、2013 年、2018 年分别为 4.0%、3.7% 和3.3%)。因此,储蓄对财产积累的影响实际上逐渐减弱。

第二,储蓄对财产积累的总体贡献。假定人均收入按年均增长率增加,储蓄率(储蓄与收入之比)等比例增加,按照 2018 年价格,我们估计后得到2002—2013 年人均储蓄总额为 37221 元,2013—2018 年人均储蓄总额为37306 元。如表 3-11 所示,储蓄在居民净财产中所占比例是不断下降的,2002—2013 年的居民储蓄总额相当于 2002 年居民净财产的 95.83%、2013年净财产的 22.47%;2013—2018 年的居民储蓄总额相当于 2013 年居民净财产的 22.53%、2018 年净财产的 14.04%。然而,对两个时期加以比较可以看出,由于在第二个时期其他财产对居民财产积累的合计贡献有所下降,储蓄在居民净财产增量中的份额从 2002—2013 年的 29.36% 增加至 2013—2018 年的 37.26%。

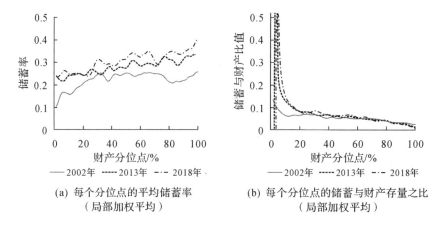

(a) 每个分位点的平均储蓄率　　　　(b) 每个分位点的储蓄与财产存量之比
　　（局部加权平均）　　　　　　　　　　（局部加权平均）

图 3-6　不同财产分位点的平均储蓄率(储蓄与收入之比)和储蓄财产比

表 3-11　2002—2018 年不同人群储蓄行为对财产积累的贡献

指标	全部	财产组			受教育程度		
		最低 40%	中间 50%	最高 10%	初中及以下	高中	大专及以上
2002—2013 年							
人均累计储蓄/元	37221	19298	39498	97482	28789	47031	72338
相对于初期财产的比例/%	95.83	181.46	102.37	63.74	100.49	86.61	80.35
对财产年均增长率的绝对贡献/%	6.30	9.53	6.81	4.62	6.53	5.84	5.51
占财产增加量的比例/%	29.36	91.76	36.23	15.27	31.95	29.67	29.20
收入和储蓄率都不变时的储蓄贡献/%	45.82	42.26	45.26	49.29	47.80	44.56	49.91
收入增长的贡献/%	39.29	43.76	40.00	33.32	41.95	33.49	31.98
储蓄率上升的贡献/%	14.90	13.98	14.74	17.39	10.26	21.95	18.11
2013—2018 年							
人均累计储蓄/元	37306	21194	40323	86531	27832	44782	66779
相对于初期财产的比例/%	22.53	66.93	27.32	10.94	23.44	21.04	19.77
对财产年均增长率的绝对贡献/%	4.15	10.69	5.20	2.13	4.30	3.89	3.67

指标	全部	财产组			受教育程度		
		最低 40%	中间 50%	最高 10%	初中及以下	高中	大专及以上
2013—2018 年							
占财产增加量的比例/%	37.26	144.07	44.37	17.73	35.70	43.83	53.31
收入和储蓄率都不变时的储蓄贡献/%	76.02	73.12	74.69	81.41	77.30	80.49	78.40
收入增长的贡献/%	18.12	22.71	19.10	10.26	18.59	13.91	13.40
储蓄率上升的贡献/%	5.86	4.17	6.21	8.33	4.12	5.60	8.20

若在考察期内居民收入增长率为零且储蓄率不变,那么这两个时期的人均累计储蓄额只有 17053 元(2002—2013 年)和 28359 元(2013—2018 年),分别相当于这两个时期内实际人均累计储蓄额的 45.82% 和 76.02%(见表 3-11),剩余的 54.18% 和 23.98% 分别来自居民收入增长和储蓄率上升。由此可见,相对于储蓄行为而言,居民收入增长和储蓄率上升在 2002—2013 年对财产积累产生了更大影响,其中因收入增长而增加的储蓄占累计储蓄额的 39.29%,因储蓄率上升而增加的储蓄占累计储蓄额的 14.90%。相比来说,在 2013—2018 年,由于收入增长率下降,储蓄率上升有限,收入增长和储蓄率上升对居民财产积累的贡献有较明显的下降——两者带来的增加的储蓄占累计储蓄额的比例分别降至 18.12% 和 5.86%。

由于财产与收入之比大幅增加,储蓄对财产积累速度的贡献率逐步下降。在 2002—2013 年,储蓄增加对居民净财产年均增长率的贡献率达到 6.30%,但在 2013—2018 年下降至 4.15%(见表 3-11)。而且 2013 年之后,居民净财产年均增长率下降了 4.2 个百分点,其中约 2.2 个百分点源于储蓄贡献率的下降。

第三,储蓄对不同财产组财产积累的影响。储蓄是低财产组财产积累的重要来源,但对高财产组财产积累的贡献较小。在两个时期中,对于最低 40% 财产组来说,其累计储蓄额高达全部净财产增量的 91.76%(2002—2013 年)和 144.07%(2013—2018 年)。然而,对于最高 10% 财产组来说,相应的比例只有 15.27%（2002—2013 年）和 17.73%（2013—2018 年）。对于中等偏上财产组人群,即中间 50%财产组来说,其累计储蓄额占净财产增量的比例小于 50%。

第四,储蓄对不同学历人群的影响。根据估计结果,低学历人群的储蓄对其财产积累速度的影响更大。他们的储蓄主要来自收入增加的贡献,而不是储蓄率变化的贡献。与此相比,高学历人群的储蓄对财产积累速度影响相对较小,但储蓄率上升对财产积累的贡献相对较大。如表 3-10 所示,对于低学历人群和高学历人群来说,2002—2013 年其储蓄占各自净财产增加值中的比重相差不大,但是低学历人群收入增长带来的增加的储蓄占其净财产的比重比高学历人群高出近 10 个百分点,而前者的储蓄率上升带来的增加的储蓄占其净财产的比重却比后者低近 8 个百分点。这意味着低学历人群储蓄及其转化为财产积累的比例更多地依赖于收入增长,而不是储蓄率随着收入提高而上升。

二、房价变化的影响

中国住房价格在过去 20 年快速上升,对于居民财产积累会产生很大影响(Knight,2022;Li and Wan,2015;Xie and Jin,2015)。不过,这个现象并不只是发生在中国,关于西欧的研究也发现类似现象(Fuller et al.,2020)。住房价值是居民财产的重要部分,其价格的上升一方面会使得现有房产增值,另一方面会诱使一些家庭购买更多房产(将其他资产转为房产),从而改变其财产构成。这里我们主要分析在一定财产结构下,房价变化对居民财产积累会产生多大的影响。

房价的高低及其变化具有很强的区域性,一般不受特定家庭行为的影响。因此,在模拟计算中,我们首先估计每个家庭所在区县的平均房价,并计算在不同时期之间的平均增长率。然后,对于特定时期数据,假定其他特征都不变,按所在地区房价增长率调整房价,得到一定时期内房价变化对应的财产变化。[①]

我们的研究发现，第一，房价变化在不同财产组之间有所不同。这主要呈现如下特点：一是财产分位点最高处的房价最高，不过，财产分位点最低处的房价也有一个上扬的特征[见图 3-7(a)]。二是房价的年均增长率在低财产分位点相对较高[见图 3-7(b)]。2013 年之前和之后都呈现差不多的特征，且平均房价增长率比较稳定。

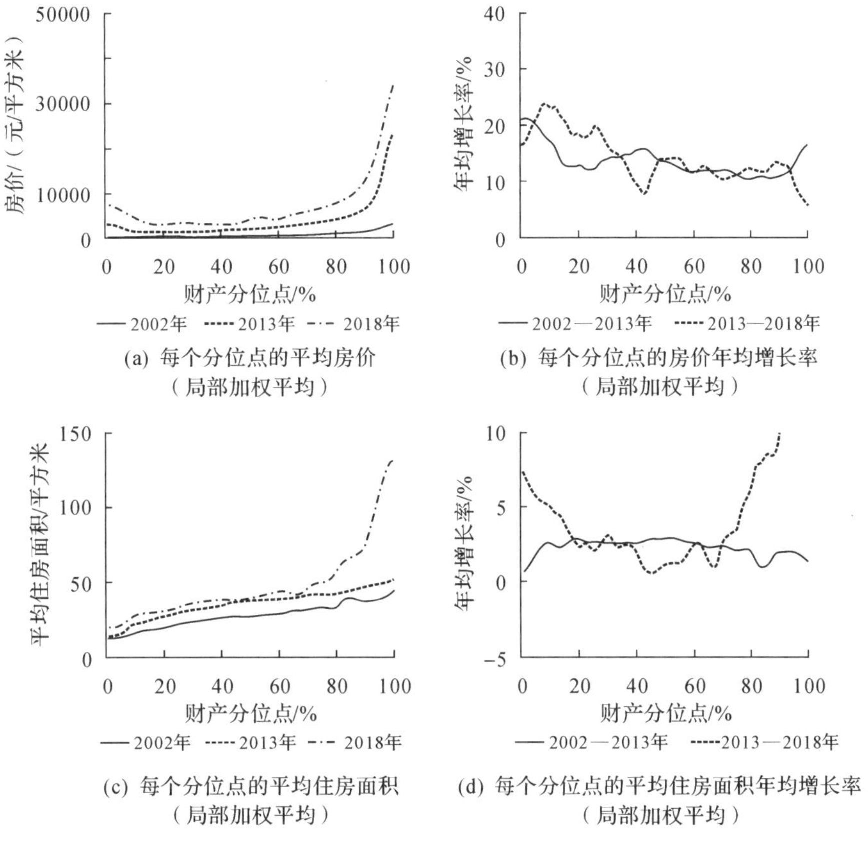

房价/（元/平方米）
财产分位点/%
—— 2002年 ----- 2013年 -·- 2018年
(a) 每个分位点的平均房价（局部加权平均）
年均增长率/%
财产分位点/%
—— 2002—2013年 ----- 2013—2018年
(b) 每个分位点的房价年均增长率（局部加权平均）
平均住房面积/平方米
财产分位点/%
—— 2002年 ----- 2013年 -·- 2018年
(c) 每个分位点的平均住房面积（局部加权平均）
年均增长率/%
财产分位点/%
—— 2002—2013年 ----- 2013—2018年
(d) 每个分位点的平均住房面积年均增长率（局部加权平均）

图 3-7　不同财产分位点家庭的平均房价、房产面积和增长率

第二，房价上涨对财产积累有着很大的影响。若保持 2002 年的财产结

① 房价变化可能改变储蓄行为、购房行为、投资决策行为或耐用消费品购买行为。其中的机制非常复杂。限于篇幅，本章难以对其进行详细考察，这可以是后续相关研究的一个方向。

构,按所在地区房价的平均变化进行模拟,可以得到 2002 年样本户以 2013 年房价衡量的房产价值,从而得到房价上涨引起的第一个财产增量;同时,保持 2013 年的财产结构,按所在地区房价的平均变化进行模拟,可以得到 2013 年样本户以 2002 年房价衡量的房产价值,从而得到房价上涨引起的第二个财产增量。将两个财产增量的平均值作为房价上涨在 2002—2013 年的财产增量。按同类方法可以得到 2013—2018 年房价上涨带来的财产增量。根据 CHIP 数据计算出 2002—2013 年房价年均增长率为 13.4%,2013—2018 年房价年均增长率为 11.9%。

我们的估计结果显示,房价上涨在 2002—2013 年带来的人均财产增量为 71148 元,占 2002—2013 年财产增量的 56.13%;在 2013—2018 年带来的人均财产增量为 83259 元,占 2013—2018 年财产增量的 83.16%(见表 3-12)。这些结果印证了其他文献关于房价上升是驱动中国财产积累主要因素的观点(Knight et al.,2022;Li and Wan,2015)。

相对而言,2002—2013 年房价上涨对居民财产积累的影响更大,房价上涨带来的居民净财产增值相当于 2002 年人均净财产的 183.18%,它相当于这一时期 9.92% 的财产年均增长率。房价上涨在 2013—2018 年对居民财产积累的影响略有减弱,它带来的居民净财产增值相当于 2013 年人均净财产的 50.28%,也相当于这一时期居民财产年均增长率的 8.49%(见表 3-12)。

第三,房价变化对不同财产组人群的财产积累产生不同的影响(见图 3-8)。房价上涨使得高财产组财富积累的速度更快。2002—2013 年,仅为房价上涨带来的财产增值,相当于最高 10% 财产组家庭净财产每年增长 11.84%,比最低 40% 财产组家庭高出 4.83 个百分点(见表 3-12)。这显然扩大了居民财产差距。2013—2018 年,房价上涨产生的致富效应略有下降,仍相当于最高 10% 财产组家庭净财产 9.32% 的年均增长率,比最低 40% 财产组高出近 3 个百分点。所以,房价上涨在 2013—2018 年会继续扩大财产差距。

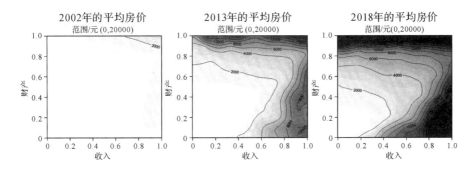

图 3-8　不同财产分位点和收入分位点的平均房价

表 3-12　2002—2018 年房价变化对财产积累的贡献

指标	全部	财产组			受教育程度		
		最低 40%	中间 50%	最高 10%	初中及以下	高中	大专及以上
2002—2013 年							
累计增量/元	71148	10761	56769	384538	47871	99147	165322
相对于初期财产的比例/%	183.18	110.65	148.79	242.26	167.09	182.58	183.62
对财产年均增长率的绝对贡献/%	9.92	7.01	8.64	11.84	9.34	9.90	9.94
占财产增加量的比例/%	56.13	60.38	53.30	57.95	53.13	62.55	66.73
2013—2018 年							
累计增量/元	83259	10026	66161	461517	57502	105738	166860
相对于初期财产的比例/%	50.28	36.40	45.73	56.13	48.43	49.68	49.40
对财产年均增长率的绝对贡献/%	8.49	6.40	7.82	9.32	8.22	8.40	8.36
占财产增加量的比例/%	83.16	81.07	76.76	88.73	73.76	103.50	133.20

三、储蓄与房价上涨的相对影响

根据前面的模拟分析,我们进一步考察储蓄、房价及其他因素对居民财产积累的相对作用。

表 3-13 给出了我们的分析结果,从中可以得到如下发现。

第一,对全体居民而言,储蓄对居民净财产积累的贡献都在 30%——

40％,是财产积累的重要来源,但不是最主要来源。不过,最低40％财产组内,储蓄是最主要的财产积累来源,2002—2013年,这些家庭的累计储蓄额与财产增量的比值达到了93.99％,2013—2018年甚至超过了100％,达到了147.45％。然而,最高10％财产组家庭的财产增值中来自储蓄的份额非常小,只有15％—20％。高财产组财产增值主要来自房产和其他资产。

第二,房价上涨在财产积累中的贡献在2013年之后大幅增加。主要原因是2013年之后居民自有房产拥有量增加明显,从而加大了房价变化对财产积累的影响。同时,房价上涨对高学历人群财产积累的贡献更大,主要因为高学历人群一般拥有更高的购房能力,可以购买房价涨势更好的房产。由于房产的重要性,有房家庭与无房家庭之间、不同房价上涨速度的地区之间的财富积累速度出现了较大差异,从而加大了居民财产分配差距。

第三,从我们的分析结果来看,平均而言,储蓄和房价上涨之外的其他因素对居民财产积累的影响作用较小。这里的其他因素包括耐用消费品折旧、生产性固定资产折旧,可能带来财产增值的艺术品、金银首饰、股票期货价值等。2002—2013年,这些因素的合计影响作用是正值(14.50％),有助于增加居民财产积累,但在2013—2018年,这些因素的合计影响作用是负值(－20.42％)。这也许表明在扣除财产折旧导致的贬值后,其他财产持有方式都难以带来显著的财产增值,如持有股票。从不同财产组来看,这些其他因素对他们财产积累的影响作用有较大的不同,对于最高10％财产组和中间50％财产组家庭来说,其净财产增值中来自其他因素的贡献在2002—2013年均为正值,分别是26.67％和8.57％,但是对于最低40％家庭来说,这个时期来自其他因素的贡献为负值,为－54.37％(见表3-13)。不幸的是,2013—2018年,三个财产组家庭净财产增值中来自其他因素的贡献均为负值,越是低财产组家庭,负值越大。

表 3-13　2002—2018 年居民财产积累的最终来源

单位:%

合计及分项	全部	财产组			受教育程度		
		最低 40%	中间 50%	最高 10%	初中及以下	高中	大专及以上
2002—2013 年							
合计	100.00	100.00	100.00	100.00	100.00	100.00	100.00
储蓄	29.36	93.99	38.13	15.38	31.95	29.67	29.20
房价上涨	56.13	60.38	53.30	57.95	53.13	62.55	66.73
其他	14.50	−54.37	8.57	26.67	14.91	7.78	4.07
2013—2018 年							
合计	100.00	100.00	100.00	100.00	100.00	100.00	100.00
储蓄	37.26	147.45	48.39	17.59	35.70	43.83	53.31
房价上涨	83.16	81.07	76.76	88.73	73.76	103.50	133.20
其他	−20.42	−128.52	−25.16	−6.31	−9.47	−47.33	−86.51

第七节　规范财富积累机制的总体方向

本章利用中国家庭收入调查数据分析 21 世纪以来中国居民财产积累机制。分析结果显示,中国居民人均净财产从 2002 年到 2013 年的年均增长率达到 14.1%;2013—2018 年年均增长率下降至 9.9%,不过仍然比同时期的收入增长率高约 2.8 个百分点。基于财产结构的分解方法和按影响因素的反事实模拟分析方法,本章考察了居民净财产增值过程中财产结构的变化特点及其产生的财产积累效应,并且估算了储蓄、房价对居民财产积累的相对贡献。主要研究结论可归纳为以下几点。

第一,居民财产不平等在过去 20 多年不断增加,不过最近 10 年出现了新特征。在不考虑高净值人群时,2013 年之后财产基尼系数上升速度下降;拼接高净值人群财产分布以后,2013—2018 年财产不平等程度出现了下降。主要原因是财产分布顶端人群的财富增速放缓。排除高净值人群财富格局变化的影响,房价变化和财产折旧问题仍然会扩大居民财产差距。

第二,储蓄是财产积累的重要来源。它对居民财产增值的贡献份额从2002—2013年的29.36％上升至2013—2018年的37.26％,解释了居民财产增值的三分之一以上。居民收入快速增长是提升储蓄对财富积累效应的重要原因,在2002—2013年和2013—2018年两个时期中,居民累计储蓄额中来自收入增长的贡献分别是39.29％和18.12％,来自储蓄率上升的贡献分别是14.90％和5.86％,其余贡献来自收入和储蓄率不变时的累计储蓄。由于收入增速放缓、储蓄率上升幅度有限,累计储蓄的增长速度下降。同时,由于财产增长率高于收入增长率,财产与收入比上升,随之储蓄对财产增值的贡献有所下降。这是2013年之后居民财产年均增长率下降的一个重要原因。需要注意,虽然储蓄在财产积累中的贡献较大,但在居民财产积累中不应该将储蓄作为最主要手段。储蓄率增加意味着消费率下降,过低的消费率不利于宏观经济的发展和居民福祉的提升。

第三,21世纪初,各地区房价开始大幅上涨,使得房产增值成为推动中国居民财产积累的最主要因素。居民自有住房拥有量和人均自有住房面积明显增加,住房质量提高,房价上涨在提高居民房产价值的同时,也增强了对居民财产积累的影响作用。尤其值得注意的是房价上涨带来的影响。2002—2013年,居民财产增值中来自房价上涨的部分超过56％,这一数值在2013—2018年超过80％。

第四,金融市场发展,让城镇地区、最高10％财产组、高学历人群获得了更多财产积累的来源渠道,主要包括金融理财产品带来的财产增值和非农生产经营活动带来的更多收入。不过,这些途径对于财产积累的贡献仍然远小于房产的贡献。并且,这些财产积累途径还只是局限在少部分人群,并不是居民财产积累的主要途径。

第五,耐用消费品和生产性固定资产有折旧问题,市场价值会随时间而不断下降。与全国平均水平相比,农村家庭、低财产家庭(财产位于全国最低40％的家庭)持有更多的生产性固定资产和耐用消费品,他们通过储蓄和房价上涨积累的财产在很大程度上被这些资产折旧抵消。储蓄和房价之外的因素对这些家庭财富积累的贡献为负值,意味着农村家庭、低财产家庭不仅缺乏多样化的财产增值渠道,而且面临严重的资产减值问题。

总体而言,当前居民财产积累机制存在明显的城乡差距和人群差距。城镇房地产市场的发展有助于城镇居民财产积累,但农村地区房地产市场不完善、土地政策不完善等因素均限制了农村房产财产和土地财产的增值速度。高财产人群、高学历人群拥有更多样化的投资渠道,从而更可能保持财产积累速度的稳定;然而大多数居民主要通过储蓄来积累财产,或者通过房价变化被动积累财产。值得注意的是,由资产价格激增(例如房价飞速上涨)带来的财产积累,会推高整个社会的财富—收入比,从而削弱劳动收入相对于财产性收入的重要性。[①] 由于财产性收入的分布通常比劳动收入更不均等,财富—收入比上升通常会扩大贫富差距,对社会公平和社会流动性提出挑战。

基于上述分析结果和主要结论,本章认为,规范财富积累机制应该考虑相关的政策措施。首先,推进收入分配制度改革,拓宽低收入居民增收渠道,提高低收入居民收入水平,努力缩小收入差距,通过规范收入分配秩序来缩小财产分配差距。其次,设计更加合理的房地产发展战略和制度,完善房地产价格调控政策,加大保障房和廉租房建设力度,保障低收入人群的基本住房需求和住房价格的长期相对稳定。同时,选择时机出台房产税,限制投机性购房需求,推动房地产市场供需平衡。适时开征遗产税,增加财产代际流动性,降低财产阶层固化风险。再次,消除资本市场垄断,促进各类生产要素公平竞争,获得合理报酬。完善金融政策,拓宽低收入居民投资渠道,增加低收入和低财产居民的财产积累途径。大力推进农村土地制度改革,提升土地财产价值,增加农民财产性收入渠道。最后,加大反腐力度,建设风清气正的营商环境。

---

① 根据皮凯蒂在《21 世纪资本论》提出的资本主义第一定律,经济中的资本收入占比等于资本收益率乘以财富—收入比。当资本收益率保持不变时,财富—收入比上升,资本收入占比也会上升。

第四章　扩大中等收入群体
推动共同富裕

扩大中等收入群体规模是"十四五"时期发展目标之一,也是实现共同富裕的重要途径。实现共同富裕需要大幅度地提高低收入人群的收入水平,促进他们成为中等收入人群,逐步形成中等收入群体占多数的橄榄型社会结构。随着中等收入群体成为主体人群,社会将变得更加稳定和谐。

第一节　扩大中等收入群体的重要意义

实现全体人民共同富裕,是中国特色社会主义制度优越性的集中体现,是对西方现代化和福利社会的一种超越。扩大中等收入群体规模,是推动共同富裕的题中应有之义。在扎实推进共同富裕的道路上,"迈出坚实步伐""取得实质进展"的一个显著的数量化标志就是"扩大中等收入群体比重"。共同富裕的社会应当是中等收入群体占多数的橄榄型社会结构。

从国际经验看,扩大中等收入群体规模与我国能否跨过"中等收入陷阱"、进入高收入社会密切相关。陷入"中等收入陷阱"的原因甚多,其中一个重要原因是没有形成足够规模且稳定的中等收入群体,收入差距过大,比如阿根廷、巴西、墨西哥等拉美地区的国家。反之,日本、韩国等国家和地区在跨越"中等收入陷阱"的过程中保持了较低的收入差距,呈现出以中等收入群体为主体的格局。

从国内现实来看,扩大中等收入群体规模,可通过增加消费、扩大内需为经济增长注入新动能。我国经济增长已由高速转入中速,投资、出口对经济增长的重要性下降,消费和服务业逐步转为主导性增长力量。中等收入群体作为边际消费倾向高(相对于高收入群体)、消费能力强(相对于低收入群体)的人群,成为我国未来扩大内需、巩固和增强超大规模市场优势进而拉动经济增长的非常重要的力量。与此同时,中等收入群体也是维护社会稳定的中坚力量、支撑创新转型的重要人力资本基础。

因此,确立和实施扩大中等收入群体战略,关系到扩大内需、促进经济社会平稳持续发展,关系到提升人力资本、带动创新和产业转型升级,关系到缩小收入差距、维护社会稳定和长治久安的基础,对立足新发展阶段、贯彻新发展理念、构建新发展格局、推动高质量发展、实现共同富裕具有重要的战略意义和现实意义。

第二节　中等收入群体的概念和界定标准

中等收入群体的相关论述最早来自西方"中产阶级"的概念,指处于社会中间位置的人群。中产阶级是一个多维度的概念,判断一个社会中产阶级家庭的标准不仅涉及收入、财产,还涉及职业、社会地位等。学者在具体定义时,也倾向于从职业、受教育水平、收入、主观认同等多维度指标来界定(Szelenyi and Martin,1988;Thompson and Hickey,2005)。国内提出的中等收入群体概念与中产阶级的概念大有不同,中等收入群体的界定主要基于经济上的相对地位。

一、界定中等收入群体的指标选择

（一）在界定中等收入群体的众多经济指标（消费/财富/收入等）中，建议使用收入指标

虽然不少学者认同中等收入群体的判断标准应是经济上的相对地位，但在具体界定时关于使用哪个经济指标（消费/财富/收入等）却意见不一。比如，李培林和张翼（2000）、李春玲（2003）、Kharas（2017）等基于消费界定中等收入群体，Edward（2010）、瑞信研究院发布的《全球财富报告 2015》、甘犁（2015）基于财富界定中等收入群体。关于消费，由于不同时期、不同地区人们的消费结构、消费品类别和质量不同，基于消费定义中等收入者，不便于比较不同时期、不同国家和地区中等收入者的规模和变化趋势。关于财富，由于不同国家和地区对财富的统计口径不一，且存在数据可得性和连续性的限制，基于财富界定中等收入群体面临很多困难，也不便于国际比较和不同时点比较。

相比于消费和财富，我们倾向使用收入指标。收入是一个能动态反映教育、职业、技能等综合结果的指标，而且不同时点、不同地区的收入通过一定方法调整后具有很好的可比性。比如可使用消费者物价指数（CPI）调整一个国家内部不同时间点、不同地区的收入，用购买力平价指数（PPP）调整不同国家间的收入，便于进行纵向的时点比较和横向的国际比较。

（二）在各类收入指标中，宜选取"户人均可支配收入中位数"

与人均宏观收入指标相比，宜使用微观调查指标。与人均 GDP 或人均 GNI 相比，采用基于住户调查数据的微观收入指标来定义中等收入群体，不仅分类依据更加科学，还能详细描述中等收入者的分布和行为特征。2013年之前，国家统计局分别统计城镇居民可支配收入和农村居民净收入；2013年之后，国家统计局采用城乡一体化调查方案，统一使用全国居民可支配收

入指标。因此,在估算我国中等收入者规模及其趋势时,可以统一使用可支配收入这个微观指标。

家庭层面与个体层面相比,宜使用个体层面的收入。根据不同的研究目的,居民可支配收入既可以在家庭层面也可以在个体层面来计算。如果在家庭层面,就牵涉到家庭规模的问题,比如家庭年收入为 4 万元的三口之家与六口之家所面临的生活境遇是不一样的,两者不能同等看待。所以,我们建议采用户人均可支配收入来定义中等收入者。

平均数与中位数相比,宜使用中位数。在收入差距较大、收入分配结构呈现锥子型或金字塔型的国家,收入平均数要明显高于收入中位数,如果采用平均数的一定倍数区间来定义,就会明显拉高中等收入群体的下限标准,导致中等收入者规模被低估。另外,与收入平均数相比,收入中位数不受最高收入人群和最低收入人群的收入统计误差影响,在准确性上更具优势。因此基于收入中位数比基于平均数更为合理。

二、界定中等收入群体的两类标准

现有基于"收入"界定中等收入群体的众多标准,大致可分为两类:一是相对标准,从收入分布变化的角度理解中等收入者;二是绝对标准,从发展或增长的角度理解中等收入者。

相对标准是基于本国的收入平均数或中位数的一定比例区间界定中等收入者(李培林和张翼,2008;王朝明和李梦凡,2013;李培林和朱迪;2015;龙莹,2015;苏海南,2016;吴鹏和常远,2018)。这种方式下中等收入群体指收入在本国收入分布中处于中间位置的人群。然而相对标准不能反映一个国家的经济增长,仅能反映收入分布变化对于中等收入群体规模的影响。基于这种方式进行研究的文献往往得出我国中等收入群体比重随时间推移稳定不变甚至不升反降的结论(龙莹,2015;李培林和朱迪,2015)。

绝对标准是使用外生于一国收入分布的某个临界值界定该国的中等收入者,比如收入或消费的某个特定水平。国家统计局提出的 10 万—50 万元

(典型三口之家一年的户可支配收入)就是典型的绝对标准,有些学者在研究中也沿用统计局标准(李逸飞和王盈斐,2022)。还有不少学者提出了各自认为合适的其他绝对标准(纪宏和陈云,2009;国家发改委社会发展研究所课题组、常兴华和李伟,2012;Chen and Qin,2014;李伟和王少国,2014;李强和徐玲,2017;李春玲,2018)。这类基于我国国情提出的绝对标准,不太适用于横向国际比较,无法从国际大背景下审视我国的中等收入群体。

为便于做国际比较,有文献采用国际层面的绝对标准界定各国的中等收入者,并将其称为全球或国际中等收入者(global middle class)。Milanovic 和 Yitzhaki(2002)以及 World Bank(2007)将日收入在 10—50 美元的人群视为中等收入群体(收入介于巴西人均收入和意大利人均收入之间)。Kharas(2010)将日收入在 10—100 美元的人群界定为中等收入群体,其中下限"10 美元"是收入水平最低的两个发达国家(葡萄牙、意大利)贫困线的平均值(美国的贫困线也是 10 美元/天),上限"100 美元"是卢森堡(最富裕发达国家)的收入中位数的 2 倍。Kharas(2017)后来将此标准更新为 11—110 美元。我国有些学者也沿用此标准界定我国的中等收入群体(李春玲,2018,2022;刘渝琳和许新哲,2017;刘志国和刘慧哲,2021)。

客观来讲,"10—100 美元"和"10—50 美元"这两个标准不太适用于当今的中国,主要是下限过低,现今日人均收入为 10 美元(约 42.25 元,根据 PPP 换算[①])的居民很难过上所谓的衣食无忧、舒适幸福的中等收入生活。

三、本章使用的中等收入群体界定标准

沿用类似思路,我们将 2018 年 28 个欧盟成员国收入中位数的 60%、200% 作为界定我国"中等收入者"的下限和上限(见表 4-1)。其中,下限"收入中位数的 60%"是欧盟的相对贫困线;上限之所以选取收入中位数的"200%",是参考 Kharas(2010,2017)和皮尤研究中心(Pew Research

---

① PPP=4.224784126,源自世界银行官网。

Center,2012,2015,2016)的研究。本章也分别使用中位数的150％、250％和300％作为上限进行了估算,所得结果变化不大,这是因为我国位于上限附近的人数较少。

表 4-1　界定中等收入者的上下限　　　　　　　　　　　　单位:人/天

年份	下限		上限	
	人民币	美元	人民币	美元
2018	154.9	37.5	516.4	125.0
2013	141.6	34.3	471.9	114.2
2007	117.5	28.4	391.5	94.8
2002	103.2	25.0	343.8	83.2

资料来源:1.作者基于 CHIP 数据、国家统计局数据估算而得。2.界定中等收入者的上下限是 2018 年 28 个欧盟成员国收入中位数的 60％、200％。28 个欧盟成员国收入中位数下载自欧盟统计局网站;将欧元转换为人民币和美元的购买力平价指数 PPP 下载自 https://stats.oecd.org/index.aspx? DataSetCode＝SNA_Table4,下载时间为 2020 年 3 月 17 日。

我们清醒地知道,本章选用的欧盟标准仅是众多标准中的一个。目前国内外有多个界定中等收入群体的标准,每个标准都有各自的优缺点,具体该选用哪个标准取决于研究目的。本章之所以选用欧盟标准,是因为:一是可用以分析我国追赶发达国家的进程、目前存在的差距,进而明晰未来改革的政策着力点;二是更契合我国政府提出的共同富裕战略和发展目标,我国社会经济发展的战略目标是到 21 世纪中叶人均国民生产总值达到中等发达国家水平,这暗含着更多的居民能达到发达国家居民的收入水平,在居民收入层面实现对发达国家的追赶。另外,之所以选择"28 个欧盟国家"而不是某个单独发达国家比如美国或"欧盟加美国"作为参照,有三个原因:一是美国的"居民收入水平高、收入差距也大"的收入分配结构不符合我国拟建成"两头小中间大"的橄榄型社会的目标,而欧盟国家则是较高的居民收入伴随着较低的收入差距;二是美国仅是一个单独的国家而欧盟有将近 30 个成员国,欧盟比美国更适合作为发达国家的代表;三是基于数据可得性的考虑,欧盟统计局公布了欧盟整体的历年收入中位数,世界银行 WDI 数据库公布了欧盟整体的 PPP、CPI，而目前无法查到计算所需的"欧盟加美国"作为整体的收入中位数、PPP 以及 CPI 数据。

有两个计算细节需说明。第一，欧盟统计局公布的户人均可支配收入的中位数是基于调整过权重后的家庭人数计算而得的。即在计算每个家户的户人均可支配收入时，使用的是调整过权重后的家庭人数：每个家户第一个成年人赋权重为 1，其他成年人赋权重为 0.5，14 岁及以下的孩子赋权重为 0.3。为保持一致性，本章在用 CHIP 数据估算我国中等收入群体比重时，使用的户人均可支配收入也是基于调整过权重后的家庭人数。

第二，在估算时面临两个选择：一是"不改变时间标杆"，即界定我国 2002 年、2018 年的中等收入群体时，都基于同一个年份，比如 2018 年的欧盟收入中位数；二是"改变时间标杆"，即在界定我国 2002 年中等收入者时基于"2002 年"的欧盟收入中位数，而在界定我国 2018 年中等收入者时则基于"2018 年"的欧盟收入中位数。数据结果显示，在这两种情况下估算出的我国中等收入者规模差别不大，主要是因为 2002 年至 2018 年欧盟收入中位数变化不大(Gustafsson et al.，2019)。限于篇幅，本章仅展示"不改变时间标杆"下的结果，这样算出的我国中等收入群体规模的变化，都源于我国居民收入的实际变化而非界定标准的变化，可剔除掉发达国家中位数增速放缓或加快对我国中等收入群体比重的影响。

四、数据介绍

估算我国中等收入群体比重时使用的是 2002 年、2007 年、2013 年和 2018 年四个年份的中国家庭收入调查(CHIP)数据。[①] CHIP 数据是从国家统计局的住户调查样本框中抽取的小样本，经权重调整后有较好的全国代表性[②]，已为多篇有影响力的学术文章和政策报告提供了数据支撑(李实和

---

① 四个年份的样本量分别是 63911 人、89804 人、57821 人和 70431 人。
② 关于 CHIP 数据权重的信息详见宋锦、史泰丽和岳希明(2013)以及岳希明、史泰丽和蔡萌(2018)等。

朱梦冰,2022;罗楚亮、李实和岳希明,2021;岳希明、周慧和徐静,2021)。我们承认,相对于现在较为流行的大数据而言,CHIP 数据的样本量偏小,但统计局每年进行的住户调查样本也仅有 10 多万户,有一定影响力的其他非官方住户调查数据的样本量也很小,比如 CHNS(中国健康与营养调查)、CHFS(中国家庭金融调查)、CGSS(中国综合社会调查)、CFPS、CSS(中国社会状况综合调查)的样本量分别为 4500 多户、8000 多户、10000 多户、16000 户左右、7000—10000 户。虽然因受时间、财力、人力等因素制约,各国包括我国在内的住户调查样本量都不大,但这些数据都是基于科学的抽样方案抽选出来的,基于这些数据得出的结果都有较好的全国代表性。目前,在研究中等收入群体、收入分配等相关问题时,学界仍主要使用住户调查数据。比如前文列出的研究我国中等收入群体的实证类文献几乎全用了住户调查数据;国外也如此,比如引用率较高的 Kharas(2010,2017)、Milanovic 和 Yitzhaki(2002)、Milanovic(2018)、World Bank(2007)、Pew Research Center (2012,2015,2016)、Piketty 等(2019)。

估算其他国家和地区中等收入群体比重时使用的数据都来自 Luxembourg Income Study (以下简称 LIS)数据库[①]。LIS 数据库收录了亚洲、欧洲、北美、南美、非洲等地的约 50 个国家和地区将近 50 年时间跨度的住户调查数据,其中 LIS 数据库收录的中国数据就是 CHIP 数据。LIS 团队已对各国(地区)数据做了二次加工,统一了绝大多数变量的统计口径,其中可支配收入与我国统计局的统计口径是一致的。由于 LIS 数据库里的收入变量是用各国(地区)货币作为计量单位按当年价格计价的收入,为做不同国家(地区)、不同时期的比较,我们首先根据世界银行公布的各国(地区)各年份的 CPI[②] 信息将每个国家(地区)不同年份的收入都调整到 2018 年价格下的收入,然后再根据世界银行公布的各国 PPP[③] 信息,将各国(地区)的收

---

① 数据库网址:http://www.lisdatacenter.org/our-data/lis-database/。
② 世界银行 WDI 数据库里的"Consumer price index (2010=100)"。
③ 世界银行 WDI 数据库里的 "PPP conversion factor, private consumption (LCU per international ＄)"。

入都统一到用"国际美元"衡量的收入水平。

现有国内外住户调查数据都存在一个共同的问题——对高收入群体的代表性不足。关于此问题是否会影响中等收入群体比重的估算，我们认为影响不会很大。一是对高收入群体涵盖不足的问题一般只会影响一个国家的收入平均值，不太会影响收入中位数。本章使用的欧盟标准是基于欧盟收入"中位数"的一定比例区间而不是"平均数"。二是本章在估算各年份的中等收入群体比重时，采用的是仅2018年这一个年份的欧盟标准，所以估算结果不会受到因不同年份的数据存在偏误程度不同带来的干扰。三是关于不同国家数据存在的高收入样本偏误程度不同是否会影响到国际比较结果，理论上讲，这是有可能的（前提是此偏误的存在会影响到收入中位数），但现实中遗漏的高收入样本往往是那些在一国收入分布中收入极高的个体，他们的收入远大于界定中等收入群体的下限和上限，所以即便存在此偏误，该偏误对低、中、高收入群体比重的影响也不会很大。四是目前微观住户调查的理论和方法已很成熟，各国微观住户调查数据经权重调整后对本国的总体基本都有较好的代表性。目前已有文章基于多国的住户调查数据使用国际标准研究全球中等收入群体并做国际比较。比如被广泛引用的Kharas（2010）提出的"10—100美元"标准，其上限"100美元"是最富裕发达国家（卢森堡）收入中位数的2倍；Milanovic和Yitzhaki（2002）以及World Bank（2007）提出的"10—50美元"标准，其上限"50美元"是意大利的人均收入。这两个标准和本章选用的欧盟标准的思路相似，只不过他们的上限是基于卢森堡的收入中位数或者意大利的人均收入，而我们的上限是基于20多个欧盟国家的收入中位数（欧盟中位数的200％）。

第三节　我国中等收入群体规模及特征

一、近20年我国中等收入群体规模增长迅速

在欧盟标准下，我国中等收入者比重从2002年的不到1.0％增长到

2018 年的 24.7%,年均增速为 27%,明显高于同期人均 GDP 增速,与发达国家相比,我国中等收入群体规模实现了较快速度的追赶。只不过城乡差异较大,城镇居民中等收入群体比重从 2002 年的 1.5% 提高到 2018 年的 42.6%,农村居民仅从不到 1% 提高到 4.23%,农民工从 2002 年的不到 1% 快速提高到 30.7%。由此可以看出,农村人口流动到城市是他们成为中等收入者的一个重要途径。

除使用欧盟标准外,本章还利用另外三个界定标准估算了我国中等收入群体比重。第一个标准是选取全世界 200 多个国家和地区收入中位数的 67%—200%,作为中等收入群体收入的上下限。第二个标准是前文提到的 Kharas(2010)提出的,以每人每天 10—100 美元作为界定中等收入群体的收入区间,这也是世界银行等国际机构向发展中国家推荐的标准。第三个标准是国家统计局采用的划分方法,将 2018 年价格下家庭(典型的三口之家)年收入在 10 万—50 万元的人群界定为中等收入群体。

基于上述四种不同标准估算出的数据结果都显示,近 20 年来,随着经济的高速发展和居民收入的提高,中国中等收入群体比重都有不同程度的提高。在 2002 年四种标准下中等收入群体比重基本上在 10% 以下,2018 年提高到近 30% 或更高。如表 4-2 所示,在国家统计局的界定标准下(标准三口之家年收入在 10 万—50 万元),2002 年仅有 1.6% 的人口属于中等收入者,2013 年上升到 25.4%,2018 年进一步升高到 28.2%。这意味着居民收入分布逐渐向"橄榄型"转变。单从比重来说,现阶段中国中等收入者比重依然偏低,但若从绝对数量来看,中等收入者的人数还是相当可观的。2018 年中国中等收入群体规模接近 4 亿人,相当于除美国之外五大发达国家(日本、德国、英国、法国、意大利)人口之和。

表 4-2　在不同界定标准下估算出的各年份我国中等收入者比重

单位：%

地区	界定标准	2002 年	2007 年	2013 年	2018 年
全国	28 个欧盟国家 2018 年收入中位数的 60%—200%（当年价格）	0.6	2.0	13.8	24.7
	世界人口收入中位数的 67%—200%	10.0	20.2	27.3	29.4
	10—100 美元（2005 年 PPP）	7.4	27.2	46.1	54.2
	家庭年收入 10 万—50 万元（2018 年价格）	1.6	9.5	25.4	28.2
城镇	28 个欧盟国家 2018 年收入中位数的 60%—200%（当年价格）	1.5	4.8	27.1	38.2
	世界人口收入中位数的 67%—200%	25.9	45.2	48.5	45.0
	10—100 美元（2005 年 PPP）	19.6	59.1	74.2	76.4
	家庭年收入 10 万—50 万元（2018 年价格）	3.8	24.2	43.4	43.8
农村	28 个欧盟国家 2018 年收入中位数的 60%—200%（当年价格）	0.1	0.2	2.0	4.2
	世界人口收入中位数的 67%—200%	1.5	1.8	7.4	6.6
	10—100 美元（2005 年 PPP）	1.0	3.0	18.1	20.6
	家庭年收入 10 万—50 万元（2018 年价格）	0.4	1.2	9.2	5.1

二、我国中等收入群体规模扩大的原因

收入增长和收入分布变化是影响中等收入者比重的两个重要因素。近 20 年我国居民收入有所增长，收入分布也有所变化，为识别出二者分别对中等收入群体规模产生的影响，本章分别对 2002—2007 年、2007—2013 年、2013—2018 年这三个时期做了模拟估算。以 2013—2018 年为例，计算步骤如下。

首先，在保持 2013 年收入分布不变的前提下，假定从 2013 年到 2018 年

每人收入的增长率都等于 2013—2018 年居民收入增长率的全国平均水平，据此估算出每人 2018 年的"模拟收入"。然后，利用此"模拟收入"并根据前文提出的中等收入群体标准估算出 2018 年我国中等收入者的"模拟比重"，此比重即为在保持收入分布不变情况下的中等收入者比重。再次，将估算出的 2018 年中等收入者"模拟比重"与 2018 年中等收入者"实际比重"相比较，二者之差就是由 2013—2018 年我国收入分布变化带来的中等收入者比重的变化。最后，剩下的变化就是由收入增长带来的。

2013—2018 年，我国中等收入者比重的提高主要源于居民收入的增长。具体而言，87.1% 源于收入增长，12.9% 源于收入分布的变化。本章对 2002—2007 年、2007—2013 年也做了类似估算，数据结果也显示，在这两个时期，我国中等收入者规模的扩大约 90% 源于居民收入增长，约 10% 源于居民收入分布的变化。

三、我国中等收入群体的特征

我国中等收入群体约 74% 是城镇户籍，约 26% 是农村户籍。进一步细分，54.7% 出生时即拥有城镇户籍，19.3% 曾经有农转非的经历。在剩下的 26% 农村户籍中等收入者中，8% 是农村户籍且还在农村，18% 虽已流动到城市但仍为农村户籍。从住房条件和耐用消费品（如自来水、抽水马桶、热水器、冰箱、洗衣机、空调和能联网的电脑等）拥有情况看，我国中等收入者过着与发达国家中等收入者类似的生活。他们的生活明显比低收入者更舒适，比如他们中约 63.6% 拥有私家汽车，而低收入者中这一比例仅为 33.9%。

我国中等收入者主要是工薪阶层。根据收入来源的不同，可将中等收入者分为四个子群体：①工薪类（工资性收入在总收入中的比重≥50%）；②营商类（经营性净收入在总收入中的比重≥50%）；③领养老金类（养老金收入在总收入中的比重≥50%）；④上述三类之外的中等收入者。数据显示，在中等收入者中，工薪类占 62.9%，如果将领养老金类中等收入者视为曾经的工薪类,则二者相加共计 75％的中等收入者属于工薪阶层。营商类仅占到 14.5％。

工薪类和营商类中等收入群体的特征有明显差异。工薪类和领养老金类(曾经的工薪类)中等收入者以城镇人口居多,前者约 75％属于城镇户籍,后者约 98.3％属于城镇户籍。营商类中等收入者正好相反,约四分之三出生时拥有农村户籍。由此看出改善营商环境,发展中小企业民营经济,让农村居民有更多从事非农经营的机会,对他们未来晋升为中等收入群体意义重大。另外,由于营商类中等收入者的就业和收入面临更多不确定性,他们的储蓄率(约 50％)明显高于工薪类(约 35％),他们的受教育年限(9.6 年)则明显低于工薪类(12.2 年),其父母的受教育程度也低于工薪类中等收入者父母。

第四节　我国中等收入群体规模与发达国家的比较①

我国中等收入群体比重明显低于发达国家。表 4-3 显示,2018 年我国中等收入群体比重约为 25％,美国、加拿大和欧盟成员国这些发达国家都在 50％以上。除中等收入群体外,我国剩下的群体主要为低收入者(74.3％),而美国、加拿大则主要为高收入者。

若只看我国城镇地区,则其与发达国家的差距明显缩小。2018 年,我国城镇地区各收入组人群所占比重与希腊、波兰、匈牙利非常相似。如表 4-3 所示,2018 年我国城镇地区的中等收入群体比重(38.2％)虽仍低于这三个国家,但已很接近。与中国类似,这三个国家中等收入群体之外的其他人群也都主要为低收入者。而且这三个国家和中国一样,高收入组所占比重都不到 2％。另外值得注意的是,无论是居民收入中位数还是人均 GDP,我国

---

① 这里的发达国家来自世界银行的分类。世界银行基于各国 2018 年的人均国民收入(GNI per capita in current US＄),将人均国民收入高于 12376 美元的国家视为高收入国家,将人均国民收入在 3996—12375 美元的国家视为中高收入国家。

与希腊、波兰、匈牙利这三个国家都非常接近。这也是为什么一些来过我国城镇地区的欧洲人觉得我国的生活水平和他们差别不大。

随着我国中等收入群体规模的迅速扩大,我国的收入分布结构在逐渐接近高收入国家。我国中等收入群体规模的迅速扩大不仅体现在比重的上升,更体现在人数的大幅增加。2002年,我国中等收入群体人数仅为750万人,仅相当于北美和欧洲中等收入群体人数很小的比例。但是到2018年,仅16年之后,我国中等收入群体人数达到3.44亿人,约相当于美国中等收入群体人数的两倍,约相当于欧盟所有国家中等收入群体的人数的总和(见表4-3)。因此,近些年随着我国中等收入群体规模的不断扩大,我国中等收入群体占全世界中等收入群体总数的比重也在不断提高。

表4-3　2018年我国与部分高收入国家收入分布结构比较

地区	低收入群体/%	中等收入群体/%	高收入群体/%	中等收入群体人数/万人	日户人均可支配收入中位数/PPP美元	人均GDP/PPP美元
中国一整体	74.3	24.7	1.1	34424	23	15614
中国一城镇	60.1	38.2	1.6	32079	31	27657
美国	9.9	55.1	35.1	17987	97	62997
加拿大	7.0	67.5	25.6	2501	89	50078
欧盟25国平均	20.4	68.7	11.0	33742	—	44466
希腊	52.4	46.3	1.3	497	36	29535
波兰	46.1	52.1	1.8	1977	39	31851
匈牙利	50.4	48.3	1.2	472	37	32086

注:1.表中呈现的所有数值对应的年份都是2018年。

2.中国的相关数据使用的是CHIP数据,已调整过权重。2018年我国城镇对应的人均GDP,是基于《中国城市统计年鉴2019》估算而得。

3.对于美国和墨西哥之外的其他国家,LIS数据库里没有2018年的数据。这些LIS数据库里没有2018年数据的国家可分为两类:第一类是从OECD网站可以查到这些国家(主要为欧洲国家)各年份的收入增长率(https://data.oecd.org/hha/household-disposable-income.htm,下载时间为2020年12月19日),我们基于LIS数据库里包含的这些国家最近年份的微观数据和从OECD查到的这些国家的各年份的收入增长率,估算各国2018年的收入。第二类是从OECD网站查不到这些国家的各年份的收入增长率,退而求其次,我们利用从世界银行WDI数据库里查到的各国人均GDP的增速,并基于LIS数据库里包含的这些国家的最新年份的微观数据,估算这些国家

2018 年的收入。另外，无论是 OECD 公布的各国收入增长率还是世界银行 WDI 数据库里的人均 GDP 的增长率都是实际增长率，所以我们还根据来自世界银行 WDI 数据库里的各国的 CPI 将各国不同年份的收入调整到 2018 年价格水平下的收入，然后再利用 PPP 将各国的收入统一转化为国际美元，最后再利用前文提到的界定中等收入群体的上下限估算各国对应的各收入组人数所占比重。

4. 在计算欧盟 25 国（受数据可得性限制，只能查找到其中 25 个国家的相应数据）的各收入组的具体人数和比重时，具体的做法是：首先，按照第 3 条注里的做法，一一估算 25 个欧盟国家里每个国家对应属于各收入组的具体人数；然后，将 25 个国家属于各收入组的人数加总，并除以 25 国总人数，得出 25 个欧盟国家作为一个整体对应的各收入组的人数和比重。

5. 这里的人均 GDP 数据下载自世界银行 WDI 数据库。这里的"户人均可支配收入"指调整过家庭人数权重后的"每个等价人的户人均可支配收入"，用的是欧盟统计局的赋权方式：每户第一个成年人赋权重为 1，其他成年人赋权重为 0.5，14 岁及以下的孩子赋权重为 0.3。

6. 表中前三列数据统一保留一位小数，因四舍五入可能导致个别数据加总不等于 100%。

第五节　我国中等收入群体规模与其他金砖国家、墨西哥的比较

我国与巴西、俄罗斯、印度、南非共同被称为"金砖五国"。五个国家都人口众多、经济体量大，而且都被世界银行划归为"中等收入国家"。近些年金砖国家大多都经历了经济的高速增长。考虑到墨西哥也拥有类似特征，我们在下文的分析中也加入了墨西哥。总体来说，这六个国家的人口占到全世界人口总数的 40% 以上、世界 GDP（PPP）总量的 30% 以上。[①]

表 4-4 展示了金砖国家和墨西哥的低、中、高各收入组的比重，并根据中等收入群体比重从高到低对六个国家进行了排序。同时也列出了各国的人均 GDP 和户人均可支配收入中位数。

所有金砖国家和墨西哥的中等收入群体比重都明显低于高收入国家。其中，中等收入群体比重排在第一位的是俄罗斯，俄罗斯 50% 以上的人口都属于中等收入群体；排在最后一位的是印度，仅 6% 的人口属于中等收入群体。无论是人均 GDP 还是户人均可支配收入的中位数，俄罗斯都明显高于其他国家。如果不考虑俄罗斯，在剩下的几个国家里，我国对应的中等收入群体比重是最高的。

---

① 根据从世界银行 WDI 数据库下载的各国 2018 年的人口数和 GDP 数据计算而得。

表 4-4　2018 年我国与其他四个金砖国家、墨西哥的收入分布结构比较

国家	低收入群体/%	中等收入群体/%	高收入群体/%	中等收入群体人数/万人	日户人均可支配收入中位数/PPP美元	人均GDP/PPP美元
俄罗斯	42.9	54.2	2.9	7823	42	28764
中国	74.3	24.7	1.1	34424	23	15614
南非	78.6	17.9	3.5	1031	13	12838
巴西	81.1	16.1	2.8	3381	22	14951
墨西哥	88.4	11.0	0.7	1386	16	20424
印度	94.0	6.0	0.1	8048	9	6655

注:详见表 4-3 的注。表中百分比数据统一保留一位小数,因四舍五入可能导致个别数据加总不等于 100%。

从中等收入群体比重随着时间推移呈现的变化趋势来看,在 21 世纪初,我国的中等收入群体比重曾明显低于其他金砖国家和墨西哥。之后 20 年虽然金砖各国和墨西哥的中等收入群体比重在不同时期都经历了不同幅度的提高,但唯有我国在这近 20 年间中等收入群体比重一直保持持续不断地高速增长。图 4-1 显示,墨西哥在 2008 年之后中等收入群体比重基本没有太大变化,巴西、俄罗斯和南非在 2012—2013 年之后的中等收入群体比重也变化不大。随着我国中等收入群体规模持续不断地快速增长,2013 年我国中等收入群体比重已经接近除俄罗斯之外的其他几个国家,2018 年我国的中等收入群体比重已经明显高于除俄罗斯之外的其他几个国家。

从中等收入群体的绝对人数看,我国已明显多于其他几个发展中国家。我国中等收入群体的总人数(3.44 亿人)远远多于其他四个金砖国家和墨西哥的中等收入群体总人数(2.17 亿人)。

金砖国家和墨西哥的中等收入群体主要为城镇居民。表 4-5 显示,这六个国家城镇居民中的中等收入群体比重都明显高于全国居民中的中等收入群体比重。除印度外(城镇化率较低),这几个国家 80% 以上的中等收入群体都居住在城镇地区。其中,中国、巴西、墨西哥对应的比例更高,90% 以上的中等收入群体都来自城镇地区。

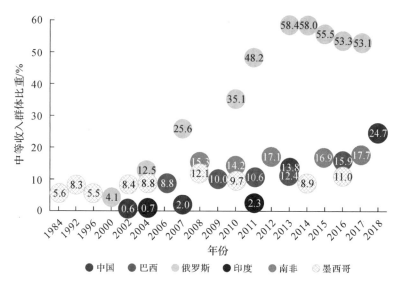

图 4-1 1984—2018 年金砖五国和墨西哥对应的中等收入群体比重的变化趋势

注:在利用 LIS 数据库里包含的各国各年份的微观数据计算各国相应年份的中等收入群体比重时,具体做法如下:首先根据各国的 CPI(下载自世界银行 WDI)将各国各年份的收入调整到 2018 年价格下的收入,然后利用购买力平价指数 PPP[PPP conversion factor, private consumption (LCU per international $)]转换为国际美元对应的数值,并利用表 4-1 里呈现的 2018 年界定中等收入群体的上下限估算各国各年份的中等收入群体比重。

表 4-5 2018 年金砖五国和墨西哥的中等收入群体与城镇居民分布情况

单位:%

国家	中等收入群体中城镇居民所占比重	城镇居民中中等收入群体所占比重	城镇化率
俄罗斯	83.4	60.7	74.4
中国	93.2	38.2	60.1
南非	86.1	23.9	66.4
巴西	95.8	18.2	86.6
墨西哥	93.2	13.6	80.2
印度	60.9	11.4	35.0

注:1.中国的第 2 列和第 3 列结果通过 2018 年 CHIP 数据计算而得,已调整过权重,具有全国代表性。其他国家的第 2 列和第 3 列结果基于 LIS 数据库里的数据计算而得。具体的计算过程详见表 4-3 的注。

2.除中国外,其他国家的城镇化率数据下载自世界银行 WDI 数据库(https://data.worldbank.org/indicator/SP. URB. TOTL. IN. ZS),下载时间为 2021 年 1 月 29 日。

第六节　中等收入群体比重与经济发展水平
之间的关系

目前国内外已有很多文献讨论不平等程度与经济发展水平或收入之间的关系,主要围绕库兹涅茨的倒 U 形假说是否成立展开。库兹涅茨假说认为,随着一个国家经济发展水平的提高,不平等程度会先上升后下降。很多实证文章检验了该假说是否成立(Alvaredo and Gasparini, 2013; Bourguignon,2018),但至今仍无定论。一般情况下,使用多个国家的横截面数据的文章得出的结论一般支持该假说,而使用时间序列或面板数据分析一个国家随着时间推移的变化趋势的文章得出的结论往往不支持该假说。

这里我们检验一个与之相关但不同的关系:从世界范围来看,中等收入群体比重与经济发展水平比重之间的关系如何? 我国的情况又如何? 是否符合国际大趋势,还是说中国是个"特例"? 从理论上讲,二者可能存在倒 U 形关系。在保持界定中等收入群体上下限不变的前提下,如果一个国家的收入分布相对稳定(中间人口多,两端人口少)、居民收入中位数也随着人均 GDP 的增长而增长,那么中等收入群体比重将会随着收入的增长呈现先上升而后下降的趋势。比如在一个低收入国家,最开始该国大多数人都属于低收入群体,随着该国居民收入的逐渐提高,越来越多的人将从低收入组进入中等收入组,中等收入群体比重将会逐渐提高,并逐渐高于低收入组、高收入组对应的比重,即该国的大多数人属于中等收入群体。之后,随着该国居民收入的进一步提高,中等收入群体比重将会逐渐下降,这是因为不少人将从中等收入组退出而进入高收入组。

当然,现实中经济发展水平与中等收入群体比重之间的关系将会比上述例子复杂得多,因为不仅经济发展水平的提高会影响到中等收入群体比重的变化,反过来中等收入群体比重的变化也会影响到经济发展水平的提高。在这里，本章的研究重点不是理论研究而是实证研究，本章不想分析背后的影响机制和做更深层次的理论探讨，而是想简单看一下基于数据的实证分析呈现出的结果如何。

首先，我们利用包括中国在内的共计 33 个国家的中等收入群体比重和人均 GDP 的横截面数据分析二者的关系（见图 4-2）。图中各国的中等收入群体比重与人均 GDP 对应的年份都是 2018 年。每个圆点代表一个国家。考虑到我国城乡二元分割，且我国中等收入群体主要集中于城镇地区，所以我们对我国的城镇样本也做了单独的分析。

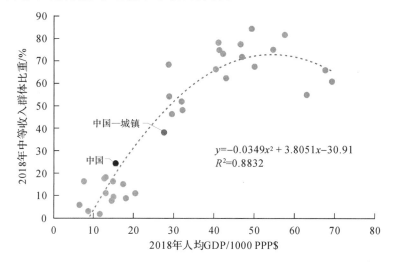

图 4-2　2018 年我国和其他 32 个国家的中等收入群体比重与人均 GDP

注：1.中国的中等收入群体比重基于 2018 年 CHIP 数据计算而得，已调整过权重，具有全国代表性。美国和墨西哥的中等收入群体比重基于 LIS 数据库包含的这两个国家 2018 年的数据计算而得。对于美国和墨西哥之外的其他国家，LIS 数据库里没有这些国家 2018 年的数据，具体的估算过程详见表 4-3 的注。

2.除了"中国—城镇"对应的人均 GDP，其他人均 GDP 数据都下载自世界银行 WDI 数据库（https://data.worldbank.org/indicator/SP.URB.TOTL.IN.ZS），下载时间为 2021 年 1 月 30 日。"中国—城镇"的人均 GDP 数据是用 2017 年各省份的人均 GDP 乘以 2018 年我国全国人均 GDP 的增速（6.7%），然后将各地的人均 GDP 加总并除以加总后的总人数，最后再利用购买力平价指数 PPP 转换为用美元计价的人均 GDP 得到。

从基于横截面数据绘制出的图 4-2 中可以看出，放在全世界来看，我国并不是一个"特例"。无论是我国整体还是我国城镇，从国际视角看，我国中等收入群体比重与收入之间的关系符合国际一般规律。如图 4-2 的模拟曲线所示,中等收入群体比重与经济发展水平呈现明显的倒 U 形关系。该曲线的峰值处意味着,在人均 GDP 在 50000—60000 美元时,中等收入群体比重达到最大值 73%。我国整体以及我国城镇对应的圆点也都非常接近模拟曲线且位于峰值的左侧。

基于横截面数据所得结果,是否就可以推断出未来随着我国人均 GDP 的进一步提高,我国的中等收入群体比重也会呈现先上升后下降的趋势呢?面板数据更适合回答此问题。图 4-3 是利用我国与其他 23 个国家多个年份的中等收入群体比重与人均 GDP 的面板数据绘制出的。世界银行 WDI 数据库只公布了各国 1990 年之后的人均 GDP(PPP),LIS 数据库包含的各国的收入数据也主要起始于 20 世纪 80 年代后期或 90 年代初期,包含的大多数国家的最新数据基本在 2015 年至 2018 年之间。因此,图 4-3 展示的是 1991—2018 年各国的中等收入群体比重与人均 GDP 之间的关系。图中的曲线是各国对应的二次方模拟曲线。

遗憾的是,每个国家的数据涵盖的时间跨度太短,以至于无法刻画出一个国家从低收入国家转变为高收入国家的整个变化过程。这也是为什么图 4-3 中展示的各国对应的曲线或向上倾斜,或向下倾斜,没有呈现倒 U 形。不过,从图 4-4 中可以看出这样一个规律:一个国家对应的曲线的形状(变化趋势)取决于该国最初的人均 GDP 水平。

低收入国家更多地聚集在图中的左侧,对应的曲线向上倾斜但斜率相对平缓,我国属于这一行列。紧接着再往右看,图中几个国家对应的曲线急剧上升,斜率很陡峭,这些国家是匈牙利、波兰、俄罗斯等转型国家。再继续往右,这些国家对应的曲线虽继续向上倾斜但斜率相对平缓。最后,在图中的最右侧,集聚的主要是高收入国家,对应的斜率更加平缓甚至向下倾斜。虽然图 4-3 中基于非平衡面板数据绘制出的一簇曲线从左到右显现的倒 U 形变化趋势,不像图 4-2 中基于横截面数据绘制出的二次方曲线标准,但更加形象。

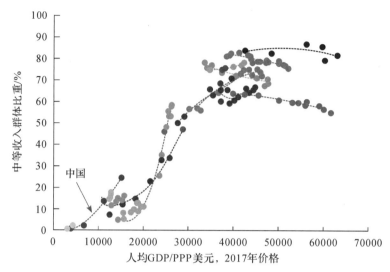

图 4-3　我国与其他 23 个国家的中等收入群体比重与人均 GDP(PPP)(面板数据)

注:1.中国的中等收入群体比重基于 2018 年 CHIP 数据计算而得,已调整过权重,具有全国代表性。其他国家的中等收入群体比重利用 LIS 数据库里包含的各国多个年份的非平衡面板数据计算而得。不同国家对应的具体年份有所不同。图中的曲线是每个国家对应的二次方模拟曲线。在利用 LIS 数据库里包含的各国各年份的微观数据计算各国相应年份的中等收入群体比重时,具体做法如下:首先根据各国的 CPI(下载自世界银行 WDI)将各国各年份的收入调整到 2018 年价格下的收入,然后利用购买力平价指数 PPP〔PPP conversion factor, private consumption (LCU per international ＄)〕转换为国际美元对应的数值,并利用表 4-1 里呈现的 2018 年界定中等收入群体的上下限估算各国各年份的中等收入群体比重。

　　2.包括中国在内的所有国家的人均 GDP(PPP 美元,2017 年价格)数据下载自世界银行 WDI 数据库。

　　由于各国数据涵盖的时间跨度有限,图 4-3 展示出的变化趋势,既不能证明一个国家的中等收入群体比重一定会随着该国经济发展水平的提高呈现倒 U 形的变化趋势,也不能否认该趋势的存在。不过,图 4-3 可以告诉我们,根据可得的有限年份的数据,我国中等收入群体比重与同处于相同经济发展水平的其他国家类似。

　　图 4-4 只给出了人均 GDP(PPP 美元,2017 年价格)在 20000 美元以下的国家对应的圆点和曲线,以便更清晰地展示这些国家对应的情况。与同处于类似人均 GDP 水平的其他国家相比,我国 2002 年、2007 年对应的中等收入群体比重相对较低,而 2013 年,尤其是 2018 年,我国中等收入群体比

重则相对较高。不过,我国并不是最高的,在相同人均 GDP 水平下,越南和巴拉圭最高,这两个国家对应的曲线和圆点都在我国的左上方。

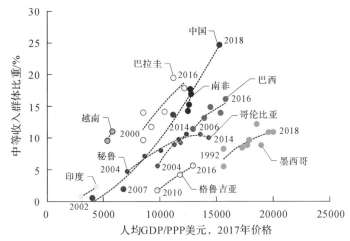

图 4-4　中高和中低收入国家的中等收入群体比重与人均 GDP(面板数据)

我国对应的趋势线与其他国家相比更加陡峭,意味着在相对较短的时间跨度里,我国中等收入群体比重上升的幅度最大(对应的垂直距离变化最大)。比如,在 2013—2018 这五年间,我国的中等收入群体比重(纵轴)上升了近 10 个百分点。图中展示的其他国家中仅有巴拉圭对应的纵轴也上升了 10 个百分点,但巴拉圭历经了 16 年(2000—2016 年)才实现这一变化。

我国对应的变化轨迹的陡峭程度,不仅高于低收入国家,也高于大多数人均 GDP 水平高于我国的其他国家(见图 4-2),但匈牙利、波兰、俄罗斯除外,这三个国家恰巧都属于转型国家。于是,这就引发一个疑问,是否经历过从"计划经济"到"市场经济"转型的国家有类似的变化轨迹呢?

图 4-5 展示了所有转型国家各年份的中等收入群体比重以及人均 GDP。具体包括中国、越南、格鲁吉亚、波兰、俄罗斯、匈牙利。图中的越南和格鲁吉亚,虽然数据涵盖的年份跨度很小,但也足以说明转型国家在有限的时间跨度里纵轴的变化幅度较大,即中等收入群体的上升幅度较大。图中的波兰和俄罗斯的变化轨迹与我国的情形很像。波兰的人均 GDP 和中

等收入群体比重几乎一直保持快速上升的趋势。而俄罗斯从 2013 年开始中等收入群体比重的变化几乎停滞,在 2013 年达到最大值 58% 之后,随着俄罗斯接下来几年人均 GDP 增长的停滞,中等收入群体比重也几乎停滞甚至有所回落,在 2018 年下降到 53%。

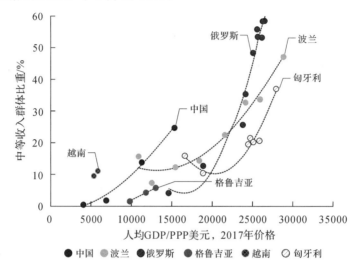

图 4-5　转型国家的中等收入群体比重与人均 GDP(面板数据)

转型国家特殊的变化轨迹在一定程度上说明这和他们之前处于"社会主义"时期的某些特征有关。比如,相对于具有相同水平人均 GDP 的资本主义国家,社会主义国家的公有经济所占比重相对较大,人力资本的投资力度相对更大,居民的收入不平等程度相对较低。而这些特性都有助于中等收入群体规模的扩大。

我国除了与转型国家具有类似特征,也具有自己的"独特之处",即图中我国对应的曲线和圆点位于除越南之外的其他转型国家的左上方。这意味着,虽然同属于转型国家,但在具有相同人均 GDP 水平时,我国的中等收入群体比重明显高于其他转型国家。

第七节　扩大中等收入群体的政策建议

本章利用历年 CHIP 数据、LIS 数据以及来自国家统计局、欧盟统计局、世界银行的相关数据,使用 2018 年 28 个欧盟成员国收入中位数的 60％、200％作为上下限界定和估算我国中等收入群体规模并做了国际比较。研究发现,我国中等收入者比重迅速从 2002 年的 1％上升到 2018 年的 24.7％,这一增长约 90％源于居民收入的提高,10％源于收入分布的变化。其绝对人数已相当可观(3.44 亿人),约相当于欧盟同年中等收入者人数的总和(3.74 亿人)、美国全国总人口(3.27 亿人)。2018 年,我国中等收入群体比重虽高于多数大型中等收入经济体(印度、巴西、南非、墨西哥),但仍明显低于发达国家(70％左右),仍处于人均 GDP 和中等收入群体比重双低的爬坡阶段,有不少"脆弱"的中等收入群体随时可能跌落为低收入群体。

我国中等收入群体规模的扩大一定程度上会改变世界中等收入群体的分布重心。过去我国中等收入群体人数仅占全世界中等收入群体很小的比例,北美和欧洲的中等收入群体是全世界消费的主力军(Kharas,2010)。随着近些年我国中等收入群体规模的迅速扩大、一些高收入国家中等收入群体规模的增长停滞或萎缩,这一平衡可能会被逐渐打破。不过,截至目前,这一国际影响还没有完全显现,这主要是因为我国中等收入群体的储蓄率较高(Gustafsson et al.,2020),消费购买力还明显低于发达国家同等规模的中等收入群体的消费力。

我国中等收入群体中的工薪阶层(以工资性收入和以养老金收入为主)所占比重高达 75％,而营商类中等收入者仅占 14.5％。两个群体的特征存在明显差异,比如前者主要是拥有城镇户籍且居住在城市的人口,后者的分布相对多样,包括不少农村居民和农民工等。虽然营商类与工薪类中等收入者之间存在异质性,但由于我国约四分之三的中等收入者都是工薪阶层,因此整体上我国中等收入者的同质性还是比较强的。中等收入者关注的权益基本就是工薪类中等收入者关注的权益,这一点与日本类似(Shoichiro and Shikata,2019),比如他们比较关注工资和福利的增长、良好的就业机会、就业的稳定性等。

基于上述分析,对未来"扩中",本章提出如下几点政策思路。

要充分认识到保持经济中高速增长是"扩中"的必要条件。从国际视野看,我国的人均GDP和中等收入群体比重还处于"双低"的爬坡阶段。经济增长是居民收入提高、中等收入群体比重提高的基础,在保持质量和效益前提下要努力实现中高速增长。未来我国如果想要在保持中等收入群体比重提高的同时避免收入差距进一步扩大,那么中低收入群体的收入增长至少保持全国平均增速非常必要。

"扩中"的关键是着力提升低收入群体的人力资本。加强教育和培训,扩大人力资本公共投资,促进人力资本公共投资均等化。提升人们增收的能力,让更多的低收入者晋升到中等收入者的行列。均衡配置义务教育和高等教育、职业教育资源,缩小城乡、地区、学校间硬软件差距,缩小不同人群在获得受教育机会、受教育质量方面存在的差距,让出身境况不佳的人群也能获得公平的起点和成为中等收入者的机会。

"扩中"的核心是促进机会均等。消除各种制度性障碍,为全体社会成员提供公平竞争的平台和享有平等机会的权利。如进一步推进户籍制度改革步伐,促进劳动力跨地区自由流动,消除劳动力市场歧视等。应重点关注出生境况不佳的人群,为他们通过努力改变命运提供公平的平台和畅通的渠道。

改善营商环境、提高农民非农收入是"扩中"的主要途径。无论是"脆弱"的中等收入群体还是低收入群体,都有很大一部分工作于中小微企业、民营企业,改善营商环境对稳定他们的就业和收入有举足轻重的作用。要想让农村居民晋升为中等收入群体,仅靠提高其农业收入是不够的,还要着力提高他们的非农收入。

完善社会保障制度和公共服务政策为"稳中"提供保障。要在教育、医疗、养老保障等方面增加公共投入,完善各项社保制度,增强政策的托底作用,以降低中等收入群体的收入不确定性,防范"脆弱"的中等收入群体跌落为低收入群体。

第五章 缩小城乡差距的城乡融合发展路径

党的二十大报告指出,中国式现代化是全体人民共同富裕的现代化,必须着力推进城乡融合和区域协调发展。过去 10 余年,中国坚持农业农村优先发展,城乡居民收入差距显著缩小,这为加快补齐农业农村发展短板,以城乡融合促进共同富裕奠定了坚实基础。回顾发达国家的工业化和城市化历程,城乡发展失衡是在经济转型特定时期出现的共性问题。与这些一般规律相比,中国的城乡差距具有复杂的历史性和制度性根源。在共同富裕目标背景下,中国在人口、经济、生态环境、公共设施和公共服务五大领域中面临的城乡发展不平衡挑战日益凸显,这对进一步提升城乡融合发展水平提出了更高要求。美国、法国、德国、日本等发达国家和我国浙江、黑龙江等城乡差距较小的地区的发展经验,为完善乡村振兴和新型城镇化"双轮驱动"的城乡融合发展体制机制提供了重要的经验启示。着力推进城乡融合发展,必须全面增强经济、环境、人口和制度四方面驱动力,促进城乡关键要素、产业体系、公共资源和空间载体的全方位深度耦合。

第一节　城乡差距的发展规律与理论解释

一、全球城乡差距的发展规律

从城乡二元到城乡融合是全球经济增长过程中城乡关系表现出的普遍规律。伴随着城市化演进,城乡关系呈现出规律性变化。城市化初期,农业发展仍较繁荣,对工业化和城市化进程形成了有力支撑(Fogel,1999)。进入城市化第二阶段后,随着工业部门规模经济效应的显现,更多经济和政策资源被导向城市,工农城乡发展不均衡问题日益突出。直到进入城市化第三阶段后,随着城市物质技术资源的积累,城乡差距才逐步得到纠正(綦好东,1989)。因此,城乡发展失衡是许多国家在工业化和城市化快速推进的转型期所面临的共同挑战。对于发达国家而言,尽管当前一些国家的城乡差距已经很小,但过去几十年来城乡失衡问题仍广泛存在,尤其是在经济转型的特定阶段经历了严峻挑战。图 5-1 表明,以非农部门相对于农业部门的人均 GDP 作为衡量城乡收入差距的代理变量,美国、法国、德国和日本的城乡差距都在第二产业的就业人数占比上升阶段出现过扩大趋势,说明城乡差距与经济发展阶段间存在规律性联系。

不过,城乡差距的具体演变在各个国家又有所不同。由于美国的城市化率超过 80%①,乡村经济发展和生活质量总体处于较高水平,因此重大经济波动往往是导致美国城乡失衡加剧的主要因素。2008 年全球金融危机以后,农业生产的周期性、脆弱性等特征使危机的冲击效果在农村地区被放大,美国乡村就业增长放缓、贫困率维持较高水平以及乡村人口减少等问题日益凸显。法国历史上的城乡失衡则主要是由工业化和城市化长期向巴黎大区集中导致的。20 世纪 60 年代,巴黎大区以 2.2% 的国土面积承载了法

---

① 数据来源于世界银行(The World Bank)数据库网站,具体采用 2018 年城镇化人口指标"urbanization population(% of total)"。

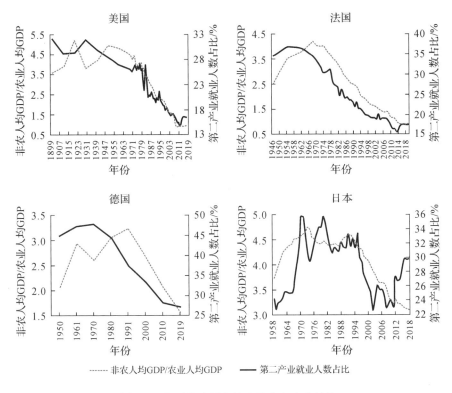

图 5-1　主要发达国家城乡失衡与产业结构

国 19％的人口和 29％的就业,其生产总值超过法国总额的三分之一(朱晓龙和王洪辉,2004)。这造成了城乡收入差距扩大、农村年轻人口减少、乡村基础设施落后和土地细碎化等问题。德国的城乡失衡则主要归咎于其政府采取的"中心—边缘"发展模式。20 世纪 50 年代,在乡村人口危机和难民涌入的双重压力下,德国政府选择了这一模式并导致了乡村边缘化态势日益凸显。尽管 1955 年德国颁布了《农业法》以保障农产品的价格,但主要思路是被动式应对农业衰落和乡村产业空心化问题,没有解决乡村发展的内生动力问题(邢来顺,2018)。20 世纪 60 年代,德国出现"逆城市化"进程,对乡村基础设施、公共服务、资源环境造成了进一步冲击。日本自 20 世纪 50 年代开始加快推进工业化和城镇化进程,导致城乡矛盾日益突出。受进口农产品冲击和政府直接税收减少等因素的影响,日本乡村开始出现大量的土地撂荒、劳动力高龄化兼业化、村落数量减少等衰落迹象。

过去半个多世纪以来,尽管发达国家的城乡差距问题总体上有所缓和,但由于发展中国家的工业化进程普遍加快,全球城乡差距并未得到根本性改善。一方面,在全球经济迅速增长的同时,城乡间贫困人口和基本公共服务的分布失衡现象依旧明显。虽然全球农村人口占比从 1960 年的 66% 持续下降到 2021 年的 43%,但高达近 80% 的贫困人口分布在农村(World Bank,2016;United Nations,2018,2020)。通电率、卫生指数和学生出勤率等指标显示,自 1990 年以来,城乡基础设施、医疗和教育等差距持续存在,甚至有所扩大(United Nations,2020;李玉恒等,2018;McGranahan,2005)。另一方面,城乡失衡也进一步拓展到生态领域。城乡间污染排放与生态资源反向流动,乡村的生态环境压力也日益加重(Li et al.,2019;Dodman,2009)。上述城乡差距问题在处于工业化早期和仍未摆脱以农业为主的欠发达国家中表现得尤为明显。这些国家的人口基数相对更大、农村人口的比例更高、用于支持农业农村发展的资源更少,这就造成了长期化、多元化的城乡失衡问题。

二、中国城乡差距的主要发展阶段

与大多数发展中国家面临的情况相似,自 1978 年改革开放后的近半个世纪以来,中国的城乡差距总体也呈现出上升趋势。究其原因,一方面,中国也经历了与发达国家相似的伴随着经济结构的工业化转型城乡差距阶段性扩大的规律;另一方面,计划经济时代建立的城乡二元分割体制的惯性也产生了较大影响。根据杨涛和蔡昉的研究,城乡之间复杂的偏向性政策最终将体现在收入结果上,因此可以用居民人均收入比衡量城乡差距的总体水平(Yang and Cai,2000),并基于该指标将中国自改革开放以来的城乡关系大致划分为三个变化阶段。第一个阶段是 1978—1987 年改革开放后的前 10 年。得益于以实施家庭联产承包责任制和粮食流通体制改革为代表的农村改革,该时期城乡差距显著缩小,城乡人均收入比在 1987 年党的十三大召开时达到低点 2.17。第二个阶段是 1988—2012 年这 25 年。随着市场化改革的推进,该时期工业化和城市化进程加快,城乡人均收入比在 2009年达到 3.33 的历史高点,随后缓慢回落至 3.1。第三阶段是党的十八大以来这 10 年(2013—2022 年)。得益于脱贫攻坚和乡村振兴等促进农业农村优先发展的战略实施,10 年间城乡差距持续缩小,城乡人均收入比在 2021年已下降到 2.5。

上述非线性的城乡关系变化是农业农村改革渐进式推进的结果。中国的改革开放发轫于农村。随着 1983 年家庭联产承包责任制推向全国,1984年粮食统购被合同定购取代,农户的种粮积极性大幅提高,推动了全国粮食产量迅速增长。林毅夫的研究表明,仅家庭联产承包责任制就贡献了1978—1984 年粮食增产的 50%以上(Lin,1992)。农业生产率的提高还促进了农村劳动力向非农部门转移。1984—1988 年,乡镇企业的数量和产值均增长了 3 倍以上,就业规模扩大了 83%(仝志辉和陈淑龙,2018)。相比之下,改革开放初期中国城市部门的改革较为缓慢,对企业利润和职工收入的影响也较小(Yang and Cai,2000)。

1988 年以来,城市偏向型改革深化导致了城乡差距在接下来的 20 余年间不断扩大。一方面,城市集聚效应随着价格体系和金融体制改革的推进而凸显,又在一系列对外开放战略实施的推动下强化,为城市带来了远优于农村的人口、资本和基础设施等发展优势(陈洋、李郇和许学强,2007)。另一方面,随着“效率优先,兼顾公平”指导思想的确立,城市偏向的产业政策、所有制和社保制度调整巩固了城乡分离趋势,财政支出中的支农比重也持续下降(陆铭和陈钊,2004)。同时,经济分权伴随着政治考核集中化,由此形成的晋升“标尺赛”“锦标赛”进一步加强了偏向性政策实施(张军等,2007)。尽管自党的十六大提出“统筹城乡经济社会发展”战略以来,农村税费改革、农业“四项补贴”、新农合、新农保和社会主义新农村建设相继出台,但城乡间发展优势的差距仍然明显。

2012 年以来,随着党的十八大报告将解决好“三农”问题列为全党工作的重中之重,同时指出推动城乡发展一体化是解决“三农”问题的根本途径,改革重心又重回农业农村部门。一方面,中央在 2015 年提出脱贫攻坚和农业供给侧结构性改革两大任务,2017 年又提出乡村振兴战略,有力推动了发展资源向农村转移,支农支出在财政支出中的占比明显回升。另一方面,承包地和宅基地"三权分置"改革、集体经营性建设用地入市及农村集体产权制度改革从产权制度安排上激发了农业农村的发展活力。同时,该阶段党管农村的工作体系也进一步完善,形成了一套各级党政主要领导作为第一责任人的监督问责机制,有效保障了中央农业农村政策的落实,从体制上改变了导致城乡失衡问题的"央地发包、地方竞争、部门割裂"等政治经济学成因。

三、城乡差距变化的主流理论解释

面对各国在经济发展历程中普遍经历的城乡差距扩大挑战,现有文献主要从结构主义、空间经济和产业结构转型三个视角,对城乡差距的形成和变化做出理论解释。基于结构主义视角,刘易斯指出亚洲的经济增长需要不同于欧洲资本深化模式的理论解释(Lewis,1954)。他利用从斯密到马克思的无限劳动供给概念构建二元模型,将经济增长在技术上刻画为生存部门劳动力转移导致的现代部门扩张。拉尼斯和费景汉在考虑工农平衡发展的基础上修正了刘易斯模型,以农村劳动力转移的"短缺点"和"商业化点"将经济发展分为三个阶段(Ranis and Fei,1961)。托达罗进一步考虑了城市就业不足问题,从城乡预期收入差距和预期就业率角度解释了城市失业与城乡迁移的同时增长(Todaro,1969)。乔根森从农业剩余而非劳动力剩余角度重构两部门模型,强调了农业发展的作用(Jorgenson,1961)。从托达罗模型出发,新迁移理论利用相对经济地位和工作搜寻成本风险,对城乡迁移的微观机制做了补充刻画(Stark,1991;Carrington et al.,1996)。推拉理论则在经济因素外糅合了生活设施、自然资源、社交网络等人口学和社会学因素(Lee,1966;Bogue,1969)。总之,结构主义的学说认为经济体内部以农业和非农部门为界限形成了彼此分割的城乡市场,导致了城乡差距。

　　基于空间经济视角,"默达尔—赫希曼模型"提出导致先发地区优势不断强化的"回波效应"(或称"极化效应")与促使先发地区带动后发地区的"扩散效应"(或称"涓滴效应"),成为解释区域差距动态变化的主力模型(Myrdal,1957;Hirschman,1958;Williamson,1965)。克鲁格曼聚焦其中的运输成本这一经济因素,提出了新经济地理学核心的"中心—外围模型",实现了对回波和扩散效应的数理表达(Krugman,1991)。后续学者引入通勤成本、住房需求、劳动力流动约束等因素,在单中心空间结构下发展了模型(韩纪江和郭熙保,2014)。藤田昌久和小川秀明则假设空间溢出效应是距离的非线性函数,尝试对多中心结构进行探讨(Fujita and Ogawa,1982)。甘宁等进而以距离倒数和非都市区通勤流为权重刻画了回波效应和扩散效应,说明农村发展受多中心影响(Ganning et al.,2013)。陆大道(1986)提出"点—轴系统"理论,为多中心带动的农村发展战略提供了理论支撑。卡斯特进一步提出"流空间理论",指出在全球信息网络中要素流动得以突破地域空间限制而呈现动态性和网络化特征,促进了非毗邻地区间的融合发展(Castells,1989)。空间经济理论则主要阐释了先发地区和后发地区之间的相互作用及其对城乡差距的影响。

　　此外,产业结构转型也会引起城乡差距变化。二战结束后,经济学家利用长期历史数据对"卡尔多事实"进行重新验证,发现了产业结构转型的特征事实:在经济增长过程中,农业就业份额将持续下降,服务业就业份额持续上升,工业就业份额则按照先升后降的倒 U 形曲线变化。这种转型规律被称为"库兹涅茨事实"(Kuznets,1957)。鲍莫尔及其合作者对"库兹涅茨事实"的理论解释做出了开创性贡献,启发后来的学者分别从收入弹性和价格弹性(即替代弹性)两个视角对该事实的理论化加以完善(Baumol,1967;Baumol et al.,1985;Echevarria,1997;Kongsamut et al.,2001;Ngai and Pissarides,2007;Acemoglu and Guerrieri,2008)。在此背景下,基于新古典主义功能性收入分配理论,产业结构转型因素被引入城乡发展失衡问题中。刘亚琳、茅锐和姚洋(2018)利用一个三部门动态一般均衡模型验证了三次产业转型的"库兹涅茨事实",指出产业转型会影响收入分配格局,主要表现为在第二产业就业份额呈倒 U 形变化的同时,劳动收入份额将会发生先降后升的 U 形变化。茅锐等(2022)进一步指出,由于城乡经济部门的劳动密集度存在差异,工业化和劳动收入份额降低将使农村部门在分配格局中的地位趋于恶化,加剧城乡失衡。这为理解城乡差距的变化提供了产业结构视角。

第二节　城乡融合发展的现实背景与意义

一、城乡融合发展的内涵与评价

尽管城乡差距扩大的现象在世界各国发展过程中普遍存在,但随着主要发达国家步入"去工业化"时代,许多国家的城乡差距已逐渐缩小,城乡融合的概念应运而生。城乡融合发展的内涵主要包括城乡收入差距的收敛和城乡发展的一体化。在收入分配领域,城乡融合要求解决城市化和现代化过程中形成的收入分配城乡失衡的问题,缩小城乡居民生活水平差异(Chen et al.,2022)。在发展领域,城乡融合则要求在规划布局、基础设施、公共服务、环境保护和社会治理等基础发展资源供给上实现城乡一体化,在产业结构和经济体量上相对趋近(魏后凯,2020)。因此,在实践中,城乡融合要求在观念政策上扭转城市本位,推动城乡地位平等与优势互促;要求在要素流通上完善市场机制,促进"人地钱技"双向流动与配置优化;要求在地域系统上打造平衡空间,保障人的全面发展,实现共同富裕(周德、戚佳玲和钟文钰,2021)。

既有文献从城乡融合的理论内涵出发,构建了多样的城乡融合评价体系。根据城乡连续体理论,以人口密度单一指标或人口、经济、空间、社会等多重指标划分,地理区域可以按照城乡融合水平被划分为多种类型。例如,经合组织基于人口密度定义了包括"几乎城市""中间地带""几乎农村"三种类型的 TL3 城乡分类系统。戈丁和翁勒提出城乡梯度（rural-urban gradient）概念，利用通勤率识别地区融合度，在人口密度的基础上细分出"大都市核心""大都市郊区""中型都市""小都市""远郊""毗邻都市的农村""微型城镇""偏远农村"八类地区，解决了 TL3 系统忽视经济集聚而出现诸如将城市郊区等同于偏远农村的问题（Golding and Winkler，2020）。美国农业部经济服务局则将人口密度与离都市区的距离相结合，发展出了由三类都市地区和六类非都市地区构成的城乡连续体代码，已成为城乡分类实践中的主要指标。米尔沃和斯比尼将人口密度、通勤联系和空间距离同时纳入考虑，提出了由内城、郊区、内通勤带、外通勤带四类地区构成的分类体系（Millward and Spinney，2011）。此外，一些指标还考察了单位面积的邮政地址数量、农业经济与人工面积占比以及城市意识、文化风俗、信仰和种族多样性等社会因素（刘守英和龙婷玉，2022）。不同于国外学者通过人力资本、生活标准、公共服务等单一指标衡量城乡融合的一般做法，中国的评价方法普遍采取复合视角（Young，2013；Zarifa et al.，2019；Rickardsson，2021）。顾益康和许勇军（2004）提出能反映城乡一体化发展度、差异度和协调度的 42 个指标，为构建综合性评价体系奠定了重要基础。张淑敏、刘辉和任建兰（2004）从自然条件、城镇体系、基础设施、经济水平和社会发展五方面衡量城乡空间和功能联系，并对山东省区域城乡一体化进行了定量分析与研究。完世伟（2008）采用网络分析法（analytic network process），从空间、人口、经济、社会和生态环境一体化五方面构建了 20 个评价指标，被后续研究借鉴采用。杨建涛、王艳华和高建华（2016）利用 TOPSIS 方法改进上述体系，提出了空间、经济、社会和生态四个子系统的 18 个评价指标。白永秀（2012）进而增加了城乡文化一体化指标。赵德起和陈娜（2019）则从融合水平转向融合机理，分别将要素流动和产业互动作为前提、将网络联系和环境治理作为动力、将收入消费和公共服务作为结果，建立了 28 个评价指标。周佳宁、邹伟和秦富仓（2020）以及张海朋等（2020）突破评价指标的正负二分法，将有关指标归纳为适应类、对比类、动力类、状态类和追赶类，完善了指标体系对城乡融合发展过程的适应性。

二、城乡融合发展的背景与现状

国内外对城乡融合发展评价体系的研究均表明，测定城乡融合发展水平需综合考虑多方面因素。因此，尽管中国的城乡收入差距在近年来中央不断提高的支农惠农政策力度下呈现出持续下降的态势，但研究显示，中国的城乡发展中仍存在人口、经济、生态环境、基础设施和公共服务五方面不平衡的表现，对中国的城乡融合发展构成了巨大挑战。

在人口方面，由于城乡人口分布在规模与结构两个维度上同时变化，农村"空心化""老龄化"等现象日趋明显。改革开放以来，中国经历了全球历史上规模最大、速度最快的城市化，大量农村劳动力离开农村进入城市，导致农村人口的相对占比和绝对规模同时下降。根据第七次全国人口普查的数据，农村常住人口占比已从 1978 年的 82.08% 下降到 2020 年的 36.11%，绝对规模也在同期中从 7.9 亿人下降到 5.1 亿人。在此背景下，农村平均的人口空心化率从 2000 年的 6.84% 上升到 2010 年的 13.98%（陈坤秋、王良健和李宁慧，2018）。同时，由于青壮年和男性是城乡迁移人口主体，农村老龄化趋势不断加深。第七次人口普查的数据显示，农村 60 岁以上老人的占比高出城镇 7.99 个百分点。此外，农村人口中受教育程度低人群的占比也较高。

在经济方面，城乡居民人均可支配收入比仍然较高，收入绝对差距持续扩大。截至 2021 年底，农村居民人均可支配收入水平较 1978 年增长 139 倍，达到 1.89 万元，但城乡居民人均收入比仍与 1978 年时几乎相当，也远高于经合组织成员 1.1 的平均水平（郭燕、李家家和杜志雄，2022）。就城乡居民收入比的变化动力而言，尽管 2009 年以来该比值持续下降，但 2014 年起下降速度有所放缓。就城乡居民收入比的结构因素而言，尽管工资性收入比快速收敛，但城乡财产性收入比却一直保持在 11 以上（陈金明，2021）。同时，如果以人均收入的绝对差衡量，则城乡差距自改革开放以来甚至持续扩大。即便在 2009 年后城乡收入比已从 3.3 下降至 2.5，但绝对收入差仍在 11466 元的基础上扩大了近 1.5 倍，达到 28481 元。以 2020 年为例，若要缩小城乡绝对收入差距，则农民的收入增速必须达到城市居民的 2.56 倍，这是非常困难的（叶兴庆，2022）。

在生态环境方面，污染的承载压力和治理压力同时从城市向农村转移，加剧了农村生态环境的脆弱性。全国土地污染状况调查显示，耕地的土壤点位超标率高达 19.4%，是其他类型土地的近 2 倍。第二次全国污染源普查显示，农业生产和农村生活污水排放量对全国水污染排放的"贡献率"高达 70.72%。大量高污染企业在城市逐渐强化的环境管制下向农村转移，导致农村污染密集型企业在全国总数中的占比高达 66.37%（李玉红，2018）。同时，由于处理能力和设施不足，农村生活垃圾的增速也快于城市。2017—2019 年，农村生活垃圾产量增长了 31.7%，比城市高出近 20 个百分点（操建华，2019）。与之形成对比的是，农村生态环境的治理投入相比于城市依然滞后。《中国城乡建设统计年鉴》的数据显示，城乡间的环境卫生固定资产投资差距平均达 8.76 倍，污水、垃圾处理程度也存在明显差异：建制村中仍有 40% 没有垃圾收集处理设施，78% 没有污水处理设施。

在基础设施方面，城乡间仍普遍存在设施供给"覆盖不均、质量不齐"的问题。尽管村村通路、通电、通光纤 4G，以及乡镇医疗机构、幼儿园、小学全覆盖的目标已基本实现，但这些基础设施在地区间分布不均，与城市基础设施相比质量也不高。例如，第三次全国农业普查结果显示，大部分农村公路仅按四级标准建设，仅 21.5% 的乡镇有高速公路出入口；农村户均电力装机容量只有上海的约十分之一，68.1% 的农户仍以柴草、煤等非清洁能源为主要生活能源；超过 10% 的农户仍在饮用不受保护的井水、泉水和江河湖泊等其他水源，46.2% 的农户仍使用普通旱厕，2% 的农户甚至没有厕所。同时，尽管 5G 已在地级市实现全覆盖，在乡镇的覆盖率也已超过 90%，但农村的覆盖率还不到 50%。农村医疗教育基础设施短板问题也仍然突出：仅有 54.9% 的村庄有驻村执业医师，农村每千人医疗卫生机构床位数只有城市的一半左右;农村小学和初中生均教学仪器设备值均不及城市的80%。[①]

在公共服务方面,城乡的资源配置水平和保障力度都存在差别。就义务教育而言,城市的生均教育投入是农村的1.79倍;农村小学专任教师中研究生学历的人数只有城市的八分之一,初中阶段本科及以上学历教师的比例只有84%,比城市低9.1个百分点,农村教师队伍的整体学历水平仍然偏低。[②] 就医疗卫生而言,城市的人均医疗投入是农村的1.68倍,人均医疗报销是农村的1.81倍,每万人拥有的卫生技术人员数是农村的2.37倍,执业医师中具有本科及以上学历人数的比例甚至达农村的20倍。[③] 就养老保障而言,农村居民养老金的替代率只有城市职工的27%,近90%的农村老人依然采取家庭养老模式(鲁全,2020;詹鹏、贾晗睿和李实,2021)。就社会救助而言,农村人均低保标准只有城市的73.9%,城乡职业技术教育和培训等方面的救助水平差距也较为明显(姚建平,2021)。

三、推进城乡融合发展的意义与政策演变

随着人口老龄化进程加快、改革进入深水区、国际环境趋紧、内需消费不足,中国经济增长的改革、开放和人口三大红利正在消退,发展不平衡不充分的矛盾逐渐凸显。为此,党的十九大提出,到21世纪中叶"全体人民共同富裕基本实现";党的十九届五中全会指出,到2035年"全体人民共同富裕取得更为明显的实质性进展"。党的二十大报告进一步明确,共同富裕作为社会主义的本质要求,是中国式现代化的重要内涵。这反映了在高质量发展主题下通过加强经济共享性、发展性和可持续性,让全体人民共享发展

---

① 国家统计局.第三次全国农业普查主要数据公报(第三号)[EB/OL].(2017-12-15)[2023-02-01].https://www.stats.gov.cn/sj/tjgb/nypcgb/qgnypcgb/202302/t20230206_1902103.html;教育部.中国教育概况——2018年全国教育事业发展情况[EB/OL].(2019-09-29)[2023-02-01].http://m.moe.gov.cn/jyb_sjzl/s5990/201909/t20190929_401639.html.

② 中华人民共和国教育部发展规划司.中国教育统计年鉴(2020)[M].北京:中国统计出版社,2021:14.

③ 国家卫生健康委员会.中国卫生健康统计年鉴(2020)[M].北京:中国协和医科大学出版社,2020:181.

红利,实现结果、机会和过程三个维度上公平目标的辩证统一。而上述中国城乡间存在的五方面失衡问题表明,促进共同富裕,目前最艰巨、最繁重的任务仍然在农村,通过城乡融合发展缩小城乡差距是中国实现共同富裕目标、全面建成社会主义现代化强国的必然要求。

为加快补齐农业农村发展短板弱项、推动城乡融合,自党的十六大起,我国就提出了"城乡统筹"发展战略,强调政府要在平衡城乡发展中发挥统筹作用,建立健全以工促农、以城带乡的长效机制。党的十八大提出"城乡发展一体化"发展路径,并将其作为解决中国"三农"问题的根本途径,勾勒了城市化、工业化中后期工农互促、城乡互补、协调发展、共同繁荣的新型工农城乡关系愿景。但在这两个阶段中,有关城乡关系的认知仍没有完全纠正对城市偏向性发展政策"涓滴效应"的侧重强调。2015年中央农村工作会议指出,要将农业供给侧结构性改革作为农业改革发展的主线。2017年中央一号文件进而指出,提高供给质量是农业供给侧结构性改革的主攻方向。基于"五位一体"总体布局,党的十九大报告提出实施乡村振兴战略,明确了该战略是关系全面建设社会主义现代化国家的全局性、历史性任务,是新时代"三农"工作的总抓手。这显示出乡村振兴战略是中央对城乡关系认知的进一步深化,表明中国探索出了一套不单纯依靠城市化道路解决城乡问题的有效体系,构建了新型城镇化和乡村振兴战略的"双轮驱动"模式。

实施乡村振兴战略旨在通过提升农业的综合效益和竞争力、缓解农业部门的供给侧结构性矛盾与坚实农业农村发展的物质基础三大政策着力点,为乡村发展注入动能,推进城乡融合发展。首先,通过乡村产业振兴增强城乡融合发展的经济驱动力,以产业链和价值链延伸构建城乡间的经济纽带。其次,通过乡村生态振兴坚实城乡融合发展的环境驱动力,以可持续发展促进生态环境资源在城乡间共治共享。再次,通过乡村人才和文化振兴改善城乡融合发展的人口驱动力,以教育优先、科技自强和人才引领激活城乡共生发展活力。最后,通过乡村组织振兴保障城乡融合发展的制度驱动力,以现代乡村社会治理和公共服务体系实现以人民为中心的城乡协调发展。因此，全面推进乡村振兴不仅为中国立足"三农"领域建立城乡发展的联动机制、加快迈向共同富裕目标找到了战略突破口，也为破解城乡差距这一阻碍区域包容性发展的主要症结提供了创新方案。

第三节　城乡融合发展的全球和地方经验

在实现共同富裕目标、全面建成社会主义现代化强国的新要求下，围绕缩小城乡差距的关键目标，中国需进一步优化其推进城乡融合发展的措施和政策体系，而先发国家和地区促进城乡融合发展的经验则具有重要的借鉴意义。鉴于法国和日本分别在土地综合整治与乡村发展体制化推进方面与中国具有相似性，德国和美国的城乡融合发展成效卓著，浙江省和黑龙江省是以城乡收入差距衡量的城乡失衡程度最低的省（区），本章选择这四个发达国家和中国两个先行地区作为考察对象。

一、全球主要发达国家的发展经验与启示

全球主要发达国家在城乡融合领域面临的挑战各有不同，其推进城乡融合发展的路径也存在差异。面对主要由于经济和市场波动造成的城乡差距问题，美国主要通过构建"城乡共生型"发展模式推动城乡融合。美国的强势立法权决定了完善的农业立法体系是这一发展模式赖以生存的基础。当前美国形成了以《农业调整法》《农产品信用企业章程法》《农业法》等永久性立法为核心、定期修订农业法案为重要组成部分的农业立法体系，为农业农村部门在资源保护、科技发展、信贷、税收、对外贸易等重要方面确立了与城市部门平等参与市场竞争的地位和条件，为"城乡共生型"发展模式奠定了法律基础。美国政府则从出台刺激乡村经济复兴政策和完善基础设施、公共服务两方面入手，通过对农业采取商业与产业类发展计划、专门性计划、合作性计划和乡村能源计划等四大类计划，对农村开展加强乡村电力、通信和宽带、水资源和环境领域的基础设施建设，实施保障农村居民能获得

及时救助、充分就业的机会的支持计划,为"城乡共生型"发展提供良好的政策和经济环境。

面对由城市化和工业化在地理上过度集中造成的城乡失衡问题,法国政府主要采取了"领土整治计划"、《农业指导法》和"乡村整治规划"三个系统性政策方案,推动乡村发展。首先,"领土整治计划"的核心是"工业分散政策",旨在推动过度集中于巴黎、里昂、马赛等区域的人口和工业向乡村地区迁移。为此,法国政府以交通运输事业发展为牵引,在"领土整治计划"框架下推动实施了建设城市网络、援助落后地区、改善生态环境等举措,并进一步引导了第三产业向乡村的分散和乡村旅游业的发展(菲利普·埃达罗,李庆生,1988)。通过上述举措,法国探索了产业均衡、城市均衡、城乡均衡、人与自然均衡的渐进式综合开发经济发展道路。其次,法国于 1960 年颁布的《农业指导法》及在 1962 年和 1980 年颁布的两项补充法则旨在鼓励土地整治和集中,解决土地细碎化问题。主要手段是通过农业补贴制度改革和加强对土地交易制度的规范,建立了对中等规模以上农场具有偏向性的农业补贴分配制度和有利于农地长期规模化经营的交易制度(汤爽爽、孙莹和冯建喜,2018;王有强和董红,2003)。最后,法国实施了"乡村整治规划",旨在对乡村自然群落进行规划和升级。核心措施是通过促进乡村基础设施、经济水平和自然环境等多个维度的平衡发展巩固"领土整治计划"和乡村经济、产业发展的成果(汤爽爽和冯建喜,2017)。

为了解决由政策性偏向导致的城乡差距问题,德国确立了"城乡等值化"的发展目标。这一概念由德国汉斯·赛德尔基金会于 1950 年首倡,强调通过土地整理和村庄更新,避免将农村生活等同于低质量生活(干靓、钱玲燕和杨秀,2020)。该理念并非要求城乡的产业结构、经济生产方式、文化和景观等差异消失,而是要保障城乡居民能享受同样的生活质量,具有同等的生活、工作及交通条件,同时保护水、空气、土地等自然资源(Mumford,1961)。德国从推进社会公平、实施土地整理和村庄更新、推动农业农村多功能发展三个方面入手推进"城乡等值化"。德国对于城乡社会公平的追求主要体现在对城乡居民享有同等的公共服务和社会保障机制的追求上。不同于大多数国家采取保险的办法，德国的社会保障体系强调风险预防。因此，德国加强农村社会保障的手段主要是建立农业事故保险基金、对农场的安全情况进行检查和提供安全培训等。德国将土地整理和村庄更新的重点确定为农村基础设施的更新和对乡村自然环境的保护。在执行过程中，各级财政承担了村庄更新中历史建筑修缮保护费用的80%和个人住房改造费用的20%。对于乡村公共建筑和私有建筑更新采取有差异的补贴政策的制度有利于村庄更新融合创造性元素，使各地能展现别致景观。德国在土地整理方面也确立了以有利于农业规模化和机械化发展为导向的原则。在发展多功能农业方面，德国主要确立了三个方面的内容：一是要在农业生产中兼顾环境；二是要保护乡村景观文化；三是要促进"半农业"和旅游业、手工业发展，为乡村人口充分就业和增收提供稳定保障（Schopen，2001；Winkler-Kühlken，2003）。

日本的农业农村发展面临着工业化发展和国际市场的双重冲击，为此日本政府通过调整国内支农行政体制、发挥农业协同组织（以下简称农协）作用和推进"六次产业化"等措施多渠道推进农业振兴。日本从两方面入手调整国内行政体制的运作模式。一方面，2001年日本政府将主管农田水利的构造改善局改组为农村振兴局，作为专事农业农村发展的政府部门。另一方面，日本还建立了由农林水产省牵头，国土交通省、厚生劳动省、环境省、经济产业省等作为成员单位的乡村振兴联席会议机制，制定了跨机构的中层干部互派制度，从而有效统筹相关部门的政策资源来共同支持乡村发展。利用1947年颁布的《农业协同组合法》，日本提升了振兴政策的执行效率。通过鼓励农协承担部分行政职能及其理事长兼任地方自治机构领导，农协得以参与到如指导农民填写涉农项目申请书、代理政策性资金征信调查、协助地方政府核准农业补贴等事项中，提高了政策扶持的精准度。另外，日本进行了"六次产业化"以促进城乡融合。"六次产业化"即通过三次产业的交叉融合，形成集农产品生产、加工、流通、销售、服务于一体的高附加值产业链(姜长云,2015)。日本不仅通过一系列扶持政策引导不同类型的农业生产主体进入二、三产业,还自 2010 年起实施《六次产业化·地产地消法》,鼓励农民开发销售本地特色农产品。政府对从事上述新产品开发的法人给予补贴、贷款优惠和咨询服务,并于 2013 年成立了"农林渔业成长产业化支持机构",通过共建基金或直接参股注资的方式帮助小微农业企业解决发展初期的资金、经验和市场问题。

二、国内不同地方的实践探索与发展模式

分属中国相对发达的东部地区和东北地区的浙江省和黑龙江省长期保持着中国城乡差距最小省(区)的地位。2021 年,浙江和黑龙江的城乡居民收入比分别为 1.94 和 1.88。两省在推动城乡融合发展时分别选择的三产融合、多措并举促进城乡融合发展路径和推动农业提质增效实现城乡融合发展的路径也具有典型代表性,可以为中国其他省(区)因地制宜探索城乡融合发展模式提供启示。

地处中国东南沿海的浙江省一直是全国农业现代化进程最快、农村经济最活跃、农民生活最优的省份之一。2005 年以来,浙江省的农村人均可支配收入连续多年位居各省(区)首位。浙江省也因为上述农业农村发展成就在 2020 年和 2021 年分别被赋予在全面展示中国特色社会主义制度优越性新征程中建设"重要窗口"的重大任务和高质量发展建设共同富裕示范区的历史使命。但是浙江省农业农村发展面临的自然环境并不优越。浙江省以丘陵地形为主,山地丘陵占陆域总面积的约四分之三,加之境内水网密集,极大限制了农业生产经营的范围和规模。在此背景下,浙江省先后出台了"山海协作""千万工程""三位一体"改革等支持农业农村发展的重大举措,探索了推进城乡融合发展的五种典型模式。一是"产业促融型",基于主导产业和特色产业打造三产融合发展模式,通过开展以"自愿、依法、有偿、规范"为原则的土地预流转等改革优化土地利用效率,将农业产业品牌建设作为扩大产品销路、促进农民增收、带动邻近农村共同发展和对接城市市场的

重要手段。嘉兴桐乡桂花村和衢州开化杨林镇是这一模式的典型代表。二是"抱团融合型"，通过相邻村庄的"抱团"发展推进农业全产业链建设和农村产业集群发展，通过以"山海协作"为代表的发达地区与欠发达地区"抱团"壮大边远山区薄弱的农村集体经济，最终通过推动城乡产业融合缩小城乡差距。该模式的典型代表包括嘉兴桐乡永越村和金华磐安后坞村。三是"能人带动型"，依靠技术能人带动和技术"传帮带"等促进城市先进生产力向农村辐射，高效发展农业，紧扣乡村传统文脉和乡情纽带撬动城市返乡乡贤反哺农村公共事业和产业振兴。台州温岭民益村和后岭村均采用了该模式。四是"绿色融合型"，通过采用亲环境技术和绿色的生产方式，推动农村的生态供给和城市需求的匹配，促进经济与生态效益双赢，以"千万工程"为抓手，以"美丽乡村"建设为契机开展"田水林河村"系统治理、土地综合整治和高标准农田建设，利用"三生"融合空间促进农村生态价值转化。这一模式在嘉兴桐乡濮院镇和台州温岭新二塘庙村被运用。五是"乡风融合型"，通过举办风俗节日和体育活动建设乡村文化品牌和制度型供给模式，一方面提升村民在农村公共事务中的参与度和对农村发展的凝聚力，以德孝文化等优良乡风为纽带构筑乡村治理的新格局。另一方面该模式推动了乡村文化产品供给和城市部门文化消费需求的匹配，有利于构建城乡融合发展的文化纽带。该模式的主要代表有衢州开化华联村和嘉兴桐乡新联村。浙江省推动城乡融合的政策主要推动了农村地区非农产业发展和农业生产率的提高，从而缩小了城乡地区的差距。2021年，浙江农村收入中只有7.8%是农业经营收入，这一比例约为全国平均水平的三分之一。1985—2021年，浙江劳均第一产业增加值提高了约110倍，远高于60倍的全国平均水平。

新中国成立以来，由于历史和地理位置等多重因素，黑龙江省一直承担着中国工业基地的角色。因此在计划经济时代，受到产业结构影响，黑龙江省需要更加严格地执行城乡分割的政策。但在改革开放后，黑龙江省的城乡收入差距长期低于全国平均水平，甚至自21世纪以来一直是全国城乡收入差距最小的省份之一，并从2020年起取代浙江成为全国除直辖市外城乡收入差距最小的省级行政区。黑龙江省在发展农业领域具备的良好禀赋为黑龙江的城乡融合发展提供了条件。一方面,黑龙江省发展农业的自然条件优越。黑龙江省域内有两块由河流冲积形成的大型平原,分别为三江平原和松嫩平原。广袤平原有利于农业规模化经营。此外,黑龙江省纬度高、气温低、微生物活动不旺盛,其境内的土壤肥力也较高。另一方面,黑龙江省人口密度低,为农业规模化经营提供了条件。黑龙江省的人口密度水平仅为全国平均水平的 66%,相应地,黑龙江省的人均耕地面积达 6.24 亩,是全国平均水平的约 4.5 倍。此外,土地适度规模化经营面积达到了 1.47 亿亩,占全省耕地面积总量的 57%。农业自然禀赋好、经营规模大促使黑龙江省采取了依托农业提质增效推动城乡融合发展的路径。为此,黑龙江省近年来采取了两项核心举措。一是完善农产品市场定价机制,破除导致农产品供需失衡的扭曲性政策。通过实施农业生产补贴制度改革,2015 年以来,黑龙江省建立了对大豆的目标价格补贴制度并逐步退出了对玉米的临时收储制度。价补分离的农业补贴制度改革破除了由于扭曲性的补贴政策导致的农产品供给与城市消费市场需求不匹配的问题。二是提升农业发展的科技进步贡献率,提高城市产业反哺农业的能力。2015—2021 年,在全国农业机械总动力呈现下降趋势的大背景下,黑龙江省的农业机械总动力提升了约 27%,农作物耕种收综合机械化率已经达到了 98%,有力推动了工业反哺农业。除了农业机械的使用,黑龙江省还从优质良种繁育、数字农业建设、基层农技推广等多角度入手,充分利用城市部门在数字经济、生物科技等领域发展取得的成果反哺农业发展。城市部门对农业的反哺机制有力推进了农业提质增效,在"十三五"期间,黑龙江省农业科技进步贡献率达到 68.3%,高于全国 8.3 个百分点。

第四节　城乡融合发展缩小城乡差距的政策建议

当前中国推进城乡融合发展的基本政策框架已经形成,即通过新型城镇化和乡村振兴战略推进城乡融合的"双轮驱动"策略。基于主要发达国家和中国部分先发地区推动城乡融合发展的经验，为了有力实施"双轮驱动"路径，中国必须从要素、产业、空间和公共资源四方面入手，夯实并健全城乡融合发展的体制机制。

首先，要建立健全人、地、钱、技等关键要素在城乡间平等交换、双向流动的政策体系，在稳慎改革中整合分散要素、盘活闲置资源，为城乡融合发展提供多元化的要素投入保障。一是加快放开城市落户限制、推动城乡基本公共服务水平差距合理收敛，增强中小城市的人口承载力和吸引力，促进城乡间人才双向流动。具体而言，可以借鉴美国在提供乡村基本公共服务方面的有关举措，进一步推动中国的农村公共服务供给从基本社会保障向文化服务、生活救济、就业帮扶等方面延伸。同时，在农村教育和医疗等重点领域，应通过扩大乡村教师特岗计划规模、加大各级财政对乡村教师和乡村医生工资待遇的统筹力度、落实基层首诊制度以引导优质资源下沉，提高乡村基本公共服务的供给质量。二是借鉴法国土地集中和产业再分布的经验，坚持"三权分置"基本框架，提升农村土地利用效率。引导农村土地承包地经营权有序流转，推动农业适度规模经营，健全经营权入股担保融资权能。深化改革宅基地制度，放活宅基地和农民房屋使用权，盘活利用乡村闲置资源。建立健全城乡一体的建设用地市场，完善集体经营性建设用地入市制度，推进建设用地整理，完善建设用地和补充耕地指标的交易机制。三是发挥财政杠杆作用撬动社会资金投入，健全农村信用环境和农业信贷体系，在有序引导工商资本下乡的同时切实维护农民权益，通过多元化资金投入培育一批城乡融合项目和发展平台。四是推动现代信息技术与农村一、二、三产业融合发展，建立现代化农业三大体系，健全有利于科研成果转化和科技下乡的利益分享机制，促进城乡协同创新。

其次，要通过发展新型经营主体和强化科技创新，延长农业产业链，推进构建城乡优势互补、深度融合的现代农业产业体系，借助产业链优势和产业集群效应，增强城乡利益联结。一是借鉴日本在推进"六次产业化"过程中加强对农民自治组织支持的经验,积极拓宽农村土地、金融保险、财政体系、人才培养和组织模式的创新渠道,大力培育各类新型农业经营主体,健全家庭经营、合作经营、公司经营与行业组织四位一体且优势互补、有机结合的现代农业经营体系。二是借鉴黑龙江省推动农业规模化经营和科技赋能农业的经验,加大科技创新、强化品牌建设,优化服务体系,推进现代农业生产体系建设。要通过发挥龙头企业和新型主体带头人的作用,发展由合作社主导的"公司+合作社+农户""合作社+公司+社员"等产业化经营模式和"三位一体"农合联服务体系,延长农产品生产、深加工、衍生品制造和农文旅融合、多功能发展的纵向一体化产业链,健全与城乡居民消费需求相适应的产业转型升级动力机制。三是要优化城乡产业空间布局。由于乡村经济收入主要来自劳动报酬,与工业化进程相伴的劳动收入份额下降将扩大城乡差距。在此背景下,城市部门应增强在人才、产业、科技、金融等方面对农村的带动和反哺作用,进而推动农村产业结构和农村居民收入来源的多样化,缩小城乡差距。浙江省的"山海协作"经验表明,建设示范性家庭农场、产业园、科技园可以发挥辐射带动作用。因此,要将特色小镇、商贸物流园、田园综合体等新兴农业农村发展模式作为产业融合发展的重要载体,利用城市部门提供的多种资源打造集聚特色产业的城乡协同发展平台。四是要建立有利于城乡共享发展成果的利益分享机制,着力提高劳动者收入及其在国民经济中的份额,保障和赋予农民财产权益,通过股份合作、联合经营、租赁经营等多种模式壮大新型集体经济,密切城乡利益联结。

再次,要加快基础设施提档升级,推进农业转移人口市民化和城市基础设施延伸,聚焦供给能力建设、数字化改革和治理现代化转型,不断改善乡村人居环境,建设和美乡村,提升基本公共服务的普惠性、精准性、有效性。一是要积极部署农村冷链物流、物联网、移动通信、人工智能等新型基础设施建设,推动教育、医疗、养老、社会救助等各项公共服务的资源统筹、标准统一、制度并轨,加快城乡基本公共服务普惠共享。二是要全面落实取消县城落户限制,以县城为重要载体推进城乡融合城镇化建设,推动基础设施向农村延伸,着力实现城乡基本公共服务和新落户农业转移人口、城市居民基本公共服务两个均等化。探索建立农业转移人口自愿有偿退出"三权"与城镇住房、社保等权益的利益挂钩机制。深化财政转移支付、用地指标的"人地钱挂钩"政策以加强城镇吸纳农业转移人口的意愿。三是要统筹推进智慧城市和数字乡村建设,聚焦信息化、数字化、智慧化转型,增强基本公共服务需求的精准识别和服务手段的精准供给。建构数字赋能、"三治合一"的现代乡村治理体系,增进城乡不同利益主体协同互进,有效识别和精准弥补教育、医疗、养老、职业技能培训等公共服务领域的关键短板。四是要积极培育、主动引导市场与社会力量参与公共服务供给,建立健全多元化的公共服务投融资机制,优化财政支出结构,增强县乡基层政府财力。

最后,要通过对城乡地域系统数量、区位、规模的科学规划,优化以县域为载体的协同空间,发挥城市群、都市圈的要素集聚载体作用,凸显农村对城乡融合发展的多重功能。一是按照"三生空间"精心规划城乡空间的共生性、系统性、科学性,提高城乡治理者的思想政治素质、科学文化素养和治理工作能力以提升治理效能。通过健全制度保障、坚持党建引领、完善网格管理以及强化群众参与,推动城乡空间的协同治理。要充分利用大数据、云计算、区块链、人工智能等前沿技术,丰富协同治理手段。二是借鉴德国在支持村庄更新过程中充分放活个人和地方创造性的经验,进一步推动地域发展规划权力的下沉。日本乡村发展的经验虽然体现出"自上而下"推动城乡融合可以显著提升乡村转型效率,但过度依赖政府也会造成个人、组织和地方缺乏主动性,进而导致乡村发展的多样性不足、无法充分体现利益相关者的不同诉求的问题。因此,中国在推进城乡融合过程中需加强县域的行政自主权和资源调配权,构建以县城为龙头、中心镇为节点、乡村为腹地的县域产业布局。要夯实公共设施、优化公共服务、延伸服务空间,增强县城综合承载能力和以点带面辐射能力,打造以县城为重要载体的城乡融合发展空间。三是健全城市群和都市圈在人口、资源、产业等方面的集聚功能与承载能力,建立多层次的中心城市协同发展体系,依托超大特大城市打造高质量发展增长极,充分发挥其辐射带动作用,促进周边城镇和广大农村融合发展。四是强化农村在粮食安全、社会稳定、生态涵养、文化传承等方面的功能,根据不同地区的自然地理条件、产业基础特色和主体功能定位优化布局,引导与空间布局相协调的人口、资源、基础设施和公共服务配置。

第六章　高水平推动基本公共服务均等化

　　党的十九届五中全会描绘了全面建设社会主义现代化国家的宏伟蓝图,把全体人民共同富裕取得更为明显的实质性进展作为重要奋斗目标。2021年发布的《国民经济和社会发展第十四个五年规划和2035年远景目标纲要》在"增进民生福祉"部分阐述了提高基本公共服务均等化水平、创新公共服务提供方式、完善公共服务政策保障体系等内容。2021年8月17日,习近平总书记在中央财经委员会第十次会议上围绕"扎实推动共同富裕"作了系统阐述,并把"促进基本公共服务均等化"作为六条路径之一。[①] 这意味着进入新发展时期,健全基本公共服务体系、推动基本公共服务均等化将被赋予"共同富裕"这一鲜明的时代特色。

　　从"十二五"时期印发第一部基本公共服务体系规划以来,国家就致力于建立健全包含教育、就业、社会保障、医疗卫生、住房保障、文化体育等在内的基本公共服务体系,大力推动基本公共服务均等化。经过近10年的努力,通过基本公共服务的供给,国家有力保障和改善了民生,使发展成果更多更公平惠及广大人民群众。"基本公共服务均等化"已经被列入2035年远景目标之一,它是解决收入分配不公、实现社会公平的一种主要再分配方式(李实,2021)。

---

① 习近平.扎实推动共同富裕[J].求是,2021(20):4-8.

2022年召开的党的二十大进一步提出"中国式现代化是全体人民共同富裕的现代化",并提出要"着力解决好人民群众急难愁盼问题,健全基本公共服务体系,提高公共服务水平,增强均衡性和可及性,扎实推进共同富裕"。当前,与这一目标相比,特别是与实现共同富裕的要求相比,基本公共服务体系建设还存在诸多短板和差距。未来一个时期,仍需大力缩小城乡间、地区间、群体间享受的基本公共服务水平和质量的差距。因此,面向"扎实推动共同富裕"这样一个新的时代背景,健全基本公共服务体系、推动基本公共服务均等化应有更大责任担当。本章将重点回顾基本公共服务体系建设历史,系统论述基本公共服务均等化与扎实推进共同富裕的关系,分析高水平基本公共服务均等化的驱动力,阐释促进基本公共服务均等化的行动逻辑。在此基础上,提出高水平推动基本公共服务均等化的思路建议。

第一节　基本公共服务体系建设历史回顾

"基本公共服务"这一概念具有鲜明的中国特色,清晰界定基本公共服务的概念,才能精准施策。根据《国家基本公共服务体系"十二五"规划》,基本公共服务是指建立在一定社会共识基础上,由政府主导提供的,与经济社会发展水平和阶段相适应,旨在保障全体公民生存和发展基本需求的公共服务。"基本公共服务"这一概念最早由财政部门在"十一五"时期提出(金人庆,2006),主要是为了使财政资金在分配用于民生保障时有更加充分的依据。"十二五"和"十三五"时期,国家对基本公共服务的概念和范围做了明确界定,建立基本公共服务清单,为推动基本公共服务均等化奠定了良好基础。"十四五"时期,国家又明确了公共服务包括基本公共服务、普惠性非基本公共服务两大类,提出了基本公共服务、非基本公共服务和居民付费享有的生活服务边界划分的原则。与非基本公共服务、生活服务相比,基本公共服务主要满足生存和发展的基本需要,由政府保障供给数量和质量。随着经济的发展和生活水平的提高,这三类服务的边界也在动态变化。

一、从部门理念到国家实践

进入 21 世纪以来,保障和改善民生被放在更加重要的位置。2006 年制定的"十一五"规划纲要在经济社会发展目标设置中提出"基本公共服务明显加强",要发挥比较优势、加强薄弱环节、享受均等化基本公共服务。2006年召开的党的十六届六中全会提出,将逐步实现基本公共服务均等化作为完善公共财政制度的目标。党的十七大又提出:"缩小区域发展差距,必须注重实现基本公共服务均等化","围绕推进基本公共服务均等化和主体功能区建设,完善公共财政体系"。可以看到,在这一时期,推动基本公共服务体系建设,是要与主体功能区建设相配套、与公共财政体系建设相配套,是全面建设小康社会的目标之一。

进入"十二五"时期,基本公共服务体系建设进入加速推进期。国家"十二五"规划纲要提出:"建立健全符合国情、比较完整、覆盖城乡、可持续的基本公共服务体系,逐步缩小城乡区域间人民生活水平和公共服务差距。"2012 年,第一部基本公共服务总体性规划《国家基本公共服务体系"十二五"规划》正式印发实施。这一规划突出强调"把基本公共服务制度作为公共产品向全民提供"的核心理念,首次明确了基本公共服务的概念,划定了基本公共服务的范围。从规划文本看,基本公共服务体系涉及公共教育、就业服务、社会保险、社会服务、医疗卫生、人口计生、住房保障、公共文化体育等八个领域,围绕人的生命周期历程,涵盖了人从出生到终老各个阶段生存与发展所需的基本公共服务(刘宇南,2013)。经过"十一五"和"十二五"两个周期的努力,"基本公共服务"实现了由部门理念到国家实践的转变。

二、从体系形塑到制度建立

党的十八大后,基本公共服务体系建设加速推进,相关政策配套更加齐全,制度逐渐走向定型。党的十八届三中全会进一步提出了"推进城乡基本公共服务均等化""城镇基本公共服务常住人口全覆盖"等重大改革任务。

2016 年通过的国家"十三五"规划纲要提出,"要围绕标准化、均等化、法制化,加快健全国家基本公共服务制度,完善基本公共服务体系",同时又提出"建立国家基本公共服务清单"。"十三五"时期,我国制定了第二部基本公共服务专项规划——《"十三五"推进基本公共服务均等化规划》。这一规划将基本公共服务体系建设的任务聚焦为推进均等化,提出了"城乡区域间基本公共服务大体均衡,贫困地区基本公共服务主要领域指标接近全国平均水平,广大群众享有基本公共服务的可及性显著提高"的目标。这一规划首次提出建立国家基本公共服务清单制,围绕原有八个领域列出 81 个基本公共服务项目,每个公共服务项目又明确了服务对象、服务指导标准、支出责任、牵头负责单位等。

2017 年,党的十九大分析了国内主要矛盾的变化,即人民日益增长的美好生活需要和不平衡不充分的发展之间的矛盾,提出了要在幼有所育、学有所教、劳有所得、病有所医、老有所养、住有所居、弱有所扶等民生"七有"方面不断取得新进展。这对基本公共服务质量提升提出了更高要求。与此同时,中央着手制定基本公共服务标准动态调整、基本公共服务财政事权划分等配套政策。2018 年,中共中央办公厅、国务院办公厅印发《关于建立健全基本公共服务标准体系的指导意见》,提出了完善各级各类基本公共服务标准、明确国家基本公共服务质量要求、合理划分基本公共服务支出责任、创新基本公共服务标准实施机制等重点任务。同年,国务院办公厅印发《基本公共服务领域中央与地方共同财政事权和支出责任划分改革方案》,提出了基本公共服务领域中央与地方共同财政事权划分的基本原则和主要内容,重点明确了义务教育、基本养老保险、基本医疗保障、基本生活救助等事项的支出责任及分担方式。2019 年,党的十九届四中全会首次提出"民生保障制度"概念,将其纳入中国特色社会主义制度体系,将"健全国家基本公共服务制度体系"作为坚持和完善统筹城乡的民生保障制度的重要内容。加强基本公共服务体系建设,将有利于推动城乡统筹的民生保障制度更加成熟定型。

三、开启面向共同富裕的基本公共服务均等化

2020 年召开的党的十九届五中全会将"共同富裕"从一种理念转变为国家发展阶段的目标(李实,2021)。在共同富裕目标下,国家"十四五"规划纲要对推动城乡区域基本公共服务制度统一、质量水平提出了更高要求,并指出要推动标准水平城乡区域间衔接平衡,按照常住人口规模和服务半径统筹基本公共服务设施布局和共建共享,促进基本公共服务资源向基层延伸、向农村覆盖、向边远地区和生活困难群众倾斜。由此可以看到,未来一个时期,基本公共服务体系建设将更加注重城乡、区域、人群间实际服务水平差距的缩小,力图实现更高水平的均等化,为实现共同富裕提供基本支撑。2020 年,市场监管总局、国家发展改革委、财政部决定开展国家基本公共服务标准化试点,覆盖 21 个省(区)的 51 个县(市、区)。2021 年 3 月,国家发展改革委联合 20 个部门印发了《国家基本公共服务标准(2021 年版)》。该文件对基本公共服务分类标准进行了适当调整,主要涵盖幼有所育、学有所教、劳有所得、病有所医、老有所养、住有所居、弱有所扶、优军服务保障和文体服务保障等九个方面。2021 年底,国务院正式批复《"十四五"公共服务规划》,强调要科学合理界定基本公共服务与非基本公共服务范围,将持续推进公共服务均等化作为推动全体人民共同富裕迈出坚实步伐的重要抓手。2022 年,党的二十大报告进一步指出,"坚持按劳分配为主体、多种分配方式并存,构建初次分配、再分配、第三次分配协调配套的制度体系"。其中,"再分配"主要是在初次分配的基础上,通过税收和非税收入收入,在各收入主体之间以现金或实物进行的收入再分配过程。除了直接收入转移,再分配通过基本公共服务的提供,创造机会平等的环境。可以看出,这些年的政策把低收入群体作为共同富裕的重点帮扶对象,持续加大转移支付力度,努力促进基本公共服务均等化。2022 年底,市场监管总局、国家发展改革委、财政部等部门联合印发《关于开展国家基本公共服务标准化试点项目考核评估的通知》,重点对试点地区基本公共服务标准化工作的领导和协调机制、基

本公共服务事项梳理、编制基本公共服务标准规范、建立基本公共服务标准实施机制、建立基本公共服务数据库、绩效评估等六个方面进行考核评估。

第二节　基本公共服务均等化与共同富裕

促进共同富裕是一项综合性的系统工程。根据中共中央、国务院印发的《关于支持浙江高质量发展建设共同富裕示范区的意见》(中发〔2021〕24号),推动共同富裕的主要任务包括高质量发展、收入分配制度改革、公共服务优质共享、精神生活富裕、社会治理创新等。因此,推动基本公共服务均等化本身就是促进共同富裕的重要议程,高水平、高质量的基本公共服务均等化成为共同富裕必不可少的内容之一(李实,2021)。而需要特别指出的是,由于服务内容的丰富性,促进基本公共服务均等化与共同富裕的其他议程也有着密切联系。

一、兜底性基本公共服务对巩固脱贫攻坚成果有重要保障作用

共同富裕首先要富裕。这里的富裕,既有做大经济规模的含义,也有实现各群体增收能力提升的含义。社会成员个体在收入提高的过程中仍会遇到陷入贫困的风险。事实上,现代社会是风险社会,一旦遭遇风险事故,就可能导致社会成员陷入贫困或者困境。在很多情况下,个体无法依靠自身力量化解风险,这就需要社会化的基础制度安排。而保障困难群体、弱势群体的生存权益,推动困难群体摆脱贫困,是基本公共服务体系的重要内容。到2020年底,经过持续努力,中国已经全面消除绝对贫困问题,在此基础上还推动了贫困人群综合福利指标的改善(李实和沈扬扬,2021)。在消除绝对贫困后,相对贫困问题凸显出来;未来仍然有部分群体可能会由于自身能力不足而陷入贫困,特别是目前还有大量人口处于低收入状态,缓解相对贫困的任务还十分繁重(林闽钢,2020;杨立雄,2021)。到2022年底,全国城市和农村最低生活保障人数分别为682.8万人和3349.3万人。根据国家乡

村振兴局的相关统计数据，2022年，我国脱贫地区农民人均可支配收入达到15111元，脱贫人口人均纯收入达到14342元。巩固拓展脱贫攻坚成果，增强脱贫地区和脱贫群众内生发展动力，仍将是未来很长一段时期内需要重点关注的问题。2022年，中共中央办公厅、国务院办公厅印发的《乡村建设行动实施方案》提出，要加强农村基础设施和公共服务体系建设，合理确定公共基础设施配置和基本公共服务标准。提高农村居民特别是低收入群体享受公共服务的可及性、便利性。在低收入群体中，残疾人又是一个特殊的群体。由于受客观身体条件制约，长期以来残疾人就业增收难度大，社会保障是影响其就业的主要因素（赖德胜、廖娟和刘伟，2008）。将残疾人服务纳入基本公共服务体系，特别是构建完善的残疾人支持网络，将有助于拓宽残疾人就业渠道、增加收入，是重要的公共政策干预手段。2021年印发的《"十四五"残疾人保障和发展规划》指出，要积极健全残疾人关爱服务体系，提升残疾人康复、教育、文化、体育等公共服务质量。因此，应通过基本公共服务体系的建设，特别是强化"弱有所扶"相关服务，切实兜住兜牢基本民生保障底线，使共同富裕有更加坚实的基础。

二、基本公共服务供给推动高质量发展

客观地看，当前全体人民的富裕程度还不高。根据测算，2020年，中国人均GDP为12741美元，而全国居民的人均可支配收入仅为5483.6美元，其中城镇居民为6708.6美元，农村居民仅为2993.3美元。[①] 因此，坚持发展、做大"蛋糕"仍然是硬道理。虽然建立基本公共服务体系主要为了推动社会公平，使全体人民更多分享发展成果，但发展与共享始终是相辅相成的关系，通过基本公共服务的共享可以促进经济增长。首先，基本公共服务诸多项目能够提供稳定的安全预期，从而有助于刺激消费。改革开放以来，社会保险制度不断深化改革，建立起了全世界最大的保障网。到2021年底，

---

① 国家统计局发布的《中华人民共和国2022年国民经济和社会发展统计公报》显示，2022年全年人民币平均汇率为1美元兑6.7261元人民币。

职工基本养老保险月人均支出达到 3577.4 元,比 2011 年水平(1791.5 元)增加了 1785.9 元(年均增幅达到 7.2%),退休人员基本生活有了更加可靠的保障;而基本医疗保险制度的完善,特别是城乡居民基本医疗保险和大病保险的建立,大大提升了中低收入群体的医疗保障水平,有助于释放医疗消费和家庭其他消费。其次,发展型的基本公共服务有助于人力资本积累,人力资本数量和质量提升将促进创新驱动发展,进而推动经济增长。提供公共服务能够防范贫富群体人力资本差距的进一步扩大,增强经济发展的后劲(刘尚希,2019)。到 2022 年,全国新增劳动力平均受教育年限达到 14 年,比 2010 年延长了 1.3 年;学前教育毛入园率、义务教育巩固率分别达到 89.7% 和 95.5%。随着“健康中国”战略的深入实施,医疗卫生服务体系、公共卫生体系的建设在促进人民群众健康方面发挥重要作用,中国人均预期寿命已达到 78.2 岁(2021 年)。教育和医疗等公共服务方面的投资,使中国的人力资本世界排名由 1990 年的第 69 名上升至 2016 年的第 44 名(Lim et al., 2018)。最后,基本公共服务的供给不完全由政府包办,推动在公共服务领域的政府和社会资本合作,有助于培育经济增长新动力。近年来,在教育、医疗、养老、公共文化等领域大力发挥市场的积极作用,通过创新公共服务供给方式,充分挖掘国内市场需求。据国家发展改革委的统计,到 2020 年,中国银发经济总规模约为 5.4 万亿元,占全球银发市场比重的 5.56%。随着养老服务需求的日益增长,特别是广大老年人消费需求从“生存型”向“消费型”转变,银发经济具备较大的发展潜力。

三、基本公共服务促成更加合理的收入分配格局

共同富裕不是整齐划一的平均主义,无论何时何地,都会存在一定的差距和不均等的情况,都会存在人群之间富裕程度的不同。面对收入差距过大的问题,需要构建初次分配、再分配、第三次分配协调配套的基础性制度安排。因此,扩大中等收入群体,增加低收入群体收入,合理调节高收入成为重要的政策取向。事实上,基本公共服务在再分配、第三次分配调节收入

差距方面都能发挥作用,推动基本公共服务均等化对改善分配格局具有重要意义。从再分配看,税收、社会保障、财政转移支付是主要实现形式,而社会保障是基本公共服务体系的重要构成,通过财政一般公共预算安排基本公共服务项目支出,能够起到缩小收入差距的作用(何文炯和潘旭华,2021)。例如,城乡居民基本养老保险和基本医疗保险制度的建立,开启了广大农民群体养老和医疗社会化保障从无到有的历史,使其更好地共享改革发展成果。通过社会保障和税费等项目的调整,全国居民收入差距的基尼系数大约能够下降14%(李实、朱梦冰和詹鹏,2017)。从三次分配看,慈善捐赠和志愿服务已然成为第三次分配的重要实现形式,推动慈善力量和志愿服务参与基本公共服务提供,有利于基本公共服务多元供给机制的形成。《中国慈善报告(2022)》指出,2021年,我国社会捐赠总量达到1450亿元,彩票公益金总量达到1062亿元,志愿者服务贡献价值折现为1954亿元。以浙江高质量发展建设共同富裕示范区为例,各地积极开展"扩中""提低"行动,旨在使中等收入群体规模不断扩大,低收入群体增收能力和生活品质水平明显提升,围绕"减负提质"目标大力提升基本公共服务水平。

四、基本公共服务促进精神生活富裕

共同富裕是"全面富裕",不只是生活的富裕富足,也包括精神的自信自强。高质量的基本公共服务供给,除了能够提供基本的生活物资保障,还能在推动全体人民精神生活富裕方面发挥积极作用:首先,从满足发展型需求出发,基本公共服务体系设置了公共文化体育服务项目,有效降低了人民群众享有文化和体育服务的成本,丰富了人民群众的精神生活。其次,诸多基本公共服务厚植的价值理念,有助于引领精神生活富裕。"以民为本"的民生观在中国源远流长,基本公共服务体系蕴含的民生理念将对其进行进一步的传承和发展。比如,社会救助倡导的"扶危济困"理念、社会保险倡导的"公平共享"理念、残疾人服务倡导的"平等参与共享"理念等,突破了物质富裕的范畴,丰富了传统文化中的民生观。最后,基本公共服务需求的满足推动物质富裕,进而有利于精神富裕。每个人的富裕程度由收入水平、财产积累和享有的公共服务水平决定(李实,2021),基本公共服务保障能够推动提升社会成员的整体福祉水平和发展能力。特别是针对部分弱势群体、进城务工人员、灵活就业群体等,健全基本公共服务体系,能够使其有更多的获得感、幸福感、安全感。2021年,文化和旅游部、国家发展改革委、财政部印发《关于推动公共文化服务高质量发展的意见》,旨在使城乡居民更好地参与文化活动,培育文化技能,享受文化生活,激发文化热情,增强精神力量,提高社会文明程度。截至2021年底,全国共有公共图书馆3251个、文化馆3316个、文化站4.02万个、村级综合性文化服务中心57.54万个;规模以上文化企业数量达到6.5万家,年营业收入达到11.9万亿元,成为促使广大人民群众参与精神文化活动的重要载体。

结合上述分析,我们可以用图6-1示意基本公共服务均等化与扎实推动共同富裕的关系。可以看到,基本公共服务所涉及的公共教育、劳动就业创业、医疗卫生、社会保险、社会服务、住房保障、残疾人服务、公共文化体育等八个领域对于推动共同富裕都有着重要作用,而高质量的发展又将为健全基本公共服务体系、推动基本公共服务均等化提供坚实物质基础。从这个意义上看,国家基本公共服务制度是实现共同富裕的重要制度安排。

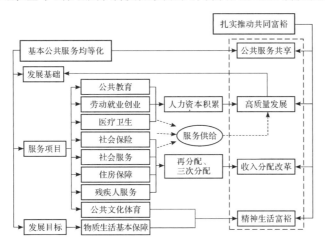

图6-1 基本公共服务均等化与推动共同富裕的关系

第三节　推动高水平基本公共服务均等化的驱动力分析

进入推动共同富裕的新时代，基本公共服务体系建设需要寻求更高水平的均等化。事实上，与人民日益增长的美好生活需要相比，民生保障还有诸多短板和差距，城乡间、区域间、群体间基本公共服务水平和服务能力不平衡，这意味着实现基本公共服务均等化的任务还十分艰巨。当然，这里所谓的"均等化"，并不是平均主义的共享，不是简单的无差异化，而是一种合理的、有差别的分享。"均等化"包含了双重含义：一是公共服务享有权利平等、机会均等，城乡居民不因性别、户籍、民族、职业不同和收入财产高低，而在享有基本公共服务机会方面存在差异；二是按照底线公平的思路，不考虑服务实际享有水平差异，只考虑包括最困难群体在内的所有群体都能够达到基本公共服务国家最低标准。在此基础上，努力提升各群体公共服务享有实际水平，实现更高水平的均等化。从这个意义上说，基本公共服务均等化也是实现共同富裕的底线条件之一。

对推动高水平基本公共服务均等化驱动力的分析，有助于明晰当前基本公共服务体系建设中存在的问题，更好地寻求未来一个时期促进基本公共服务均等化的坐标定位，从而有助于增强改革创新的系统性与协同性。结合中国基本公共服务体系建设的历史和现实，特别是面向 2035 年要实现基本公共服务均等化的目标，我们认为推动高水平基本公共服务均等化的驱动力，可以从以下三个层面进行阐释。

一、顶层驱动力：扎实推动共同富裕

共同富裕是社会主义的本质要求，是人民群众的共同期盼。"富裕"和"共享"是理解共同富裕必须抓住的两个关键词。"富裕"强调要通过高质量发展积累财富，40 多年来的发展经验表明，改革开放和创新是持续推动经济增长的驱动力；在做大"蛋糕"后，需要考虑如何更好地分享成果，即需要更

加科学的共享方式。事实上,总有一部分地区、一部分群体由于自身客观条件限制或外部环境资源约束,成为困难地区、困难弱势群体,这就需要我们通过基本公共服务体系建设,缩小区域间、群体间发展的差异性。从西方国家的实践来看,贫富分化、中层阶层塌陷,将导致社会撕裂、政治极化、民粹主义泛滥等问题出现,防止两极分化、实现社会和谐安定事关党长期执政基础。当然,使"富裕"和"共享"更加可持续也是推动共同富裕的题中应有之义。当前,经济发展已由高速增长转入高质量发展阶段,财政收入增速有所放缓,对基本公共服务体系建设的支撑保障提出新的挑战。因此,在推动共同富裕的进程中,要处理好促进基本公共服务均等化和经济社会发展的关系,坚持量力而行、尽力而为,既不能因为经济增速放缓削弱基本公共服务保障,也不能因为过多承诺损害基本公共服务体系建设的可持续性。

二、内生驱动力:缩小三大差距

当前,基本公共服务体系已经基本建立起来,在满足人民群众生存发展权益方面开始发挥重要作用。但事实上,基本公共服务不平衡不充分的问题还比较突出,特别是城乡间、区域间和群体间的基本公共服务资源配置不够平衡,制约了一部分地区、一部分群体公平和充分地享有基本公共服务权益。解决好基本公共服务中的三大差距(城乡间、区域间、群体间),需要激发各种内生动力。

从城乡间差距看,虽然这些年城乡收入差距呈现不断缩小的趋势,但基本公共服务水平的差距仍然十分明显。这种差距表现在两个方面,一方面是城"优"乡"差"。农村一直是基本公共服务供给的薄弱环节,受制于自然条件和历史因素等多方面因素,农村地区经济发展、财力保障不充分,加上农村地区公共服务半径大、单位服务成本高,难以有效吸引社会资本的投入,造成农村公共服务供给的严重不足。优质的教育、医疗卫生和养老服务资源主要集中在城镇地区,农村居民在资源的获取和享有等方面存在较大短板。特别是农村养老服务投入不足,相关的养老基础设施建设落后,多元供给机制尚未有效形成(陆杰华等,2021)。而以城乡卫生资源配置为例,虽然 2018 年以来城乡每千人口卫生技术人员、每千人口医疗卫生机构床位数绝对差距在缩小,但 2020 年的差距仍比 2011 年大(见表 6-1)。另一方面是城"多"乡"缺"。比如,在城镇地区建立了覆盖职工的工伤保险和生育保险制度,但农村地区居民还难以享有职业伤害保障和生育津贴等项目。这些年来尽管各地各部门在强调缩小城乡差距,并且建立了一些制度,但公共服务很多领域的实际差距还很大,要还的"历史欠账"还很多。

表 6-1 全国城市和农村卫生技术人员和卫生机构床位状况

年份	每千人口卫生技术人员/人			每千人口医疗卫生机构床位/张		
	城市	农村	差值	城市	农村	差值
2011	7.90	3.19	4.71	6.24	2.80	3.44
2012	8.54	3.41	5.13	6.88	3.11	3.77
2013	9.18	3.64	5.54	7.36	3.35	4.01
2014	9.70	3.77	5.93	7.84	3.54	4.30
2015	10.21	3.90	6.31	8.27	3.71	4.56
2016	10.42	4.08	6.34	8.41	3.91	4.50
2017	10.87	4.28	6.59	8.75	4.19	4.56
2018	10.91	4.63	6.28	8.70	4.56	4.14
2019	11.10	4.96	6.14	8.78	4.81	3.97
2020	11.46	5.18	6.28	8.81	4.95	3.86

资料来源:历年《中国卫生健康统计年鉴》。

从区域间差距看,基本公共服务在行政区域、自然区域间的质量水平都呈现出明显的差异性。尽管这些年行政区域间(如省际、县际)的经济发展、居民收入和工资水平等差距在缩小,但基本公共服务的差距缩小还不十分明显。以义务教育为例,按照倪红日和张亮(2012)的方法,运用 2011 年、2015 年和 2019 年的全国教育经费支出数据测算省际义务教育生均支出差异程度的变化,可以看到无论是普通小学还是普通初中,生均支出不均等化没有得到明显改善(见表 6-2)。而从自然区域的维度看,东中西部地区间、南北方地区间、内陆与沿海地区间的部分基本公共服务水平差距甚至有扩大化趋势。而相关研究表明,受经济发展和财力等因素影响,部分区域内公共服务差异呈现波动上升趋势(杨晓军和陈浩,2020)。长期以来,社会保障领域的地方政策创新,损害了制度的统一性与规范性,国家法定统一的社会保险政策沦为地方性制度安排(郑功成,2021)。近年来,国家推动基本养老保险、基本医疗保险统筹层次的提升,有利于筹资、待遇和管理等政策在区域间的统一,更大程度地发挥社会保险互助共济的作用。

表 6-2　各省(区、市)普通小学和普通初中生均支出差异化程度比较

地区	普通小学			普通初中		
	2011 年	2015 年	2019 年	2011 年	2015 年	2019 年
北京	205.98	156.06	155.58	257.45	231.54	237.59
天津	102.56	45.99	37.64	118.36	73.87	55.57
河北	(35.80)	(41.49)	(39.28)	(26.58)	(39.99)	(37.53)
山西	(28.33)	(19.66)	(23.17)	(33.06)	(27.51)	(24.78)
内蒙古	34.28	30.30	10.82	10.41	6.37	(7.40)
辽宁	6.32	(14.98)	(16.56)	13.46	(14.58)	(19.73)
吉林	(1.98)	5.24	(1.46)	(9.71)	1.49	(24.17)
黑龙江	(14.25)	9.47	4.89	(29.08)	(10.16)	(26.33)
上海	160.10	94.31	122.41	138.36	107.36	144.26
江苏	29.83	7.73	(4.55)	25.14	27.24	19.88
浙江	18.71	5.19	26.53	26.91	11.25	36.12
安徽	(30.20)	(27.58)	(23.95)	(32.59)	(23.23)	(22.57)
福建	(5.03)	(18.25)	(23.75)	(8.70)	(10.37)	(12.20)
江西	(47.65)	(36.38)	(31.74)	(45.75)	(38.54)	(37.67)
山东	(29.93)	(30.92)	(30.62)	(14.33)	(15.96)	(22.79)
河南	(59.28)	(54.96)	(47.06)	(47.56)	(45.78)	(44.21)
湖北	(46.90)	(28.80)	(26.16)	(38.34)	(14.56)	(12.39)
湖南	(42.67)	(38.99)	(37.29)	(25.51)	(32.17)	(34.16)

续表

地区	普通小学			普通初中		
	2011 年	2015 年	2019 年	2011 年	2015 年	2019 年
广东	(25.50)	(16.04)	1.50	(38.33)	(20.44)	7.95
广西	(44.22)	(38.97)	(38.84)	(41.62)	(43.57)	(45.49)
海南	(0.27)	(3.12)	4.69	(3.78)	(7.87)	3.39
重庆	(11.39)	(7.72)	5.09	(23.93)	(16.55)	(10.10)
四川	(34.09)	(22.09)	(21.34)	(37.82)	(26.08)	(29.61)
贵州	(53.53)	(28.48)	(25.39)	(56.46)	(46.18)	(35.98)
云南	(39.00)	(23.62)	(13.75)	(42.09)	(34.97)	(29.23)
西藏	42.72	113.69	77.94	(1.22)	61.23	47.17
陕西	(15.85)	(8.91)	(18.10)	(17.63)	(15.19)	(19.39)
甘肃	(36.66)	(13.92)	(14.91)	(42.06)	(33.81)	(31.56)
青海	27.89	16.68	21.57	26.44	7.57	9.09
宁夏	(29.93)	(15.26)	(21.54)	(14.70)	(15.70)	(27.47)
新疆	4.09	5.49	(9.19)	14.30	5.29	(6.25)

数据来源:历年《中国教育经费统计年鉴》。

注:差异化程度=(差异化比值-1)×100,其中括号内为负值(各地差异化比值=各地教育经费生均支出/教育经费生均支出平均值)。

从群体间差距看,虽然到 2020 年底,中国全面打赢脱贫攻坚战,消除了绝对贫困问题,但低收入人群比重还比较大。根据估算,2019 年,全国低收入人群规模大约为 9 亿人(李实、吴凡和徐晓静,2020),其中 3 亿人的月收入不足 1000 元。这些低收入群体往往也是基本公共服务享有不充分的群体。从社会保险参保职工和城乡居民两个群体看(见表 6-3),2021 年,全国职工基本养老保险月人均基金支出(3482.1 元)是城乡居民基本养老保险月人均基金支出(190.9 元)的 18.2 倍,绝对差距达到 3291.2 元;职工基本医疗保险年人均基金支出(4163.5 元)是城乡居民基本医疗保险年人均基金支出(921.7 元)的 4.5 倍,而绝对差距达到 3241.8 元(比 2011 年差距扩大1738.4 元)。事实上,国家设置的城乡居民最低基础养老金标准较低且增速不快(2009 年每月领取 55 元,2015 年、2018 年和 2020 年分别上调至 70 元、88 元和 93 元)。需要特别指出的是,公共财政对两个群体的补助也呈现出一定的差异:2021 年,财政对职工基本养老保险基金的补助总量达到6613.02 亿元,是城乡居民基本养老保险基金补助总量(3210.51 亿元)的2.06 倍(如果换算成人均值,这个差距更大)。此外,虽然两项制度都采取"统账结合"的模式,但长期以来职工个人账户享有国家统一的较高的记账利率,而城乡居民个人账户的记账利率一般参照各地财政专户实际计息利率,造成个人账户计息水平的巨大差异,极大地损害了制度的公平性。由于不同社会保障项目作用于缩小收入差距的机制不同,社会保障支出规模的整体增长也可能带来居民收入分配状况的恶化(蔡萌和岳希明,2018)。另外值得重视的问题是非本地户籍与本地户籍群体享有基本公共服务的差距。绝大部分地区的教育、医疗、社会救助等基本公共服务享有仍需要以户籍身份为基础,机会公平的缺失制约了基本公共服务均等化,同时也无法适应新型城镇化趋势和劳动力市场一体化的要求。从职业伤害保障看,有雇主(用人单位)的正规就业人员能够依法参加工伤保险,但是随着平台经济的蓬勃发展,一大批非正规就业人员(如快递员、外卖送餐员、网约车司机等)可能同时受雇于多个平台,本身易受职业伤害,传统的工伤保险制度就难以提供保障。而从住房保障看,外来流动人口实际拥有住房和租住公房的比例仍然较低,难以享有保障性住房(杨菊华,2018)。广大进城务工人员为城市发展做出了巨大贡献,保障这一群体"住有所居"能够为其提供稳定预期,使其更好地融入城市生活。

表 6-3　职工基本养老保险和城乡居民基本养老保险待遇比较

年份	职工基本养老保险			城乡居民基本养老保险			待遇差/元
	基金支出/亿元	离退休人数/万人	月人均支出/元	基金支出/亿元	领取待遇人数/万人	月人均支出/元	
2011	12764.9	6826.2	1558.3	587.7	8921.8	54.9	1503.4
2012	15661.8	7445.7	1752.9	1149.7	13382.2	71.6	1681.3

续表

年份	职工基本养老保险			城乡居民基本养老保险			待遇差/元
	基金支出/亿元	离退休人数/万人	月人均支出/元	基金支出/亿元	领取待遇人数/万人	月人均支出/元	
2013	18470.2	8041.0	1914.2	1348.3	14122.3	79.6	1834.6
2014	21754.7	8593.4	2109.6	1571.2	14741.7	88.8	2020.8
2015	25812.7	9141.9	2353.0	2116.7	14800.3	119.2	2233.8
2016	31853.8	10103.4	2627.3	2150.5	15270.3	117.4	2509.9
2017	38051.5	11025.7	2876.0	2372.2	15597.9	126.7	2749.3
2018	44644.9	11797.7	3153.5	2905.5	15898.1	152.3	3001.2
2019	49228.0	12310.4	3332.4	3114.3	16031.9	161.9	3170.5
2020	51301.4	12762.3	3349.8	3355.1	16068.2	174.0	3175.8
2021	56481.5	13517.0	3482.1	3715.0	16213.3	190.9	3291.2

资料来源:历年《中国统计年鉴》。

三、行政驱动力:推进民生领域政府治理现代化

新中国成立 70 多年来,涉及民生保障事务的业务部门设置及职能处于动态变化中,核心目标都是更好地满足人民群众改善民生的需求。在共同富裕背景下推动基本公共服务均等化,与加快民生保障部门职能转变相辅相成。一方面,为了更好地回应人民群众对共同富裕的需求,需要各部门提供更为精准化、精细化的服务;另一方面,各有关部门按照国家"放管服"改革的要求,主动推动职能转变,能够为推动基本公共服务均等化促进共同富裕提供体制机制保障。

2018 年,中共中央印发的《深化党和国家机构改革方案》开启了政府治理现代化的新起点,包括社会保障服务在内的基本公共服务成为改革的重点。对自然灾害应急救助、社会优抚、医疗保障、社会保险费征收、老龄工作等职能部门进行了调整,为相关基本公共服务供给提供了更加有力的组织保障。以民政部门为例,过去主要针对小范围特殊群体提供兜底保障,而今后在实现共同富裕目标下,服务范围和惠及面应有所扩展。比如,可以探索

从孤残儿童、困境儿童和留守儿童扩展到普惠型儿童福利;从针对特困人员供养、经济困难老年人补助逐步扩展到面向全体老年人的养老福利,在基本生活保障基础上发展照护保障服务、精神慰藉等。近些年来,政府在公共服务领域运用数字化手段,为人民群众提供更加便利的服务,服务的可及性得到提升(比如运用大数据手段,建立了社会救助对象主动发现机制)。2021年国务院印发的《"十四五"数字经济发展规划》明确提出,要提高"互联网＋政务服务"效能,这既是政府治理手段和方式变革的迫切要求,也有助于推动基本公共服务均等化。

但事实上,同一领域的公共服务政策在不同部门存在一定的冲突,资源重复配置、错配都可能导致公共服务效率的降低。以老年照护保障为例,这些年来由卫生健康部门拟定并协调落实应对人口老龄化的政策措施、负责医养结合工作,民政部门主要负责养老服务体系建设,医疗保障部门负责长期护理保险制度设计,残联部门主导残疾人护理补贴制度的设计。这些部门在一定程度上存在职能交叉的问题,部分为老服务资源相对分散,需要考虑如何在政府层面形成推动健康老龄化的合力。2023年,中共中央、国务院印发《党和国家机构改革方案》,进一步完善老龄工作体制,将全国老龄工作委员会相关工作重新划归民政部。同时,各地政府部门的民生保障治理水平并不均衡,有的地方政府在晋升锦标赛的激励导向下提高基本公共服务水平,一定程度上超越了发展阶段和财力水平;而有的地方政府则难以有效解决民生堵点、痛点,在基本公共服务项目和水平设置、绩效评估、部门协作、财力保障等方面存在问题。另外值得注意的是,近年来从国家到省(区、市),再到市、县(市、区),各级政府部门都在印发基本公共服务均等化推进的规划或政策文件,在服务水平和标准层层提升的情况下,极可能形成新的不均等(见表6-4)。从区域看,基本公共服务的水平差异在很大程度上取决于地方的经济发展和财政水平,在当前地方财力差距还较大的情况下,要推动均等化,就需要探索建立事权与财权更加匹配的体制机制。因此,在促进基本公共服务均等化进程中,要处理好不同部门的关系,也要处理好上下级政府的关系,推动政府治理现代化。

表 6-4 部分地区"十三五"基本公共服务规划指标设定比较

地区	学前三年毛入园率/%	基本养老保险参保率/%	婴儿死亡率/‰	养老床位中护理型床位比例/%	国民综合阅读率/%	残疾人两项补贴覆盖率/%
河北	—	—	5	30 以上	81.6	>95
辽宁	95	—	≤6.3	30	81.7	100
吉林	90	90	4.2	30	85	>95
浙江	—	95	—	50	>90	98
安徽	—	>95	<7	30	82	100
福建	—	90	≤7	30	85	≥95
江西	—	>95	<7.5	30	81.6	100
山东	>85	—	4	>30	90	>96
河南	—	90 以上	4.3	>30	82	>95
湖北	90	90	<7	30	90	100
广西	—	90	<7.5	30	81.3	>90
海南	86	90	≤5.43	>30	81.6	100
四川	85	90	6.5	30	90	100
陕西	—	>95	6	30	81.3	>95
甘肃	>85	97	≤8	30	—	>95
宁夏	—	—	≤6.5	30	81.6	95 以上
新疆	87	95	—	—	—	—

注:这里选取了各地"十三五"时期基本公共服务体系建设规划中的部分指标。

第四节 促进基本公共服务均等化的行动逻辑

实现共同富裕是一个长期过程,激励相容和制度匹配是共同富裕体制机制和政策体系设计应遵循的原则(郁建兴和任杰,2021)。按照这样的思路,可以探究与共同富裕相适应的基本公共服务均等化行动逻辑。事实上,行动逻辑的构建有利于从宏观目标到微观政策的转化,为制定具体实施方案、谋划行动计划提供基本依据。在中国前些年基本公共服务体系建设实践积累的基础上,面向扎实推动共同富裕的要求,本章提出未来一个时期完善基本公共服务体系的行动逻辑框架,为推动高水平基本公共服务均等化提供参考。

一、基本公共服务和经济社会发展相互促进的逻辑

实践证明,改革开放以来的 40 多年,中国经济体制改革和各项社会事业变革相辅相成,民生保障与国民经济得以共同发展,呈现了互促共进的良好局面。建立社会化的新型社会保障制度、发展公共教育事业、改革住房体制等,能够直接推动经济发展(郑功成,2018)。因此,未来要继续发挥基本公共服务体系建设和经济社会发展的互促效应,具体来看:一是"发展",继续夯实基本公共服务基础,在充分挖掘基本服务需求的基础上,培育和催生经济发展新动能,直接为经济增长做出贡献;通过兜底型公共服务供给,缓解相对贫困群体、特殊群体的后顾之忧,拉动发展型消费。二是"改革",把基本公共服务体制机制改革纳入全面深化改革总体布局中,把握好基本公共服务领域与其他领域改革的关系,破除不利于基本公共服务均等化推进的体制机制障碍,为经济社会发展和实现共同富裕营造更优环境。

二、政府主导推进和社会积极参与联动的逻辑

政府是基本公共服务体系建设的主导者,负责基本公共服务范围和标准的界定,承担大部分基本公共服务的供给责任。20 世纪 70 年代以后,从世界范围看,公共服务供给呈现多元化趋势。在基本公共服务领域,针对不同的服务对象,可采取不同的服务供给模式。当政府既是公共服务的投入主体又是生产主体时,属于政府直接提供服务模式;而当投入主体与生产主体不一致时,政府可以通过购买服务的方式提供服务。在政府购买服务模式下,政府通过引入竞争机制和退出机制,让服务对象自主决策和自由选择

购买服务,提升了公共服务供给效率。可以看到,近年来在养老服务、家庭服务、儿童福利服务等基本公共服务领域,政府越来越多地通过购买服务的方式满足服务对象的需求;政府培育的各类社会组织,越来越多地承接政府购买服务。比如,部分地区通过直接"补需方"的方式,为低收入的失能失智老年人购买居家、机构养老服务,通过公建民营等方式推动公办养老院改革。因此,未来在政府主导推进基本公共服务体系建设的前提下,需要进一步引导社会、市场力量积极参与,发挥好联动效应。一方面,政府要立足基本职责,着力做好政策制定实施、资金保障等工作;另一方面,要充分发挥市场在资源配置中的决定性作用,按照政府职能转变的要求,进一步理顺政府和市场主体、社会组织的关系,鼓励引导社会各方积极参与,因时、因地制宜加大公共服务购买力度,更好地激发市场活力。

三、整体面上推动和重点领域突破并行的逻辑

基本公共服务体系内容丰富,涉及多个部门,推动基本公共服务均等化是一项系统工程。民生保障各有关部门需要坚持抓重点、补短板、强弱项的工作路径和方法,持续扩大基本公共服务惠及面,处理好整体面上发展和重点领域、工作的推动关系,对于推动高水平基本公共服务均等化具有重要作用。首先,基本公共服务直接关系到广大人民群众的基本生存和发展权益的实现,这就要求根据服务需求的变化动态设置基本公共服务项目和标准,按照建立健全国家基本公共服务制度体系的要求,在整体面上推动基本公共服务供给能力的有效提升。其次,要按照缩小区域差距、城乡差距、群体差距的目标要求,在重点领域强化基本公共服务均等化,根据不同时期不同特点和群众的迫切需求,开展有针对性的工作。比如,"一老一小"将是未来一个时期公共服务强化的重点领域。人口老龄化、高龄化趋势加剧,我国需要把发展养老服务放到更加重要的位置。特别是当前在广大农村地区,养老服务供给的基础比较薄弱,老年人家庭呈现空巢化和独居化趋势,即将迎来需要社会提供生活照料和护理的最迫切时期。前些年的政策重心聚焦在

公办养老机构改革,专门针对农村地区的养老服务支持政策还不多。未来要在充分了解养老服务需求的基础上,建立健全基本养老服务清单制度,将基本养老服务纳入基本公共服务体系,稳步推进照护保障制度的建设。2021年,中央作出优化生育政策促进人口长期均衡发展的重大决策,而在目前基本公共服务项目设置中,旨在发展托育服务、降低家庭养育成本的服务还不多,需要通过基本公共服务体系的完善,推出更加积极有效的配套支持措施。比如探索建立儿童津贴等现金补贴制度,实施激励导向的税收减免政策,健全多元主体参与的儿童照料服务体系。从教育领域看,多年来一直有观点要延长义务教育年限,事实上义务教育和免费教育是两个不同的概念,除了强调免费,义务教育还具有强制性,即要求适龄学生必须接受教育。从现有实际情况看,将高中教育纳入义务教育,没有充分考虑义务教育强制性的特征,也不符合国际通行做法。当务之急是要提升义务教育质量,推动县域内、城乡间义务教育均衡发展。就未来一个时期看,要引导资源向教育、社会保障、医疗卫生等领域倾斜。同时,需要进一步完善财政转移支付制度,发挥好专项转移支付和一般转移支付的各自作用,并建立健全财政投入促进城乡基本公共服务均等化的评价机制。

四、法规制度保障和技术标准运用协同的逻辑

法治是国家治理体系和治理能力现代化的重要标志,而标准化工作是推动基本公共服务均等化的重要手段和技术支撑。推动法规制度和技术及标准的协同运用,对于建立健全国家基本公共服务制度体系具有重要保障作用。近年来,这一领域技术、标准等手段的综合运用,有力地推动了基本公共服务政策的落地。以国家基本公共服务标准为统领,国家基本公共卫生服务规范、国家基本公共文化服务指导标准、国家医疗保障待遇清单、全民健身基本公共服务标准等为骨干,包含一系列行业标准在内的基本公共服务标准体系已经建立起来。未来一个时期,需要出台更多更精细化的技术标准,并发挥社会组织、企事业单位和社会公众参与基本公共服务标准建

设的积极性和创造性。在基本公共服务领域探索立法,特别是通过法治形式健全财政转移支付、城乡区域平衡等机制,以保证基本公共服务均等化的实现,这将是未来一个时期基本公共服务体系建设的重要方向。

第五节　高水平推动基本公共服务均等化的路径选择

中国推动共同富裕,是人类社会的一次伟大尝试。在这项关乎国家长治久安和全体人民幸福的重大议程面前,每个社会成员都是参与主体,需要每个部门每个领域发挥积极作用,通过各司其职,形成推动共同富裕的合力。展望未来,在扎实推动共同富裕的进程中,要着力缩小基本公共服务在区域间、城乡间、群体间的差距,高水平推动基本公共服务均等化可以在以下几个方面有所作为。

一、动态满足群众基本公共服务需要

促进人的全面发展,是推动共同富裕的重要目标。基本公共服务对于满足人民群众生存和发展需要能够发挥重要作用,因而提供更加优质的基本公共服务,满足人民群众基本公共服务需求,是推动共同富裕的题中应有之义。事实上,人民群众对基本公共服务的需求是动态变化的,出台完善基本公共服务体系的相关政策措施,都要将出发点和落脚点定位在基本公共服务对象基本需求回应上,通过不断完善服务需求回应机制、服务供给机制、服务质量评价问责机制等,建立更加公平、更有效率、更可持续的现代基本公共服务体系。比如,2021年随着义务教育"双减"政策的落地,中小学生及家长对课后公共服务体系建设提出了更多需求,充分调动各方资源强化托管类、课外兴趣培养类等公共服务,将是基本公共教育服务发展的重点。同时,不同群体也有较强的异质性,这种"动态性"也要考虑各群体不同的增收能力。针对低收入群体,要完善生存类基本公共服务,要夯实兜底保障的基础,按照建立解决相对贫困长效机制的思路,健全最低生活保障等各类保

障标准自然增长机制,加大对支出型贫困家庭的帮扶力度。建立防范因病致贫、因病返贫的机制,比如探索实行大额费用个人(家庭)封顶制,加大对困难老人照护救助体系的建设力度。针对一般群体,要健全发展类基本公共服务,要随着经济发展水平和财力保障能力的提升,适度扩展保障范围。比如,面对国家调整生育政策的背景,需要加快推进普惠型儿童福利体系建设;根据积极应对人口老龄化的国家战略,建立面向全体老年人的基本养老服务制度等。中共中央办公厅、国务院办公厅印发的《关于推进基本养老服务体系建设的意见》对制定落实基本养老服务清单、建立精准服务主动响应机制、完善基本养老服务保障机制、提高基本养老服务供给能力等提出了明确要求,建议按照这一意见精神让基本养老服务更好地惠及广大城乡老年人。针对残疾人等特殊群体,要根据其不同身体状况,多渠道、多形式扶持就业,通过就业帮扶使残疾人过上更有尊严的生活。当然,基本公共服务与非基本公共服务的边界也是动态变化的,随着生活水平的提升,兼顾经济发展和财力水平,适时扩大基本公共服务范围,提升基本公共服务保障标准。

二、扩大并优化配置各类资源

基本公共服务在城乡、区域和群体间的差距,既有历史原因(如长期以来形成的城乡二元结构),也有体制机制的问题(如财政体制、考核评价机制等)。虽然这些年我国在基本公共服务领域增加了不少投入,但部分投入在城乡间、区域间和群体间是不均衡的,还有部分领域的投入是不充分的。因此,要在继续扩大资源总量的同时,注重资源的优化配置和体制机制的完善,努力控制、逐步缩小城乡间基本公共服务差距。特别是要适应社会保险统筹层次提升的要求,着力缩小基本养老保险、基本医疗保险等社会保障项目待遇水平的差距,补齐农民、大病患者等群体的保障短板,健全适应灵活就业人员、新业态从业人员的社会保险体系。基本公共服务的有效供给,还需要有坚实的人、财、物等各类保障性资源。从人力资源来看,当前部分农村地区基层服务力量不足。许多从事基本公共服务供给的事业单位人员是编制外人员,兼职多,工作吸引力不强。从财力保障看,在部分中西部地区、生态功能区等财力薄弱地区,财力不足成为制约基层基本公共服务水平提升的关键性因素,需要进一步探索农业转移人口市民化成本分担机制,完善转移支付机制。近年来受新冠疫情等各种因素影响,基本公共服务体系建设的可持续性受到挑战,而未来随着经济增速的放缓,财政收入增速还面临较大的不确定性。因此,要努力把人、财、物更多地引向基层,加大各种资源对基层的倾斜力度,通过提升地区间财力均等化水平推动基本公共服务均等化。根据基本公共服务对象合理配置服务人员数量,根据实际工作量安排工作经费并改善工作条件。按照专业化要求,建立服务人员人力资本投资长效机制,提升常态社会中的管理服务能力和紧急状态下突发事件的处置能力。

三、持续推动基本公共服务供给方式创新

"十二五"时期提出基本公共服务制度向全民提供公共产品,不等于基本公共服务全部由政府出资。实践证明,在部分服务领域,通过引入社会资本,基本公共服务的供给效率得到了提升。因此,未来在确保政府投入的基础上,要充分发挥市场机制的作用,持续推动基本公共服务供给方式创新。要努力扩大基本公共服务面向社会资本开放的领域,拓宽基本公共服务资金保障渠道。比如针对"一老一小"问题,在养老服务、义务教育托管服务、婴幼儿照料服务等领域,可以采取直接补需方的方式,增强居民享受服务的选择权和灵活性,并引入市场机制,通过购买服务提供普惠性照护服务。当前,受人口老龄化、经济增速放缓等因素影响,职工基本养老保险等社会保险基金收支平衡难度逐渐加大,可持续性正面临挑战。这里需要充分研判各类社会保险基金缺口原因,在深化制度改革的同时,通过加大国有资本划转力度、转入土地有偿使用收入、提高基金投资收益率等,建立多渠道筹资机制。推进基本养老服务体系建设,需要政府、社会、市场和家庭的共同参与,积极构建各尽其责、有效协同的基本养老服务供给格局。一方面,要积

极建立基本养老服务制度,加大财力保障;另一方面,要鼓励和引导广大市场主体、社会组织等参与居家、机构养老服务供给,为其提供政策保障和支持。在社会救助等公共服务领域,要畅通社会力量参与帮扶渠道,积极引导社会组织、社会工作者和志愿者积极参与。浙江等地大力开展的"助联体"建设,通过民政部门牵头,联动部门、市场和社会,贯穿县、乡、村三级,引导第三方执行的救助服务项目进驻"助联体",有力地推动了"弱有众扶"。在公共文化体育等领域,立足适应发展型服务需求升级的形势,通过政府向社会力量购买服务、积极培育社会化公共文化体育服务力量等,提供更为丰富的公共文化体育产品。

四、降低基本公共服务享有的户籍关联度

第七次全国人口普查的数据显示,2020年全国人户分离人口为49276万人(比2010年增长88.52%),流动人口达到37582万人。毋庸置疑,流动人口为流入地经济社会发展做出了重要贡献。然而,许多基本公共服务享有依然以当地户籍身份为条件,制约了流动人口实际生活水平的提高。近些年来,诸多地区在兼顾当地财力的基础上,逐步降低享有基本公共服务的户籍关联度,推动基本公共服务向常住人口覆盖。比如,浙江很多地区探索城乡居民基本医疗保险向常住人口覆盖,规定只要取得浙江省居住证且在原户籍地未参加基本医疗保险的,可以参加当地城乡居民基本医疗保险,并获得当地相应的财政补助。又比如,部分地区实行外来人口凭居住积分享受公共服务的模式,在公共资源相对紧缺的领域,实行积分与公共服务挂钩,阶梯式享受基本公共教育、基本医疗卫生、就业扶持、住房保障、社会福利、社会救助、公共文化等方面的服务。因此,建议未来推动基本公共服务均等化,要适时适度降低享有基本公共服务的户籍关联度。当然,这需要有配套的政策体系,比如探索流动人口公共服务成本分担机制,完善央地间财政转移支付机制,逐步探索按照常住人口配置各类服务资源。建议进一步明确央地事权划分和支出责任,完善财政转移支付与农业转移人口市民化

挂钩相关政策,逐步健全以公民身份号码为标识、与居住年限等条件相挂钩的基本公共服务提供机制。从具体服务领域看,要加强对外来常住人口的技能培训和职业教育;以教育、公共卫生和社会保障等服务为重点,推动基本公共服务公平享有;提升社会保险统筹层次,跨统筹地区享有社会保险服务更加便捷。通过完善各项政策措施,努力提升外来常住人口享有各类基本公共服务的可及性。比如,有条件放开社会救助项目的户籍限制,逐步将非户籍常住人口纳入本地城乡居民基本医疗保险覆盖范围。

五、发挥法治和数字化改革引领作用

法治引领和技术标准规范,对于推动基本公共服务均等化有重要作用。从国家层面看,支撑基本公共服务体系建设的标准化、信息化工作持续加强。要在现有技术规范和标准的基础上,加快基本公共服务各领域法规建设,解决法规空白、法规过时、法规不配套和可操作性不强的问题,提高基本公共服务法治建设公众参与度。要持续推进基本公共服务标准化,以标准化推动专业服务能力提升和城乡区域服务均等化。这里特别要充分考虑困难群体和弱势群体对公共服务的需求,制定差异化标准,确保各群体享有大致均等的基本公共服务。除了法治和技术标准,还需要发挥数字化改革的引领作用。虽然数字应用是一把双刃剑,可能由于"数字分群"加剧群体间分化,但在基本公共服务领域用好数字化改革成果能够提升服务水平,包括在实现服务对象需求的精准识别、推动公共服务资源下沉、促进部门间公共信息共享等方面发挥作用。因此,要积极利用互联网、大数据、云计算、人工智能等技术,推动教育、就业、社会保障、医疗卫生、公共文化等领域服务的智能化,加大各部门信息资源整合力度,加强对统计数据和资料的综合分析和运用(如推动建立社会保险精算制度等),完善基本公共服务均等化量化评价体系,更好地为决策服务提供支撑和保障。

第七章　优化社会保险制度促进共同富裕

社会保险是以保险的方式为社会成员基本风险提供基本保障的一类社会保障项目。改革开放以来,我国在社会保障领域进行了一系列改革探索,社会保险成为惠及面最广、所需资金量最大、专业技术性最强、社会关注度最高的社会保障项目,并在国家经济体制改革、民生福祉改善和社会转型发展中发挥了重要作用,为全面建成小康社会做出了重要贡献。在扎实推进共同富裕的进程中,社会保险担当怎样的职责,现行制度如何优化,值得学界深入思考。

第一节　社会保险与共同富裕的关系

共同富裕是指全体人民共同富裕,是在社会财富持续增长的同时,人民群众物质生活不断改善、精神生活日益丰富的过程,也是城乡、区域和人群之间差距逐步缩小的过程。共同富裕的要义,一是富裕,二是共享(李实,2021),核心是人的全面发展。富裕,需要通过发展来实现,尤其需要高质量的发展;共享,需要建立有效的机制,重点是合理的社会财富分配机制;人的全面发展,需要良好的环境、条件和规则。社会保险是现代社会中政府采用互助共济的方式处理社会成员基本风险进而降低社会风险的有效方法,不仅有益于社会稳定和谐,也有益于经济增长,因而有益于实现共同富裕。

一、社会保险与经济增长

首先，实现共同富裕需要有持续的经济增长，这就需要稳定和谐的社会环境，社会保障则是促进社会稳定和谐的基础性制度安排。在我国社会保障体系中，社会保险具有十分重要的地位[①]，而且对于社会成员来说，这种社会保障项目要比社会救助、公共福利等类型的其他社会保障项目具有更稳定的预期和更强的信赖感，因为社会成员对社会保险基金有缴费之贡献。所以，合理而有效的社会保险制度有益于营造稳定和谐的社会环境。事实上，社会保险体系中的每一个项目都是基于社会成员的基本权益而设置的，旨在满足社会成员在若干重要领域的基本风险保障需要。如果社会保险制度设计合理且运行有效，那么社会成员在这些方面的基本风险保障需要就能够得到有效满足，因而社会成员能够安居乐业，这是实现社会和谐稳定的重要基础，更是经济长期持续健康发展的必要条件。

其次，消费是推动经济稳定增长的根本动力，而社会保险制度能够促进消费，进而直接促进经济发展。社会保险各项目面向广大社会成员，如果制度设计合理并且运行有效，则社会成员对其基本生存、基本发展和基本尊严没有后顾之忧，他们对未来的生活就有更好的预期，相应地他们就会有更强的消费信心。而且，社会保险各项目对于低收入群体、弱势群体有相对较多的帮助，包括资金给付、物资供应或服务提供，这会直接提升低收入群体的现实消费能力。因此，合理而有效的社会保险制度能够促进全社会持续健康的消费，这是促进经济持续发展的基本因素。

最后，合理而有效的社会保险制度能够促进劳动力资源优化配置。在促进经济增长的诸多要素中，劳动力是一种基本要素，因此实现劳动力资源优化配置是促进经济持续健康发展的永恒命题。事实上，社会保险能够均衡用人单位的劳动力基础成本，不仅为企业之间的公平竞争奠定统一的基

---

① 国务院新闻办公室 2004 年 9 月发布的《中国的社会保障状况和政策》（白皮书）指出，"社会保险是社会保障体系的核心部分"。

础,而且为劳动力自由流动创造必要的条件。有了社会保险制度的合理安排,劳动者不会因为其工作单位或地区的变动而丧失基本风险保障权益。比如,失业保险制度能够为劳动者寻求更为合适的职业、就业地点和工作岗位提供帮助,从而有益于劳动力资源优化配置。可见社会保险制度可以为劳动者在不同的用人单位之间或不同工作岗位之间的流动提供保障,有益于劳动者进入最适合自己的工作岗位,从而有益于人的全面发展并促使其对社会做出更大的贡献。

二、社会保险与贫困预防

消除贫困是实现共同富裕的基础性任务,而消除贫困有三种基本的途径:一是通过发展经济,普遍地增加社会成员的收入、提高老百姓的生活水平,使绝大多数社会成员远离贫困,尤其是使原先的低收入群体收入增加、告别贫困;二是通过有效的制度安排,为难以依靠自身力量摆脱贫困的社会成员提供基本保障,确保其基本生存、基本发展和基本尊严;三是通过有效的制度安排,防止社会成员因为遭遇风险事故而陷入贫困。社会保险就属于第三种途径。一般地说,社会保险有社会养老保险、社会医疗保险、工伤保险、失业保险、生育保险、长期照护保险等项目,这些项目都具有防止贫困的功能。

例如社会养老保险,政府以保险的方式为社会成员提供老年收入保障,旨在确保社会成员年老之后具有购买基本生活资料的能力。在按劳分配的基本规则之下,大多数社会成员通过劳动获取相应的劳动报酬,或者取得相应的财富,用以维持本人和家庭的生活需要,并获得一定的发展。但在进入老年期之后,绝大多数社会成员的劳动能力下降,通过劳动获得的收入大幅减少,而其所积累的财富未必能够维持其老年生活之全部需要,这就有可能陷入贫困。为了防止这种老年贫困,国家建立基本养老金制度。社会养老保险是基本养老金制度的一种类型,社会成员年轻时缴纳养老保险费,年老之后领取养老金,这种方式能够实现短寿者与长寿者之间、高收入者与低收人者之间、代际之间和不同地区之间的互助共济，从而有效地降低社会成员年老之后陷入贫困的风险，因而为许多国家所采用。所以，社会养老保险是防范老年贫困的重大制度安排。

又如社会医疗保险，政府以保险的方式为社会成员提供基本医药费用之保障，旨在防止社会成员因病致贫。现实生活中，疾病始终存在，每一个社会成员都有罹患疾病的风险，但某个社会成员在某一特定时期是否患病、患病的程度如何以及需要花费多少医药费用，事前一般难以预计。因此，对于一般社会成员而言，需要防范因罹患重病或历时长久之病可能导致的家庭贫困。由于在特定的时空范围内，社会成员整体一般不会同时罹患疾病，尤其是不会同时罹患重大疾病，因而社会医疗保险成为各国处理疾病医药费用的有效方法。社会成员只要缴纳较低的医疗保险费便可获得社会医疗保险之保障，即一旦罹患疾病就可得到社会医疗保险基金的大额给付，用于购买相应的医药服务以恢复健康。这种社会成员互助共济的方式是防止社会成员因病致贫的有效制度安排。

再如失业保险，这是以保险方式为劳动者提供失业风险保障的社会保障项目，通过失业保险金给付以保障失业者的基本生活需要，通过失业保险基金购买就业服务的方式为失业者提供再就业的帮助。在按劳分配的原则之下，大多数社会成员需要通过参加社会劳动获得购买生活资料的能力，并实现相应的发展，否则就可能陷入贫困。因此，失业保险也是防止社会成员陷入贫困的重要制度安排。

三、社会保险与民生福祉

实现共同富裕，不仅需要经济增长和消除贫困，而且需要普遍地增进全体社会成员的民生福祉。一般认为，民生福祉主要包括幼有所育、学有所教、劳有所得、病有所医、老有所养、住有所居、弱有所扶等方面的项目。从国际和国内的制度安排看，这七类项目中有多个是采用社会保险的方式来设计制度的，例如生育保险与幼有所育相关，失业保险和工伤保险与劳有所得相关,社会医疗保险与病有所医相关,社会养老保险、长期照护保险与老有所养相关。这些社会保险项目具有广泛的覆盖范围,有的项目惠及每一个家庭,有的项目惠及每一个劳动者,有的项目则惠及每一个社会成员。所以,社会保险是惠及面最广的一类民生福祉项目。

从国际上看,自从社会保险制度普及以来,社会保险一直是各国最受重视的一类民生福祉项目。事实上,对一般的社会成员而言,通过劳动获得稳定的收入,可以维持其家庭的基本生活,其中能力较强的那部分社会成员还可以有更好的发展。同时,他们对于基本风险保障有普遍的需求,如果国家能够为其提供有效的基本保障,就可以免除其对贫困和疾病等风险事故的恐惧。在此基础上,他们可以选择自己进一步努力的方向和途径,以获得更好的生活和发展机会。所以,各国普遍通过建立社会保险制度,为社会成员提供有效的基本风险保障,使他们对未来的生活有稳定的预期。

互助共济是处理风险的有效方法(何文炯,2017),保险就是以互助共济为基础形成的最经典的风险处理机制。利用保险方法处理风险,不仅有利于降低全社会的风险后备基金规模,从而降低全社会的风险处理成本,而且具有良好的社会效应。作为最晚出现的一种保险类型,社会保险也是基于互助共济原理而设计的。社会保险由政府依靠国家强制力组织实施,参保者的选择性较低,因而其组织成本必然低于互助合作型保险和商业保险,而且可以大幅度减少保险活动中的逆向选择,并降低道德风险。所以,采用社会保险方式处理社会成员的基本风险,能够优化基本风险保障资源配置,提高全社会基本风险管理的绩效,从而增进全社会的福利。

需要指出的是,社会保险是由政府组织实施的保险项目,由政府所属的事业单位提供经办服务,而这类事业单位的运行经费来自国家财政,对于普通社会成员而言,这就省去了一笔保险服务费用,在一定程度上可以降低社会成员之间实行基本风险保障互助共济的成本,从而增进社会成员的福利。另外,由于社会保险是政府办理的保险,一旦社会保险基金出现收不抵支的情况,会由财政负责兜底,这不仅可以给全体社会成员以更高的信任和更稳定的预期，还可以降低此类保险制度的运行成本。同时，国家财政可能对社会保险部分项目的基金进行直接的补助，即相当于国家为社会成员承担社会保险缴费的部分责任，这就意味着国家财政直接补助给社会成员，这是明显的社会福利增加。

第二节　社会保险制度改革对共同富裕的贡献

在我国，社会保险是一种舶来品。直到 1951 年，国家颁布《中华人民共和国劳动保险条例》，据此建立了面向城镇工薪劳动者的劳动保险制度，使这个群体有良好的基本风险保障和职业福利。但是，以农民为主体的非工薪劳动者和其他社会成员则无法参加这项制度。改革开放之后，为适应经济体制改革的需要，国家在社会保险领域进行了一系列改革探索，实现了社会保险制度的转型和惠及范围的扩展，整体上提高了社会成员的基本风险保障水平，并通过促进经济发展，普遍改善了人民群众的生活，从而有力地促进了共同富裕。

一、社会保险制度转型促进了经济发展

1951 年建立的劳动保险制度，虽然为工薪劳动者提供了良好的风险保障，但这项制度依附于计划经济体制，其实施方式是，由公有制企业代表国家为职工提供基本风险保障服务。20 世纪 80 年代中期，国家开始实行城市经济体制改革，企业逐步成为自主经营、独立核算、自负盈亏的经济实体。由于企业的业务活动性质不同、劳动力结构不同、职工基本风险不同，因而各企业执行劳动保险政策的实际成本不同，于是企业之间的劳动保险费用负担畸轻或畸重，严重影响企业之间的公平竞争。同时，经营困难、经济效益比较差的部分企业，其职工医疗费用无处着落，部分退休人员的退休金无处可领，部分用人单位破产导致职工失去工作从而失去工资收入。因此，迫切需要对原有的劳动保险制度进行改革。

经过 10 多年的改革探索,国家于 20 世纪 90 年代后期开始采用社会统筹的方法逐步建立起一套新型的社会保险制度,包括职工基本养老保险、职工基本医疗保险、工伤保险、生育保险这四个项目,全面替代 1951 年《中华人民共和国劳动保险条例》中的相应项目。此外,1986 年增设了待业保险,1999 年更名为失业保险。这一整套制度独立于用人单位之外,在一定区域(如市或县)范围内实行各类企业及其职工之间的互助共济,要求各企业按照统一规则缴纳社会保险费,职工的社会保险待遇与用人单位的经营状况、经济效益无关。这一做法解决了困难企业对职工基本风险无力保障或保障不足等难题,不仅为职工提供了有效的基本风险保障,而且实现了社会保险的制度转型。

更重要的是,均衡各类企业在职工基本风险保障方面的费用负担,促进了社会主义市场经济体制的形成,从而促进了我国经济在较长一个时期内的持续健康发展。得益于社会主义市场经济体制的建立,全社会的劳动就业率显著提升,全体社会成员的收入水平普遍提高,全社会的财富总量也大幅度增加。因此可以说,适应于经济体制改革的社会保险制度改革,为共同富裕做出了实实在在的贡献。

二、社会保险惠及范围扩展改善了民生福祉

在推行社会保险制度改革的同时,国家致力于扩大社会保险覆盖范围,使之惠及更多的社会成员。先是将新型社会保险制度由国有集体企业职工扩展到城镇其他劳动者,包括国家机关、事业单位和国有集体企业中的非正式职工,以及民营企业、民办非企业单位、社会团体的从业人员和各类个体工商户、灵活就业人员等。于是,职工社会保险的参保人数不断增多,如图7-1 所示。截至 2022 年底,各项目全国参保人数分别为:职工基本养老保险50355 万人,职工基本医疗保险 36243 万人,工伤保险 29117 万人,生育保险24621 万人,失业保险 23807 万人。

进入 21 世纪,国家开始重视以农民为主体的非工薪社会成员的社会保

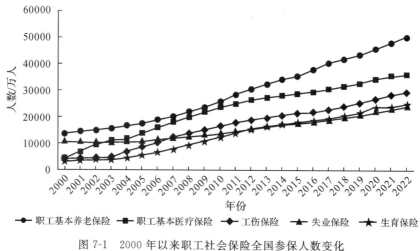

图 7-1　2000 年以来职工社会保险全国参保人数变化

数据来源:对应年份《劳动和社会保障事业发展统计公报》《人力资源和社会保障
事业发展统计公报》《全国医疗保障事业发展统计公报》。

险,于 2002 年提出并于 2003 年开始试行新型农村合作医疗(简称新农合)
制度,5 年后参保率超过 95%,几乎实现全覆盖。随着保障水平的逐步提
高,新农合在缓解农村因病致贫、因病返贫方面发挥着积极作用。2007 年,
这一做法扩展到城镇非就业人员,重点是"一老一少",即无法参加职工基本
医疗保险的老年人和少年儿童,建立了城镇居民基本医疗保险(简称城居医
保)制度。2016 年,国家将新农合与城居医保这两项制度整合成为城乡居民
基本医疗保险(简称居民医保)制度①,截至 2022 年底,全国参保人数达到
98349 万人。类似地,国家于 2009 年开始试行面向农民的基本养老金制度,
即新型农村社会养老保险制度,先是在部分地区试点,后逐步扩大试点范
围。2012 年,又将这一思路扩展到城镇非就业人员,试行城镇居民基本养老
保险制度。2014 年,将新型农村社会养老保险制度与城镇居民基本养老保
险制度整合为城乡居民基本养老保险制度②,截至 2022 年底,全国参保人数
达到 5.4952 亿人。

　　社会保险惠及范围的大幅度扩展改善了民生福祉,从而促进了共同富

---

① 《国务院关于整合城乡居民基本医疗保险制度的意见》(国发〔2016〕3 号)。
② 《国务院关于建立统一的城乡居民基本养老保险制度的意见》(国发〔2014〕8 号)。

裕。这些年来,国家开始把社会保险权益作为国民的基本权益,并通过若干项目逐步落实。一是逐步破除工薪劳动者在社会保险方面的身份差异,体制内与体制外的差异性政策开始有所松动,意味着在实现劳动者社会保险权益平等方面跨出了重要一步。二是社会保险部分项目开始面向农民。尽管目前农民在医疗费用和养老金方面的社会保险水平还很低,但这是一个良好的开端,由此结束了仅有工薪劳动者才有社会保险的历史,结束了农民没有基本养老金和没有基本医疗保障的历史。这就意味着社会成员的社会保险权益开始走向平等,这是实现人的全面发展的必要条件,这是共同富裕的应有之义。这将有益于确立全社会公平正义的价值理念,有益于调动亿万人民群众创业创新的积极性。此外,城乡居民基本医疗保险制度和基本养老保险制度在消除绝对贫困方面发挥了积极作用。在我国,根据有关统计资料,因病致贫、因病返贫是最重要的致贫因素,而城乡居民基本医疗保险制度在反贫困方面发挥了重要作用。同时,由国家财政支付的基础养老金使得每一位老年人都有一份养老金,尽管目前其给付标准还很低,但对于防范老年贫困的作用也是积极的。

三、财政补助增强了社会保险制度的再分配功能

面向工薪劳动者的社会保险主要通过参保者本人及其工作单位缴纳社会保险费来筹集社会保险基金。但是,当社会保险扩展到其他社会成员时,其基金的筹集就会遇到一定的困难,主要是由于以农民为主体的城乡居民中有相当一部分缺乏持续的缴费能力,因而国家采取了财政补助的办法,政府不仅承担社会保险经办服务的全部成本,而且对于社会保险基金还承担以下三项责任:一是在社会保险基金中有直接的资金注入,有些项目采用补进口的方法,有的则采用补出口的方法;二是承担社会保险基金兜底责任;三是对特定的低收入群体由政府相关部门或集体经济帮助其缴纳,最终绝大多数代缴的费用源于国家财政。这样做,不仅使社会保险的覆盖面有效扩大,而且增强了社会保险制度的收入再分配功能,从而促进了共同富裕。

例如,面向非工薪劳动者的城乡居民基本医疗保险制度和城乡居民基本养老保险制度,虽然参保者个人需要缴纳一定的社会保险费,但国家财政对这两项社会保险基金有较大的投入,其中居民医保的资金约三分之二来自国家财政,城乡居民基本养老保险的基础养老金全部来自国家财政。表7-1给出了2010年以来国家财政对城乡居民基本养老保险(居民养老金)和基本医疗保险(居民医保)的投入情况。

表 7-1   2010 年以来国家财政对社会保险若干项目的投入

单位:亿元

年份	居民养老金	居民医保
2010	240.09	1235.75
2011	649.41	2097.14
2012	1040.73	2504.26
2013	1235.17	3006.94
2014	1348.94	3408.51
2015	1853.48	4081.74
2016	1907.93	4421.99
2017	2130.78	4753.27
2018	2775.74	5374.10
2019	2880.51	5796.24
2020	2968.07	5978.45
2021	3310.51	6268.44
2022	3442.22	6355.73

数据来源:2010—2016年历年全国公共财政决算支出表和2018—2022年历年全国社会保险基金收入决算表。

注:这里的"居民养老金"是指城乡居民基本养老保险,2010年和2011年的数据是新型农村社会养老保险的数据。

第三节　共同富裕视角下现行社会保险制度的缺陷

20世纪80年代开始,伴随着经济体制改革,我国在社会保障领域进行了一系列改革探索,并于90年代后期逐步建立起一套全新的社会保险制度,实现了工薪劳动者基本风险保障由劳动保险到社会保险的制度转型。进入21世纪之后,国家在扩大社会保险覆盖面的同时,又为农民和城镇非工薪社会成员建立了基本医疗保险制度和基本养老保险制度。最近几年,有关部门选择部分地区进行长期照护保险的试点。这20多年来,我国在社会保险领域的改革和建设,为改革开放、经济发展和社会稳定做出了重大贡献,并使社会保险体系日益完善、惠及范围不断扩展、保障水平逐步提高,社会保险在社会保障体系乃至整个国家治理体系中的地位越来越重要。同时应该看到,由于历史和现实的诸多原因,现行社会保险制度明显地存在缺陷,与实现共同富裕的要求不相适应。

一、现行社会保险制度对经济增长的贡献不足

实现共同富裕需要有持续的经济增长。作为一类重要的社会保障项目,社会保险制度应当与整个社会的经济发展互促共进。事实上,从基金筹集到基金支付,社会保险制度运行过程伴随着庞大的资金运动,这本身就是一种经济活动。更重要的是,社会保险制度根植于社会现实,并通过制度运行对社会各主体的行为产生影响,进而影响整个经济活动。我国从20世纪80年代中期开始的社会保险制度改革探索,顺应了经济体制改革和社会转型的趋势,顺应了社会成员对基本风险保障的需要,为推动经济持续增长做出了积极的贡献。然而,由于制度设计缺陷和社会环境的变化,现行社会保险制度对经济社会发展尚有不适应之处,对经济增长的促进功能还有待增强。

第一,社会保险制度对促进消费的贡献不够。消费是推动经济稳定增

长的根本动力,而有效的社会保险制度能够给社会成员以稳定的预期,从而促进全社会的消费。但从我国的现实情况看,最近 10 多年来,尽管社会保险项目增多、参保人数增加、保障待遇提高,但整个社会的居民消费增长依然缓慢。这里虽然有众多复杂的因素,但从一定程度上可以反映出现行社会保险制度并没有给全体社会成员以足够的稳定预期,使他们增强消费信心。事实上,我国以农民为主体的大部分社会成员的社会保险项目少、保障程度低,即便是工薪劳动者这个群体,也还有很大一部分尚未参加职工社会保险。因此,我国目前社会保险的整体水平还是比较低的,这是社会保险制度对促进消费贡献不足的一个重要原因。

第二,社会保险制度未能惠及全体劳动者。劳动者是生产力诸要素中最活跃的因素,而社会保险是现代社会中维持劳动力再生产的重要机制。然而,我国早期的社会保险制度(劳动保险制度)面向公共部门的工薪劳动者,转型后的现行社会保险制度面向全体工薪劳动者,但目前事实上只覆盖了一部分工薪劳动者。2022 年全国二、三产业从业人数为 55673 万人[①],而职工基本养老保险、职工基本医疗保险、工伤保险、生育保险、失业保险这五个项目同期在职职工参保人数分别为 36711 万人、26604 万人、29117 万人、24621 万人、23807 万人。[②] 虽然根据现行规则,二、三产业从业人员中有一部分可以不参加职工社会保险,但其中绝大部分应当参保。由此可见,还有相当数量的工薪劳动者未能得到社会保险制度的全面保障,这不仅意味着社会保险权益在劳动者之间的不平等,还影响着这个劳动群体的发展,从而影响经济发展。如果把农民这个劳动群体考虑进去,则现行职工社会保险制度所惠及的范围相对地变得更小。

第三,用人单位社会保险缴费负担过重。社会保险基金主要来自参保者及其所在用人单位的缴费,因而适度的社会保险筹资水平是实现社会保

---

① 根据《2022 年度人力资源和社会保障事业发展统计公报》推算。

② 数据来源:《2022 年度人力资源和社会保障事业发展统计公报》和《2022 年全国医疗保障事业发展统计公报》。

险制度与经济发展互促共进的关键。社会保险缴费负担过重,必然增加用人单位的劳动力成本,也会减少参保者的当期可支配收入,从而影响经济增长。多年来,用人单位普遍反映社会保险缴费负担过重,要求政府降低社会保险单位缴费比率,这一度成为每年全国两会的热门议题。2019 年 4 月,国家制定了《降低社会保险费率综合方案》,至今一直执行这一政策。需要注意的是,这些降费政策并非基于原先的制度规范,而是阶段性的临时政策。事实上,在执行降费政策的过程中,并没有涉及制度设计的改进,而且有关文件还明确参保者的待遇不降低。这就意味着现行职工社会保险制度与经济发展之间出现了矛盾,且尚未得到妥善的解决。

二、现行社会保险制度预防贫困的能力偏弱

实现共同富裕是要让社会成员普遍地富裕起来,这既要通过高质量的经济发展以增加老百姓的收入和财富,也要通过有效的制度安排防止社会成员因遭遇风险事故而陷入贫困,社会保险正是国家为预防贫困而设置的一项基础性制度。客观地说,现行社会保险各项制度运行以来,在预防贫困方面已经发挥了重要的积极作用。但是,从实现共同富裕的要求出发来审视,现行社会保险制度在预防贫困方面的功能不强。事实上,现行社会保险若干项目在制度设计时并没有把预防贫困作为其首要职责,因而在制度运行之后明显地表现出其在这方面能力偏弱,比较典型的是如下几项。

第一,基本医疗保险制度难以防止因病致贫。疾病风险是每一个社会成员所面临的基本风险,为了人民健康,国家在推进全民健身运动并发展医药服务业的同时,建立了以社会医疗保险为主体的基本医疗保障体系。目前,我国社会医疗保险制度有两项,职工基本医疗保险(简称职工医保)制度面向工薪劳动者,城乡居民基本医疗保险(简称居民医保)制度面向工薪劳动者之外的其他社会成员。从有关部门公布的数据看,全国基本医疗保险

的参保率已经达到 95％ 以上①,也就是说,基本上实现了全民覆盖。但是,对于绝大多数社会成员而言,尽管参加了基本医疗保险,依然普遍担心自己可能因为疾病而陷入贫困。事实上,因病致贫和因病返贫的现象并没有消除。中国人口与发展研究中心的相关研究成果表明,在贫困群体中,因病致贫、因病返贫的比率在 40％ 左右。从制度设计及其运行情况看,目前我国大多数社会成员只是参加居民医保,而这项制度的保障水平明显低于职工医保,截至 2022 年底,这项制度的参保人数是 98349 万人,占基本医疗保险参保总数的 73％。即便是保障待遇相对较高的职工医保,也是实行基金责任封顶制②,因而参保病人因病致贫或因病返贫的现象难以避免。

第二,基本养老保险制度难以防止老年贫困。从自然规律出发,任何一位社会成员在年老之后都会退出劳动力市场,此后的生活或者依靠年轻时积累的财富,或者由其子女或亲友供养,否则会陷于老年贫困。我国从 20 世纪 50 年代初开始建立面向公共部门工薪劳动者的养老金制度,以保障退休职工的老年生活。20 世纪 90 年代开始转而采用社会养老保险制度,并将其扩展到各类工薪劳动者。2009 年开始逐步建立面向以农民为主体的其他社会成员的城乡居民基本养老保险制度,但这项制度的保障待遇很低,其给付标准大大低于同期最低生活保障标准。在 2022 年领取基本养老金的 30108 万老年人中,有 54.68％约 16464 万人的月平均基本养老金仅为 204.69 元。③ 因此,从整体上说,现行基本养老保险制度难以担当起防范老年贫困之责。

第三,长期照护保险制度尚在试点之中。随着人口老龄化和高龄化,我国失能老人的数量不断增多,比重逐渐提高,但同时家庭规模小型化趋势明显,这就使得面向失能老人的社会化照护服务需求不断增加。但是,对于大多数失能老人而言,他们购买社会化照护服务的能力普遍不足,因而其亲属

---

① 数据来源:《2021 年全国医疗保障事业发展统计公报》。
② 职工医保基金仅承担参保病人在基本医疗保险目录范围内的费用,且基金支付有明确的最高限额,其余部分全部由参保病人及其家庭负担。
③ 根据《2022 年度人力资源和社会保障事业发展统计公报》推算。

的负担沉重。如果出资请保姆到家里照护老人,或者将老人送到养老机构,则都将是家庭的一笔大额支出;如果是亲属照护,则会影响亲属的劳动收入和个人发展。如若处理不当,则或者失能老人生活质量低劣,或者家庭贫困,正可谓"一人失能,全家失衡"。从2016年开始,有关部门在部分地区逐步开始长期照护保险试点,希望通过社会化的互助共济机制化解这一风险。但从目前的情况来看,试点的范围很窄,因而受益的群体规模还很小。然而,家庭因老人失能而陷于贫困或其发展受到制约的现象正在不断增加,成为一个越来越重要的社会问题。

三、现行社会保险制度的收入再分配功能不强

共享是共同富裕的核心要义之一。社会保险是处理社会成员基本风险的一种互助共济机制,具有国民收入再分配的基因,因而是社会成员共享经济社会发展成果的一种有效载体。在我国,随着社会保险项目的增设和惠及范围的扩展,社会保险在改善整个社会的收入分配格局方面发挥了重要的积极作用。同时应该看到,现行社会保险权益设置不平等,社会保险基金互助共济性不强,导致社会保险制度收入再分配的积极效应没有充分发挥,个别项目甚至导致收入差距扩大,这与共同富裕的要求不相适应。

第一,社会保险待遇群体差距过大。无论是基于国民基本权益平等,还是基于共同富裕的要求,社会成员应当具有相同的基本风险保障权益。然而,由于历史和现实的诸多原因,现行社会保险制度依然是"分类保障"。例如社会养老保险,城乡居民与职工适用不同的制度,两者的保障待遇有显著差距且这种差距正在不断扩大。2022年,我国退休职工的月平均养老金是3606元,而老年农民的月平均养老金仅为205元,前者是后者的17.6倍之多。[①] 又如社会医疗保险,居民医保待遇的提升明显快于居民养老金的增长,且与职工医保待遇的差距也相对较小,但总体上差距依然不小。2022

---

① 根据《2021年度人力资源和社会保障事业发展统计公报》推算。

年，职工医保（含生育保险）的人均基金支出是 4206 元，而居民医保（含生育医疗费用）的人均基金支出是 951 元，前者是后者的 4.4 倍之多。① 需要指出的是，谈及这一问题时经常有人会说"职工缴费多、农民缴费少"，这是事实，但需要注意的是，多年来国家财政对职工基本养老保险制度的补助，无论是总量还是人均，都显著高于对城乡居民基本养老保险制度的补助（何文炳和潘旭华，2021）。

第二，社会保险制度互助共济的基因不足。社会保险制度的收入再分配效应很大程度上源自其制度设计的互助共济性。但从现行社会保险制度设计看，互助共济的基因相对不足。比较典型的是，职工基本养老保险、职工基本医疗保险和城乡居民基本养老保险这三个项目均设有个人账户，这就意味着参保人员所缴纳的社会保险费实际上都是个人储蓄存款，没有任何意义上的互助共济。此外，还有一些逆向再分配的做法。例如，职工医保从用人单位的缴费中划出一部分进入个人账户，许多地区是按缴费基数的比例划入，这就意味着工资收入越高的人，其个人账户划入部分越多。又如，职工基本养老保险统筹基金要为长寿者承担个人账户使用完毕后的个人账户养老金支付责任，而高收入群体的寿命相对较长（张翔、宋寒冰和吴博文，2019），因而这也是一种逆向再分配。

第三，社会保险基金在城乡和区域之间缺乏统筹。共同富裕是普遍富裕基础上的差别富裕（袁家军，2021），而平等的社会保险权益则是"普遍富裕"的重要标志之一，因此社会保险的制度政策尤其是老百姓的社会保险待遇，在城乡之间、区域之间应当基本统一。然而，在"分类保障"的原则之下，职工与居民采用不同的制度，其本质是城乡分割，意味着职工与居民的社会保险基金各自独立运行，不能实现互助共济，如此一来自然就没有"以工补农""共享发展"了。再从地区之间的关系看，长期以来我国社会保险领域有一定程度的地方分治，社会保险各项目虽然制度框架全国统一，但具体政策

---

① 根据《2021 年全国医疗保障事业发展统计公报》推算。

在地区之间有较大的差异,而社会保险基金各地自求平衡,因此社会保险基金在地区之间难以实现互助共济。

第四节　建设适应共同富裕要求的社会保险制度

作为人类文明进步的一项重要成果,社会保险制度引入中国已经有70多年的历史。改革开放以来,我国社会保险制度转型、项目增多、惠及范围扩展,在社会保障体系中的地位不断提高,在经济社会发展进程中发挥着十分重要的作用。与此同时,社会公众开始逐渐接受社会保险的理念,政府部门对于社会保险管理的经验逐步积累。在扎实推进共同富裕的进程中,社会保险制度应当并且可以发挥更为重要的作用,但现行社会保险制度及其具体政策、运行机制和服务规范都需要优化。为此,需要深化改革,建设与共同富裕相适应的社会保险制度,使之更加公平、更可持续、更有效率(何文炯,2020a)。

一、改进社会保险制度设计

我国现行社会保险体系是在经济体制改革和社会转型的过程中逐渐形成的,社会保险各项目都带有相应的历史痕迹。制度设计者基于当时对社会保险的理解,基于对那个时期的社会现实及其变化趋势的判断,设计了现行社会保险制度。然而,随着经济社会环境的快速变化,部分项目的制度政策已经表现出诸多不适应。在推进共同富裕的进程中,需要逐步改进社会保险制度设计,以适应经济社会的变化趋势,适应人民群众的诉求和国家发展的需要。

第一,要增强社会保险权益设置的公平性。共同富裕是普遍富裕基础之上的差别富裕,每一位社会成员都拥有基本风险保障权益则是"普遍富裕"的底线。因此,面临同类风险的社会成员具有同样的社会保险参与权,并且政府应当为社会成员参与社会保险创造必要的条件。由此出发,社会保险权益设置必须增强公平性，包括社会保险项目设置、待遇设定和相关服务供给的公平性。当前的重点，是要明确全体社会成员具有参加养老金、医疗、生育、长期照护等社会保险项目的权益，还要明确各类劳动者都有参与职业相关的社会保险各项目的权益，改变以劳动关系为基础建立社会保险关系的做法。尤其是要逐步改变"分类保障"的思路，朝着社会保险制度全民一体化的方向，积极探索居民与职工这两项社会保险制度的整合：以基础养老金为基础，建立面向全民的非缴费型基础养老金制度，或者是缴费型的国民基础养老保险制度，其中收入较低的群体由财政出资代为缴费；在逐步缩小两者待遇差距的基础上，积极推进职工医保与居民医保的制度整合，建设全民基本医疗保险制度。

第二，要增强社会保险制度的可持续性。社会保险是长期性的社会保障项目，是一类具有永久性特征的社会公共契约。社会保险制度唯有长期持续健康运行，才能给全体社会成员以稳定的预期，从而实现其制度目标，并促进共同富裕。然而，从学界多年来的精算分析看，现行多个社会保险项目的基金收支平衡能力较弱，这些制度的可持续性令人担忧。从制度本身的原因分析，主要有制度模式选择、待遇设定及其调整机制、筹资机制、相关服务供给及其价格形成机制和基金投资机制等设计缺陷，从制度运行环境看，有人口结构变化、疾病谱变化、劳动力市场变化和经济形势变化等。为此，需要基于清晰的学理和对人口、经济、社会变化趋势的合理预测，充分借鉴国际经验和教训，选择科学而适宜的制度模式并进行制度设计，进而提出从现行制度转向未来新制度的具体过渡方案。在这一过程中，需要准确估算社会保险制度转轨成本，承认历史债务，兑现对参保者的历史承诺，提出历史债务的计量方法和处理方案，以期获得公众的理解和支持，实现平稳过渡。

第三，要增强社会保险制度预防贫困的功能。作为预防贫困的基础性制度安排之一，社会保险各项目保障待遇的设定，都应当能够满足社会成员的基本需要。例如，基本养老保险制度所设计的基本养老金给付标准，就不应该低于最低生活保障标准,否则难以保障社会成员年老之后具有购买基本生活资料的能力。又如,现行基本医疗保险制度将许多资源用于普通门诊等"小病",不符合保险原理,并导致资源配置失衡,削弱了制度预防贫困的功能。事实上,基本医疗保险应当以"保大病"①为基本职责。为此,要在厘清基本医药费用的范围与边界、明确医保目录的基础上,将基本医疗保险由基金责任封顶制转向个人医药费用封顶制,从根本上解决社会成员因病致贫、因病返贫问题。

第四,要增强社会保险制度的收入再分配功能。作为一种重要的收入再分配机制,社会保险制度应当在社会发展成果共享方面发挥更大的作用。然而,现行基本养老保险和基本医疗保险制度均设有个人账户,这就降低了这两项制度的互助共济性,且不利于培育社会成员的保险意识,因此需要逐步淡化乃至取消个人账户。就基本养老保险而言,建议逐步实行"统账分离",将个人账户并入职业年金或个人养老金。就职工基本医疗保险而言,建议逐步缩小乃至取消个人账户(华颖,2020),实行终身缴费制,并让全部缴费进入统筹基金,这里需要采用妥善的过渡办法。还有,现行社会保险诸多项目的基金统筹范围较小,应当逐步扩大。为此,要改变"分类保障"的思路,通过建立惠及面更广的统一制度,实现城乡之间和各类劳动者之间的互助共济。此外,要在有效落实各级政府责任的基础上,适度提高基金管理层级,实现社会保险在更大区域范围内的互助共济。

第五,要增强社会保险制度对经济发展的促进功能。社会保险制度是整个社会运行体系的重要组成部分,只有适度的社会保险成本才能使社会保险制度与经济发展实现良性互动。例如,城乡居民的基本养老保险和基本医疗保险保障待遇过低,未能为社会成员免除后顾之忧,需要提高其保障待遇,以增强他们的消费能力和消费信心。又如,用人单位对某些社会保险项目的缴费负担过重,需要通过控制其保障待遇增幅,降低筹资水平,进而

---

① 这里所说的"大病",是指可能导致患者及其家庭贫困的疾病,世界卫生组织称其为"家庭灾难性支出"。遗憾的是,部分学者和实务界人士把"保大病"与"保基本"对立起来。

减轻用人单位的缴费负担。再如，面向公职人员的某些社会保险项目的保障待遇过高，需要通过改革降低其保障待遇或控制其增幅，以增强社会保险公平性，并增强这个群体获取补充性保障的内在动力。此外，面向劳动者的职业伤害保险和失业保险等项目目前仅限于正规就业人员，需要扩展其适用范围，以适应劳动力市场的变化，并促进新业态、新经济的发展（何文炯，2020c）。

二、统一社会保险制度政策

现行社会保险制度和政策存在诸多缺陷，需要基于正确的学理和对经济社会发展方向的把握，逐步改进社会保险制度设计并逐步过渡。目前还有一个较为突出的问题是，与"分灶吃饭"的财政体制相适应，我国现行社会保险制度框架基本统一，但社会保险领域的若干重要政策在地区之间存在明显的差异，直接影响到社会成员社会保险权益的公平性和制度运行的规范性。因而需要积极创造条件，按照"抑峰填谷"的思路，加快统一社会保险制度和政策，不断减少地区之间的社会保险政策差异，以适应共同富裕的进程。

第一，统一社会保险待遇确定规则。社会成员的社会保险权益主要体现于社会保险待遇，社会保险待遇不统一意味着社会保险权益不统一，这与共同富裕的要求不相适应，需要尽快改变。例如，尽管医疗保障待遇清单制度已经实行，但基本医疗保险的保障待遇在地区间存在明显的差异，待遇享受条件、最低缴费年限、离退休人员优惠和住院费用报销封顶线等要件在地区间的差异很明显，仅职工医保最低缴费年限这一项，各地规定有 15 年、20 年、25 年、30 年不等，这是参保职工基本权益的差异，也意味着他们为取得这项权益所需要支付的成本的差异。因此，要完善医疗保障待遇清单制度，加快统一基本医疗保险待遇确定规则。又如，职工基本养老保险和城乡居民基本养老保险都有个人账户,但二者的记账利率不同。根据现行规则[①],前者的记账利率全国统一,由中央政府有关部门公布,例如 2016 年为8.31%[②],此后每年一般在 6% 以上。但是,后者的记账利率由各省份根据基金的实际投资回报率确定[③],于是各年份之间、各地区之间的记账利率会有很大的差异,例如,有的省份能够达到 6% 以上[④],有的省份是 3% 左右[⑤],还有的省份甚至更低。诸如此类的问题,既有群体差异,又有地区差异,此等状况应当尽快改变。

第二,统一社会保险筹资规则。社会保险制度运行的成本需要由筹资的各方承担,而筹资规则关系到参保主体的切身利益,因而直接影响参保主体的行为,进而影响社会保险制度的统一规范甚至影响经济发展。当然,在各地社会保险基金自求平衡的规则之下,地区之间的社会保险筹资水平存在一定差异是可以理解的。但是,社会保险筹资相关的一些基础性问题,需要尽快制定统一而清晰的规则。例如,社会保险需要多渠道筹资,其中主要由国家、参保者个人及其用人单位三方共同筹资,因此首先要明确这三者的出资份额,尤其是国家财政对社会保险各项目的筹资责任,这里包括各级财政对于社会保险各项目的筹资责任,在此基础上确定个人和用人单位的出资份额。又如,社会保险费以缴费基数为基础计算,但实践中各地的缴费基数并不统一(何文炯,2020b),有的地区以社会平均工资或在岗职工平均工

---

① 《人力资源社会保障部 财政部关于印发统一和规范职工养老保险个人账户记账利率办法的通知》(人社部发〔2017〕31 号)。

② 《人力资源社会保障部办公厅 财政部办公厅关于公布 2016 年职工基本养老保险个人账户记账利率等参数的通知》(人社厅发〔2017〕71 号)。

③ 《人力资源社会保障部 财政部关于规范城乡居民基本养老保险个人账户记账利率的通知》(人社部发〔2021〕60 号)。

④ 广西壮族自治区 2021 年度城乡居民基本养老保险个人账户记账利率为 6.29%,见《广西壮族自治区人力资源和社会保障厅 广西壮族自治区财政厅关于公布 2021 年度城乡居民基本养老保险个人账户记账利率的通知》(桂人社发〔2022〕36 号)。

⑤ 2022 年城乡居民基本养老保险个人账户记账利率,江西省为 3.07%,青海省为 3.81%。分别见《江西省人力资源和社会保障厅 江西省财政厅关于公布 2022 年我省城乡居民基本养老保险个人账户记账利率的通知》《青海省人力资源和社会保障厅 青海省财政厅关于公布青海省 2022 年城乡居民基本养老保险个人账户记账利率的通知》。

资为基础计算,有的以当地最低工资标准为基础计算,有的甚至还在此基础上打折确定缴费基数,这不仅影响社会保险基金的足额征收,而且使得各地的劳动力基础成本不同,因此必须尽快统一社会保险缴费基数的确定方法。

第三,逐步提高社会保险制度政策统一的行政层级。由于历史和现实诸多的原因,我国社会保险在一定程度上是地方分治,因而地区之间的社会保险制度政策存在差异。这种差异在早期更为明显,在许多地方曾经是"一县一策"。进入21世纪以来,社会保险的部分政策逐渐实现了省级层面的统一,但还有一些政策依然停留在县级或者地市级,这在一定程度上影响着社会成员社会保险权益的平等和区域之间的均衡协调发展。建议尽快由县级统一提升到地市级统一,再由地市级统一逐步实现省级统一,最终实现全国统一。

三、完善社会保险运行机制

社会保险涉及众多社会主体,并与宏观经济和社会文化紧密相关,是一个复杂的运行系统,需要建立一套有效的运行规则。如果这套规则能够充分注意社会保险制度各相关主体的利益诉求和行为选择,又能注意到我国人口众多,幅员辽阔,地区间的自然环境、资源禀赋和文化习俗存在明显差异的基本国情,那么社会保险这个运行系统本身及其伴随的经济活动将是高效的。更重要的是,社会保险各项目的制度目标能够实现,使全体社会成员能够得到有效的基本保障,从而促进社会团结和经济发展,进而推动共同富裕。据此,需要从以下几个方面着手。

第一,厘清各级政府的社会保险筹资职责。社会保险是一项基本公共服务,政府的职责是明确的,但各层级政府之间的职责划分还不够清晰,这在一定程度上影响着社会保险制度运行的效率,甚至影响到部分社会成员部分社会保险权益的落实。根据现行规则,职工基本养老保险(企业部分)实行全国统筹,其他各项社会保险实行地方统筹,有省级统筹的,也有地市级统筹的,还有若干项目是县级统筹的。这里所说的"统筹"在哪一级,就意味着由该级政府承担所辖行政区域内的社会保险基金平衡责任,包括社会保险费征收和基金兜底责任。从理论上讲,各地社会成员享有相同的社会保险权益,但由于各地人口结构、疾病谱、经济状况等因素存在差异,因而各地的筹资能力会有差异,个别地区可能无力承担社会保险制度运行所需要的全部资金,这就需要上级政府或其他地区提供帮助,但目前缺乏清晰的规则。为此,要进一步明晰各级政府的筹资职责,完善社会保险领域基本公共服务支出责任的规则,尤其是省级以下各级政府之间的支出责任划分。同时要考虑到地区间筹资能力的差异,建立社会保险基金统筹调剂的机制,使富裕地区和筹资能力较弱的地区都能够认真负责地筹资,避免机会主义行为。

第二,建立更加有效的政府部门协同机制。社会保险制度的运行,需要各部门在明晰职责的基础上有效协同,否则不仅会影响社会保险制度目标的实现,还会导致整个系统效率降低并浪费公共资源。在扎实推进共同富裕的进程中,需要政府各部门有更明确的定位、更清晰的职责、更有效的协同。例如,社会保险业务目前由多个部门主管,这在一定程度上增加了整个社会保险体系的运行成本,建议按照"大部制"的思路,积极创造条件,适时将社会保险有关的职能部门归并,甚至可以考虑将包括社会保险在内的各类社会保障职能归并到一个部门。又如,部分地区已经开始进行长期照护保险试点,按照中央的有关精神,这一项目将作为社会保险的"第六险"逐步在全国普遍实施。但是,根据现行职责划分,民政部门是以照护服务为重点的养老服务的业务主管部门,他们已经在长期照护保障方面有一系列探索,包括部分由公共部门提供或通过购买服务提供的长期照护服务,其中部分服务与长期照护保险试点中的服务项目重叠,因而需要尽快就长期照护保险制度的职责定位以及与民政部门的相关职责有一个清晰的划分。

第三,建立社会保险精算制度。社会保险制度不仅惠及面广、社会关注度高,而且所需资金量大、运行周期长,因而具有很强的专业技术性。精算是体现社会保险专业性的重要特征之一,但我国目前还没有形成系统的社会保险精算制度。现行《中华人民共和国社会保险法》中没有关于精算的规定，即便是中央提出"坚持精算平衡原则"之后，有关部门也没有就此作出全面而系统的部署。在扎实推进共同富裕的进程中，为了给全体社会成员以稳定的预期，并提高社会保险治理的现代化水平，需要加快建立社会保险精算制度。为此，首先要确立社会保险"以支定收"的基金管理原则，并以此为基础建立社会保险各项目的精算平衡机制，进而科学厘定社会保险费率。其次是建立社会保险制度政策调整的精算评估机制，即社会保险制度或政策的每一项重要变动都应当事先进行精算评估，论证其可行性，作为决策的重要依据。与此同时，要统一社会保险缴费基数的确定规则，夯实缴费基数，规范缴费行为，把缴费比率作为社会保险各项目基金收支平衡的主要调控指标，采用精算技术方法厘定，形成相对稳定的基准费率，适时依法依规调整变动。有了这些基础，就可以建立社会保险精算报告制度，客观准确地反映社会保险各项目基金的收入、支出和结余状况，并以适当方式公开，让社会公众知情、理解，并得到他们的支持。

四、健全社会保险服务规范

社会保险是一个复杂的运行系统，其中有大量的服务项目。首先，社会保险面向全体社会成员，社会保险经办机构要为每一位参保者提供全过程的服务。其次，社会保险有众多项目，少量项目通过资金给付即可实现其制度目标，但多数项目需要通过相关服务的有效供给才能实现其制度目标，例如社会医疗保险、职业伤害保险和生育保险需要医药服务，长期照护保险需要照护服务，失业保险需要教育培训服务等。社会保险领域的这两类服务，不仅关系到社会保险制度运行的效率，而且直接关系到社会成员对于社会保险的获得感，关系到他们对社会保险制度的信任和在制度运行过程中的配合。此外，这些服务是现代服务业的重要组成部分。因此，社会保险服务是推动经济发展、增进社会稳定和谐，进而促进共同富裕的重要力量。然而，现行社会保险领域的服务还有诸多不尽如人意的地方，需要进一步规范。

第一,加快完善全国统一的社会保险公共服务平台。随着基本养老保险全国统筹工作的逐步推进,全国统一的社会保险公共服务平台建设也在稳步推进。党的十九大提出,"建立全国统一的社会保险公共服务平台"。这一公共服务平台能够提供社会保险参保信息、资格认证、社会保险关系转移、社会保险待遇查询、异地就医查询、境外免缴申请、社会保障卡和电子社会保障卡状态查询等功能,自 2019 年上线运行以来,已经发挥了重要的积极作用。但是,目前这一系统仅适用于人力资源和社会保障部门所管理的那部分社会保险业务,还缺乏其他社会保险项目,这就意味着这个公共服务平台还没有充分发挥其应有的作用。因此,需要积极创造条件,把尚未进入这个平台的其他社会保险业务整合进去,让这个平台能够更高效地发挥作用,并方便每一位社会成员。

第二,建立统一的社会保险经办服务标准体系。社会保险经办服务涉及每一位参保人员,还涉及用人单位和相关服务供给机构等众多社会主体,既关系到整个社会保险体系的运行效率,也关系到全体社会成员的体验感受,是一种重要的基本公共服务。多年来,各地陆续制定并实行了社会保险经办服务的一系列规程并发挥了积极作用。同时应当看到,各地的社会保险经办服务规则存在一定差异,服务的质量也参差不齐。为此,需要按照"标准化促进均等化"的思路,加快推进社会保险经办服务标准化,借鉴国际经验,总结推广发达地区的先进经验,充分利用互联网、大数据等现代信息技术,逐步健全社会保险相关服务的规范和标准,包括经办服务流程标准、各项业务的具体经办标准、信息采集标准、查询服务标准、服务质量标准、满意度评价标准等。

第三,逐步健全社会保险相关服务的标准体系。社会保险的多个项目需要通过有效的专业化服务才能实现其制度目标,这些服务直接面向社会保险参保人员,尤其是遭遇风险事故的保障对象,而他们的体验感受直接关系到社会保险制度的运行效果,关系到人民群众对社会保险制度政策的理解、信任和支持。这些年来,社会保险相关的各类服务供给逐渐增加,规范化程度也在提高,并且建立和实施了部分标准,产生了良好的效果。同时应该看到,不同领域和不同地区社会保险相关服务的规范化程度不同,多个领域缺乏统一的服务标准。为此,要进一步完善与社会医疗保险、职业伤害保险和生育保险相关的医疗服务、康复服务和药事服务标准体系,加快建立与长期照护保险相关的失能照护服务标准体系,以及与失业保险等相关的教育培训服务标准体系,为社会保险制度目标的有效实现和现代服务业的高质量发展奠定坚实的基础。

第四,建立健全社会保险相关服务的价格形成机制。社会保险相关服务价格直接关系到社会保险制度的运行成本和社会保险基金的使用效率。多年来,社会保险部门及其经办机构与相关服务供给系统协同,持续探索社会保险相关服务的价格形成机制(胡晓毅、詹开明和何文炯,2018),取得了积极的进展,例如基本医疗保险付费机制改革、养老服务机构收费价格改革等。同时应当看到,此类问题比较复杂,在国际上也是难题,因此需要基于对社会保险相关主体行为的分析和对各类服务市场规律的把握,持续不断地探索社会保险相关服务价格形成机制,包括谈判机制和协商机制等,也要鼓励和支持医疗、药品、照护、康复、教育培训等行业形成有效的行业自律机制。

第八章　建立国民基础养老金
制度促进共同富裕^①

　　共同富裕是中国特色社会主义的本质要求,是中国式现代化的重要特征。党的十八大以来,以习近平同志为核心的党中央立足于全面建设社会主义现代化国家战略目标,把逐步实现全体人民共同富裕摆在更加重要的位置上,提出了关于新时代实现共同富裕的一系列重大战略思想,着力推动经济高质量发展,促进区域协调发展,采取有力措施保障和改善民生,打赢脱贫攻坚战,为促进共同富裕创造了良好条件。

　　党的二十大报告对中国式现代化进行了深刻阐述,明确指出中国式现代化是"全体人民共同富裕的现代化",把实现全体人民共同富裕作为中国式现代化的重要特征和本质要求。实现共同富裕,既能更加充分地解放和发展生产力,也将更有效、更直接地回应人民群众之关切,满足人民对美好生活的需要,是建设社会主义现代化强国的必然选择。

　　社会养老保障作为一项惠及面广、涉及资金量大、社会关注度高的社会保障项目,在实现共同富裕目标的征程中扮演重要角色。我国的公共养老金制度肇始于1951年建立的劳动保险制度,经过70多年的发展取得了令人瞩目的成绩。

---

　　① 本章主要内容发表于《社会治理》2024 年第 3 期。

改革开放以来，我国社会保障覆盖范围逐步从国企职工和机关事业单位工作人员扩展到城镇企事业单位职工、个体劳动者和灵活就业人员，从城镇职工扩展到城乡居民。通过不断扩大社保覆盖面，从制度全覆盖向法定人群全覆盖的方向不断推进，各项社保待遇水平也相应提高，社保改革取得了辉煌成就。

党的十八大以来，我国社会保障事业进入新的发展阶段，出台了一系列重大改革措施，改革的整体性、系统性大大增强，基本建立了覆盖全民、统筹城乡、多层次的社会保障制度体系。目前，我国基本养老保险包括企业职工基本养老保险、机关事业单位基本养老保险和城乡居民基本养老保险（分别简称为企职保、机关保和城乡居保）。截至 2022 年末，三大基本养老保险已经覆盖全国 10.53 亿人口。2016 年 11 月，国际社会保障协会为了表彰中国近年来在扩大社会保障覆盖面工作中取得的卓越成就，授予中国政府"社会保障杰出成就奖"。

然而，目前我国仍处于社会主义初级阶段，发展不平衡不充分问题仍然突出，促进全体人民共同富裕作为一项长期任务，仍面临诸多困难与挑战。我国的基本养老保险制度仍然存在"公平性不足、可持续性令人担忧、制度运行效率不高"等问题（何文炯，2020a），与共同富裕发展目标的要求相比仍然存在着较大的差距。

首先，基本养老保险尚未实现"人口全覆盖"。根据后文估算，2022 年全国仍然有至少 1235 万人口尚未被纳入基本养老保险体系。其次，城乡居民基本养老保险待遇严重偏低，尚无法保障老年人的基本生活。2022 年，城乡居民基本养老保险人均月养老金支出金额为 204.69 元，仅为 2022 年末全国农村低保标准 582.10 元的 35.16%。最后，三大基本养老保险间的待遇绝对差距持续扩大，不利于实现共同富裕。2021 年，我国机关保、企职保和城乡居保人均月基金支出金额分别为 6483.71 元、3047.03 元和 190.95 元，机关保和城乡居保人均月基金支出金额差距从 2020 年的 5592.93 元增加到 6292.76 元。① 基本养老保险作为我国最重要的收入再分配制度之一,不仅没有缩小反而扩大了人群间的收入差距。

同时,我国基本养老保险的可持续性面临着严峻挑战。2021 年,城镇职工基本养老保险(包括企业职工基本养老保险和机关事业单位工作人员基本养老保险)基金总收入 60455 亿元,基金支出 56481 亿元。②

但上述基金收入数据是包括了当年财政基本养老保险补贴的数据。根据财政部 2021 年财政决算报告③,2021 年我国企业职工基本养老保险补贴 6613.02 亿元,机关事业单位工作人员基本养老保险补贴 6150.09 亿元。

据此推算,在扣除了基本养老保险财政补贴后,2021 年我国城镇职工基本养老保险净亏损 8789.11 亿元。这还尚未包括城镇职工基本养老保险个人账户记账利率"虚高"带来的"利差损"潜在亏损(张翔、郑阳雨璐和杨一心,2021)。

本章首先对我国尚未被基本养老保险覆盖的人口规模进行大致估算,然后指出建立完全由财政筹资、面向全体国民的非缴费型养老金制度——国民基础养老金制度——可以为目前尚未被基本养老保险覆盖的人群提供老年基本生活保障,防止发生老年贫困,弥补基本养老保障缺失的制度短板。按照 2030 年实现国民基础养老金达到全国农村最低生活保障水平的目标,本章对建立国民基础养老金制度的所需财政资金进行了测算,并对如何通过调整基本养老保障财政支出结构以筹措相关财政资金提出了政策建议。

第一节 我国基本养老保险参保情况

我国基本养老保险包括企业职工基本养老保险、机关事业单位基本养老保险和城乡居民基本养老保险。④ 2009 年,我国开始试点实行统账结合的

① 数据来源:根据《中国劳动统计年鉴(2022)》相关年份基金支出和领取待遇人数计算得到。
② 数据来源:人力资源和社会保障部发布的《2021 年度人力资源和社会保障事业发展统计公报》。
③ 数据来源:财政部官方网站,http://www.mof.gov.cn/gkml/caizhengshuju/。
④ 近年来,全国部分地区针对失地农民等特殊群体建立了专门面向特定人群的基本养老保险制度(如被征地农民基本生活保障制度等),但目前尚没有全国层面的相关统计数据。

新型农村居民社会养老保险制度[①]，明确了政府在参保缴费和待遇发放方面的补贴责任。2011年，中国政府为尚未被职工基本养老保险覆盖的城镇居民建立了城镇居民社会养老保险制度，其制度框架与新农保制度基本相同。2014年，新型农村社会养老保险和城镇居民社会养老保险两项制度合并实施，建立了统一的城乡居民基本养老保险制度。

根据《中华人民共和国社会保险法》，职工参加企业职工基本养老保险是法定义务，无雇工的个体工商户、未在用人单位参加基本养老保险的非全日制从业人员以及其他灵活就业人员可以参加基本养老保险。[②] 2014年《国务院关于建立统一的城乡居民基本养老保险制度的意见》（国发〔2014〕8号）规定，"年满16周岁（不含在校学生），非国家机关和事业单位工作人员及不属于职工基本养老保险制度覆盖范围的城乡居民，可以在户籍地参加城乡居民养老保险"。可见，城乡居民基本养老保险是一项自愿参加的基本养老保险制度。

我国在2014年建立城乡居民基本养老保险制度后，已经实现了基本养老保险的"制度全覆盖"。这意味着凡是符合参保条件的中国公民，无论其是否就业、是否有稳定雇主，只要其本人愿意，都可以选择缴费参加一项基本养老保险。但我国尚未实现基本养老保险的"法定人群全覆盖"。按照《中华人民共和国社会保险法》的规定，大部分农民工作为职工应该参加企业职工基本养老保险。但实际上，总数超过2.9亿人的农民工，大部分参加的是城乡居民基本养老保险。

截至2022年末，我国城镇职工基本养老保险（企职保和机关保的合称，简称城职保）参保人数为50355万人，城乡居民基本养老保险参保人数为

---

① 1992年，民政部开始探索建立完全积累制的农村社会养老保险制度（亦被称为"老农保"），由于没有明确政府补贴责任，加上投资运营和基金管理水平有限，部分地区基金收不抵支。1999年我国对"老农保"进行了清理整顿。

② 《中华人民共和国社会保险法》第十条规定："职工应当参加基本养老保险，由用人单位和职工共同缴纳基本养老保险费。无雇工的个体工商户、未在用人单位参加基本养老保险的非全日制从业人员以及其他灵活就业人员可以参加基本养老保险，由个人缴纳基本养老保险费。"

54952 万人,三项基本养老保险参保人数合计 105307 万人。① 从参保人数看,我国已实现基本养老保险"人口广覆盖"目标,但尚未实现基本养老保险"人口全覆盖"目标。

根据国家统计局《2022 年国民经济和社会发展统计公报》,2022 年末,全国人口为 141175 万人。其中,0—15 岁(含不满 16 周岁)人口 25615 万人,占 18.1%;16—59 岁(含不满 60 周岁)的劳动年龄人口 87556 万人,占 62%;60 周岁及以上老年人口 28004 万人,占 19.8%(其中 65 周岁及以上老年人口 20978 万人,占 14.9%)。因此,我国 16 岁及以上人口合计为 115560 万人。

按规定,16 岁以上在校学生不需要参加基本养老保险。根据教育部 2023 年 3 月 23 日公布的《2022 年全国教育事业发展基本情况》,2022 年全国普通高中在校生 2713.87 万人,全国中等职业教育(不含人社部门管理的技工学校)在校生 1339.29 万人,各种形式高等教育在学总规模 4655 万人。全国 16 岁及以上人口在扣除以上三类共 8708.16 万 16 岁以上在学人口后为 106851.84 万人。②

此外,我国现役军人(总人数约 200 万人)和武警部队(总人数约 110 万人)实行专门的军人保险制度。据此估算,2022 年我国应参保人口约为 106542 万人,至少还有约 1235 万人口尚未被三大基本养老保险制度覆盖③,约占应参保人口的 1.16%。在这 1235 万尚未参加基本养老保险的人口中,

---

① 数据来源:中华人民共和国人力资源和社会保障部. 2022 年度人力资源和社会保障事业发展统计公报[R/OL]. (2023-06-19)[2023-07-20]. https://www.mohrss.gov.cn/xxgk2020/fdzdgknr/ghtj/tj/ndtj/202306/W020230620362129217161.pdf.

② 教育部提供的数据没有区分全日制在校学生和在职学生,因此这里实际上多扣除了一部分高校学生。

③ 如果考虑我国企业职工基本养老保险和城乡居民基本养老保险还存在重复参保情况,我国实际未被三大基本养老保险制度覆盖的人口可能会更多。国内 CFPS 等主流调查数据显示,未被基本养老保险覆盖的人口占比不低:28.41%(CFPS 2020)、32.99%(CHFS 2019)和 4.54%(CHARLS 2018)。中国健康与养老追踪调查(CHARLS)数据针对 45 岁以上人群,这可能是 CHARLS 数据与 CFPS、CHFS 数据差异较大的原因之一。虽然不同调查的数据结果内部差异不小,但参保率都低于根据人社部统计的参保率。

一部分为老年人，他们目前没有基本养老保障，是我国目前基本养老保障制度方面的主要短板。

第二节 城乡居民养老保险缴费和领待的"解绑脱钩"

如前所述，机关事业单位工作人员和企业职工参加城镇职工基本养老保险是其法定义务，但城乡居民基本养老保险是一项自愿参加的基本养老保险。由于社会成员风险意识、参保意愿和缴费能力存在差异，仅仅依靠目前三大基本养老保险无法确保实现基本养老保障的"人口全覆盖"。我们需要探索建立一种新的基本养老保障项目，实现基本养老保障的"人口全覆盖"目标。

国民基础养老金是一种完全由财政筹资、面向全体国民的非缴费型养老金制度，其主要功能是为全体国民提供老年基本生活保障，防止发生老年贫困。传统的社会养老保险都强调履行参保缴费和享受保障权益的平衡。当事人必须先履行缴费义务，才能享受领取养老金待遇的权利。对于部分没有稳定工作甚至没有劳动能力的低收入人群而言，他们可能因为缺乏缴费能力而被社会养老保险项目排斥在外。

与社会养老保险不同，国民基础养老金制度的筹资来自财政补贴，其待遇享受基于当事人的公民身份而不以当事人工作、参保、缴费为前提，因此这一制度可以将低收入者、失业者、重病者、残疾人等社会养老保险的边缘群体纳入基本养老保障范围。因此，国民基础养老金制度非常适合用于弥补我国部分老年人基本养老保障缺失的短板，实现基本养老保障的"人口全覆盖"目标。

城乡居民基本养老保险虽然名为"基本养老保险"，其实是一种"以基础养老金为主，以个人账户为辅"的基本养老保障制度。2021年，城乡居保基金支出的约 85% 为财政补贴的基础养老金。^① 城乡居保基础养老金大部分来自中央财政补贴,少部分来自地方政府补贴。^② 因此城乡居保基础养老金并不是一种现收现付制社会养老保险待遇,而是来源于财政补贴,其最终筹资来源于全体纳税人。

城乡居保个人账户养老金待遇一部分来自参保者之前每年的定额缴费及其孳息,另一部分来自地方政府之前每年的缴费补贴及其孳息。城乡居保参保者所有的个人缴费都进入其个人账户,既不用于当期老年参保者的待遇发放,也不用于将来其他长寿参保者的待遇发放。参保者去世时其个人账户个人缴费部分的剩余金额可以继承,但长寿参保者在领完其个人账户余额之后可以继续领取个人账户待遇直至去世。这些长寿参保者额外领取的个人账户待遇也来自财政补贴。因此,城乡居保个人账户并不具备社会养老保险短寿与长寿参保者分担长寿风险的基本功能。

城乡居保的基础养老金待遇领取是以当事人履行参保缴费义务为前提的,但豁免了 2009 年制度建立前已经年满 60 周岁的老年人的缴费义务。这些在制度建立前已经年满 60 周岁的老年人从来没有缴过费,他们可以直接享受城乡居保基础养老金,相当于享受了国民基础养老金,但在制度建立时

---

① 根据财政部 2021 年财政决算报告数据,2021 年城乡居民基本养老保险基金收入为 5362.36 亿元,基金支出为 3711.32 亿元。基金收入中,财政补贴收入为 3310.51 亿元,占当年基金支出金额的 89.20%。财政补贴中,3167.73 亿元为基础养老金补贴(占当年基金支出金额的 85.35%),其余 142.78 亿元为城乡居保缴费补贴(占当年 1563.45 亿元城乡居保缴费收入的 9.13%)。

② 2009 年 9 月,国务院发布的《国务院关于开展新型农村社会养老保险试点的指导意见》(国发〔2009〕32 号)规定:"政府对符合领取条件的参保人全额支付新农保基础养老金,其中中央财政对中西部地区按中央确定的基础养老金标准给予全额补助,对东部地区给予 50% 的补助。地方政府应当对参保人缴费给予补贴,补贴标准不低于每人每年 30 元;对选择较高档次标准缴费的,可给予适当鼓励,具体标准和办法由省(区、市)人民政府确定。对农村重度残疾人等缴费困难群体,地方政府为其代缴部分或全部最低标准的养老保险费。"

未满60周岁的参保者需要按照规定履行缴费义务后才能享受养老金待遇。①

因此,城乡居保基础养老金非常接近国民基础养老金,但尚不属于真正的非缴费型国民基础养老金。如果我们取消只有缴费参保才能享受城乡居保基础养老金的要求,直接按照城乡居保基础养老金待遇标准给所有城乡居保制度实施后的"新老人"(包括目前尚未参加基本养老保险的"新老人")按月发放城乡居保基础养老金,我国将马上实现老年人口基本养老保障的"人口全覆盖"。

第三节　城乡居民养老保险基础养老金和农村低保的"并标挂钩"

取消只有城乡居保缴费参保才能享受城乡居保基础养老金的规定能够有效解决基本养老保障的"人口全覆盖"问题,但目前我国城乡居民基本养老保险基础养老金水平严重偏低,尚不足以达到保障基本老年生活需要的水平。因此,在解决了城乡居保基础养老金"有没有"问题之后,还需要解决城乡居保基础养老金待遇水平"够不够"的问题。

我国城乡居民基本养老保险基础养老金待遇水平从2009年的55元基础养老金起步,经过15年的发展,提高到2023年的93元。虽然基础养老金增长幅度不算低,但绝对水平严重偏低,与城镇职工基本养老保险、机关事业单位工作人员基本养老保险的待遇差距过大,而且待遇绝对差距呈持续扩大趋势。

表8-1和图8-1列出了2009—2022年城乡居保与城职保的基本情况。

---

① 2014年2月,国务院发布的《国务院关于建立统一的城乡居民基本养老保险制度的意见》(国发〔2014〕8号)规定:"参加城乡居民养老保险的个人,年满60周岁、累计缴费满15年,且未领取国家规定的基本养老保障待遇的,可以按月领取城乡居民养老保险待遇。新农保或城居保制度实施时已年满60周岁,在本意见印发之日前未领取国家规定的基本养老保障待遇的,不用缴费,自本意见实施之月起,可以按月领取城乡居民养老保险基础养老金;距规定领取年龄不足15年的,应逐年缴费,也允许补缴,累计缴费不超过15年;距规定领取年龄超过15年的,应按年缴费,累计缴费不少于15年。"

城乡居保与城职保的月基金支出金额之比从 2010 年最高的 6.80% 下降到 2012 年最低的 1.82%,之后波动上升,但一直没有达到 2010 年的最高水平（见表 8-1）。2022 年,我国城镇职工基本养老保险（含企业职工基本养老保险和机关事业单位基本养老保险）人均月基金支出金额为 3605.68 元,城乡居民基本养老保险人均月基金支出金额为 204.69 元,仅为前者的 5.68%。而两者的绝对差距更是从 2009 年的 1235.63 元持续扩大到 2022 年的 3400.99 元（见图 8-1）。

城乡居民基本养老保险的月支出水平不仅低于城镇职工基本养老保险,也远低于我国城乡最低生活保障标准,甚至尚未达到我国城乡低保的人均补助金额水平。表 8-2 列出了 2009 年到 2021 年城乡居保人均月支出金额和城乡低保月待遇水平及城乡低保人均补差金额。

城乡居保月支出金额与城镇低保标准之比呈在波动中缓慢上升的趋势,2021 年达到最高水平,但也只有 26.84%;城乡居保月支出金额与农村低保标准之比则呈在波动中缓慢下降的趋势,2021 年的 36.02% 为 2009—2021 年的历史第三低点,远低于 2010 年的 49.75% 和 2015 年的 45.01%。

城乡居保月支出金额与城镇低保人均补差额之比呈在波动中缓慢上升的趋势,但 2021 年也仅达到 34.92%,低于 2015 年最高的 37.65%;城乡居保月支出金额与农村低保人均补差额之比呈先升后降趋势,2021 年仅为 59.02%,远低于 2015 年最高的 80.97%。

城乡居保月支出金额与城镇居民可支配收入之比呈现缓慢上升趋势,2021 年达到历史最高的 4.83%,但仅比历史最低的 2009 年的 2.84% 上升了不到两个百分点;城乡居保月支出金额与农村居民可支配收入之比整体呈在波动中缓慢上升的趋势,2021 年为 12.10%,但仅比 2009 年最低的 9.48% 上升了 2.62 个百分点。

综上,目前城乡居民基本养老保险的待遇标准严重偏低,尚无法满足保障老年基本生活的需要。我国城乡居民基本养老保险需要进一步从解决"有没有"问题转向解决"够不够"问题。

表 8-1 2009—2022 年我国城乡居民基本养老保险和城镇职工基本养老保险基本情况

指标	2009 年	2010 年	2011 年	2012 年	2013 年	2014 年	2015 年	2016 年	2017 年	2018 年	2019 年	2020 年	2021 年	2022 年
城乡居民参保人数/万人	8691	10277	33182	48370	49750	50107	50472	50847	51255	52392	53266	54244	54797	54952
其中:领取待遇人数/万人	1556	2863	8760	13075	13768	14313	14800	15270	15598	15898	16032	16068	16213	16464
当年基金收入/亿元	—	453	1110	1829	2052	2310	2855	2933	3304	3838	4107	4853	5339	5571
当年基金支出/亿元	76	200	599	1150	1348	1571	2117	2150	2372	2906	3114	3355	3715	4045
年末基金累计结存/亿元	681	423	1231	2302	3006	3845	4592	5385	6318	7250	8249	9759	11396	12962
人均月基金支出/(元/月)	40.70	58.21	56.98	73.30	81.59	91.47	119.20	117.73	126.73	152.33	161.86	174.00	190.95	204.69
城职保参保人数/万人	23550	25707	28391	30427	32218	34124	35361	37930	40293	41902	43488	45621	48074	50349
其中:离退休人员人数/万人	5807	6306	6826	7446	8041	8593	9142	10103	11026	11798	12310	12762	13157	13644
当年基金收入/亿元	11491	13420	16895	20001	22680	25310	29341	35058	43310	51168	52919	44376	60455	63122
当年基金支出/亿元	8894	10555	12765	15562	18470	21755	25813	31854	38052	44645	49228	51301	56481	59030
年末基金累计结存/亿元	12526	15365	19497	23941	28269	31800	35345	38580	43885	50901	54623	48317	52574	69851
人均月基金支出/(元/月)	1276.33	1394.84	1558.38	1741.65	1914.15	2109.76	2352.97	2627.44	2875.93	3153.43	3332.52	3349.85	3577.37	3605.68
城乡居保与城职保待遇差/(元/月)	1235.63	1336.63	1501.40	1668.35	1832.56	2018.29	2233.77	2510.11	2749.20	3001.10	3170.66	3175.85	3386.42	3400.99
城乡居保与城职保待遇比/%	5.62	6.80	2.06	1.82	1.97	2.19	2.83	2.77	2.97	3.49	3.65	5.19	5.34	5.68

数据来源:城乡居民基本养老保险(2011 年前为新型农村社会养老保险)相关数据来自人力资源和社会保障部 2009—2022 年度的《人力资源和社会保障事业发展统计公报》。

图 8-1　2009—2022 年我国城乡居民基本养老保险和城镇职工基本养老保险月支出水平比较

下面以我国在"十五五"期末的 2030 年实现城乡居民基本养老保险基础养老金待遇达到 2030 年农村低保月标准 852.19 元为政策目标,对全国各省份需要增加的财政投入进行测算。测算方法如下(表 8-2、表 8-3 用此方法测算)。

(1)按照 2013—2021 年[①]我国农村低保标准增长幅度,算出每年农村低保标准平均增长金额为 35.78 元。按照这个年度增长金额估算出我国 2030 年农村低保标准为 852.19 元。

(2)以 2030 年城乡居民基本养老保险基础养老金达到 2030 年农村低保标准 852.19 元为目标,以各省份 2021 年城乡居民基本养老保险人均月基础养老金(以各省份 2021 年人均城乡居保支出金额的 85％为基准[②]),计算出各省份从 2022—2030 年每年城乡居民基本养老保险的目标基础养老金水平(见表 8-3)。

---

① 我们取 2013—2021 年(共 9 年)农村低保标准数据计算平均年均低保标准增加金额,作为 2022—2030 年(共 9 年)的年均农村低保增加金额。

② 2021 年城乡居民基本养老保险来自财政全额补贴的基础养老金为 3167.73 亿元,占当年基金支出金额 3711.32 亿元的 85.35％。2018—2020 年的同一指标分别为 87.05％、87.29％和 86.33％。

表8-2 2009—2021年我国城乡居民基本养老保险、城乡最低生活保障制度和城乡居民可支配收入基本情况

指标	2009年	2010年	2011年	2012年	2013年	2014年	2015年	2016年	2017年	2018年	2019年	2020年	2021年
城镇居民低保保障人数/万人	2345.6	2310.5	2276.8	2143.5	2064.2	1877.0	1701.1	1480.2	1261.0	1007.0	860.9	805.1	737.8
城镇低保全年投入资金/亿元	482.1	524.7	659.9	674.3	756.7	721.7	719.3	687.9	640.5	575.2	519.5	537.3	484.1
城镇低保标准（元/月）	227.75	251.20	287.60	330.10	373.30	411.00	451.10	494.60	540.60	579.70	624.00	677.60	711.40
城镇低保人均补助金额（元/月）	172.00	189.00	240.30	239.10	264.00	286.00	316.60	387.28	423.28	476.00	502.87	556.14	546.78
城镇居民人均可支配收入（元/年）	17175	19109	21810	24565	26467	28844	31195	33616	36396	39251	42359	43834	47412
农村居民低保保障人数/万人	4760.00	5214.0	5305.7	5344.5	5388.0	5207.2	4903.6	4586.5	4045.2	3519.1	3455.4	3620.8	3474.5
农村低保全年投入资金/亿元	363.00	445.00	667.70	718.00	866.90	870.30	931.50	1014.5	1051.8	1056.9	1127.2	1426.3	1349.0
农村低保标准（元/月）	100.84	117.00	143.20	172.32	202.83	231.42	264.80	312.00	358.39	402.78	444.63	496.86	530.18
农村低保人均补助额/（元/月）	68.00	74.00	106.10	104.00	116.00	129.00	147.21	184.33	216.68	250.28	271.85	328.27	323.55
农村居民人均可支配收入/（元/年）	5153	5919	6977	7917	9430	10489	11422	12363	13432	14617	16021	17131	18931
城乡居保人均月待遇（元/月）	40.70	58.21	56.98	73.30	81.59	91.47	119.20	117.33	126.73	152.33	161.86	174.00	190.95
城乡居保养老金待遇与城镇低保标准之比/%	17.87	23.17	19.81	22.21	21.86	22.28	26.42	23.72	23.44	26.28	25.94	25.68	26.84
城乡居保养老金待遇与农村低保标准之比/%	40.36	49.75	39.79	42.54	40.23	39.53	45.01	37.61	35.36	37.82	36.40	35.02	36.02
城乡居保养老金待遇与城镇低保人均补助额之比/%	23.66	30.80	23.71	30.66	30.91	31.98	37.65	30.30	29.94	32.00	32.19	31.29	34.92
城乡居保养老金待遇与农村低保人均补助额之比/%	59.85	78.66	53.70	70.48	70.34	70.91	80.97	63.65	58.49	60.86	59.54	53.01	59.02
城乡居保养老金待遇与城镇居民人均可支配收入之比/%	2.84	3.66	3.14	3.58	3.70	3.81	4.59	4.19	4.18	4.66	4.59	4.76	4.83
城乡居保养老金待遇与农村居民人均可支配收入之比/%	9.48	11.80	9.80	11.11	10.38	10.46	12.52	11.39	11.32	12.51	12.12	12.19	12.10

数据来源：低保数据来自民政部2009年、2018—2021年《民政事业发展统计公报》和2010—2017年《社会服务发展统计公报》；城乡居民人均可支配收入（2013年之前农村居民人均纯收入）数据来自2009—2021年《中国统计年鉴》；城乡居保（2011年前为新型农村社会养老保险）数据来自人力资源和社会保障部2009—2021年度《人力资源和社会保障事业发展统计公报》。

表 8-3　实现 2030 年城乡居保基础养老金和农村低保标准"并标"目标

各省份 2021—2030 年城乡居保最低基础养老金月标准

单位：元

省份	2021 年	2022 年	2023 年	2024 年	2025 年	2026 年	2027 年	2028 年	2029 年	2030 年
北京	808.97	813.66	818.38	823.12	827.90	832.70	837.53	842.39	847.27	852.18
天津	427.74	461.78	498.54	538.22	581.06	627.32	677.25	731.16	789.35	852.19
河北	112.55	140.94	176.49	221.01	276.75	346.56	433.98	543.45	680.53	852.19
山西	122.35	151.79	188.33	233.65	289.89	359.66	446.22	553.62	686.87	852.19
内蒙古	182.13	216.19	256.62	304.62	361.60	429.22	509.50	604.80	717.91	852.18
辽宁	129.84	160.03	197.24	243.10	299.63	369.30	455.16	560.99	691.42	852.19
吉林	110.13	138.25	173.54	217.84	273.44	343.24	430.85	540.84	678.89	852.19
黑龙江	139.87	170.97	208.99	255.46	312.27	381.70	466.58	570.34	697.16	852.18
上海	1228.69	1179.74	1132.73	1087.61	1044.28	1002.67	962.73	924.37	887.54	852.19
江苏	258.09	294.73	336.56	384.32	438.87	501.16	572.29	653.51	746.27	852.19
浙江	320.97	357.75	398.75	444.45	495.38	552.15	615.43	685.96	764.57	852.19
安徽	121.85	151.25	187.74	233.03	289.24	359.02	445.62	553.13	686.56	852.19
福建	148.95	180.80	219.46	266.40	323.37	392.52	476.47	578.36	702.05	852.19
江西	140.30	171.44	209.49	255.99	312.80	382.23	467.06	570.73	697.40	852.19
山东	173.11	206.65	246.68	294.48	351.53	419.64	500.95	598.01	713.87	852.18
河南	109.83	137.91	173.17	217.44	273.03	342.82	430.46	540.51	678.68	852.19
湖北	131.63	161.99	199.35	245.33	301.92	371.55	457.24	562.70	692.47	852.19
湖南	127.29	157.23	194.22	239.90	296.34	366.05	452.15	558.52	689.90	852.19
广东	216.56	252.17	293.62	341.90	398.11	463.56	539.78	628.52	731.86	852.18
广西	124.75	154.44	191.20	236.71	293.04	362.79	449.13	556.02	688.36	852.19
海南	199.13	234.04	275.08	323.30	379.98	446.60	524.89	616.91	725.07	852.19
重庆	147.04	178.74	217.28	264.12	321.06	390.28	474.43	576.71	701.04	852.19
四川	148.82	180.66	219.32	266.24	323.21	392.37	476.33	578.25	701.98	852.19
贵州	98.74	125.45	159.40	202.53	257.34	326.97	415.45	527.86	670.70	852.18
云南	130.13	160.35	197.58	243.46	299.99	369.65	455.49	561.26	691.59	852.18
西藏	202.00	237.03	278.15	326.39	383.01	449.44	527.40	618.87	726.22	852.18
陕西	134.72	165.37	202.98	249.15	305.83	375.40	460.79	565.60	694.26	852.18
甘肃	123.85	153.45	190.13	235.57	291.87	361.62	448.05	555.13	687.80	852.19

续表

省份	2021 年	2022 年	2023 年	2024 年	2025 年	2026 年	2027 年	2028 年	2029 年	2030 年
青海	214.19	249.71	291.12	339.40	395.68	461.30	537.80	626.99	730.96	852.18
宁夏	201.67	236.69	277.79	326.04	382.66	449.11	527.11	618.65	726.09	852.19
新疆	168.71	201.97	241.79	289.47	346.54	414.87	496.67	594.60	711.83	852.19

数据来源:2022—2030 年城乡居民基本养老保险基础养老金的目标金额根据民政部 2009 年、2018—2021 年《民政事业发展统计公报》和 2010—2017 年《社会服务发展统计公报》推算得到。2021 年各省份城乡居保基础养老金数据根据国家统计局网站数据推算获得,测算方法请见前文。

(3)以 2021 年各省份城乡居保参保人数和领取待遇人数为基础,将 1029 万老年人[①]按照各省份 2021 年城乡居保领取待遇人数占比摊到各省份,获得 2022 年各省份领取待遇人数。由于没有全国职保的年龄性别结构数据,无法对未来人口进行准确精算,我们假设各省份在 2022 年之后年份的领取待遇人数保持 2022 年的水平,可以据此计算出每个省份每年实现"并标"要求的最低财政补贴金额。如果根据各省份预测的该省份某年城乡居民基本养老保险基础养老金已经超过了当年的目标基础养老金水平,则该省份该年最低新增财政补贴金额为零。

(4)按照省份和年份对各省份各年最低新增财政补贴金额进行加总,得到全国各年最低新增财政补贴金额[②](见表 8-4)。

---

① 根据国家统计局《2021 年国民经济和社会发展统计公报》,2021 年末全国人口 141260 万人,其中 16—59 岁(含不满 60 周岁)的劳动年龄人口 88222 万人,60 周岁及以上老年人口 26736 万人。16 岁及以上人口合计为 114958 万人。扣除 8346.84 万 16 岁以上在校学生(全国普通高中在校生 2605.03 万人,全国中等职业教育在校生 1311.81 万人,各种形式高等教育在学总规模 4430 万人)和现役军人(约 200 万人)、武警(约 110 万人)后,2021 年我国应参保人口约为 106301 万人,当年参加基本养老保险 102871 万人,估计有约 3430 万人口尚未参加三大基本养老保险,其中的老年人按照 2021 年城乡居保领取待遇人数占比 30% 估算为 1029 万人。

② 上面的测算尚未考虑居保待遇提高后,其中部分低收入老年人的低保财政支出减少部分。按照张翔、周雨菲和郑衍煌(2021),2019 年全国居保如果提高到 445 元的农村低保标准,需要增加城乡居保补贴 5507.62 亿元,但减少城乡低保补贴 428.19 亿元。因为相关数据缺失,此处暂不测算这部分低保财政支出减少金额。

表 8-4 2030 年城乡居民基本养老保险基础养老金和农村低保标准"并标"所需最低财政补贴金额的模拟测算结果

单位：亿元

省份	2022 年	2023 年	2024 年	2025 年	2026 年	2027 年	2028 年	2029 年	2030 年	合计
北京	0.0000	0.0000	0.0000	0.0000	0.0000	0.0000	0.0000	0.0000	0.0000	0.0000
天津	0.0000	0.0000	0.0000	0.0000	0.0000	0.0000	0.0000	0.0000	0.0000	0.0000
河北	21.8550	51.4906	91.1046	143.4737	212.1021	301.4073	416.9543	565.7477	756.5993	2560.7346
山西	11.0620	25.7900	45.1574	70.3800	102.9755	144.8364	198.3217	266.3697	352.6387	1217.5314
内蒙古	5.8180	13.1745	22.3923	33.8570	48.0292	65.4591	86.8029	112.8432	144.5131	532.8893
辽宁	6.6545	15.5135	27.1543	42.2950	61.8279	86.8601	118.7650	159.2444	210.4061	728.7208
吉林	5.5826	13.1920	23.4103	36.9755	54.8213	78.1286	108.3892	147.4864	197.7954	665.7813
黑龙江	4.1359	9.7378	17.2039	27.0304	39.8348	56.3840	77.6291	104.7487	139.2011	475.9056
上海	0.0000	0.0000	0.0000	0.0000	0.0000	0.0000	0.0000	0.0000	0.0000	0.0000
江苏	7.0511	15.8816	26.8299	40.2923	56.7314	76.6875	100.7905	129.7741	164.4922	618.5304
浙江	0.0000	0.0000	0.0000	0.0000	0.0000	0.0000	0.0000	0.0000	0.0000	0.0000
安徽	20.6215	48.4504	85.4673	134.1567	197.6312	279.7868	385.4948	520.8411	693.4236	2365.8735
福建	7.3055	17.1262	30.1244	47.1202	69.1273	97.3969	133.4713	179.2492	237.0651	817.9861
江西	8.3899	19.8469	35.2249	55.5922	82.2824	116.9578	161.6867	219.0392	292.2042	991.2240
山东	24.3690	56.1613	97.1146	149.3368	215.3807	298.3350	401.9322	530.6787	690.0099	2463.3183
河南	35.5437	83.3718	146.9124	230.4958	339.5879	481.0820	663.6679	898.2927	1198.7426	4077.6968
湖北	14.9500	35.0307	61.6149	96.4133	141.5548	199.6858	274.0921	368.8506	489.0141	1681.2063

续表

省份	2022年	2023年	2024年	2025年	2026年	2027年	2028年	2029年	2030年	合计
湖南	16.5048	39.0822	69.4512	109.7739	162.7646	231.8255	321.2154	436.2581	583.6017	1970.4773
广东	7.3213	16.7993	28.9126	44.2345	63.4511	87.3818	117.0039	153.4818	198.2012	716.7876
广西	18.1744	42.3077	73.9649	115.0968	168.1328	236.0960	322.7462	432.7568	571.9334	1981.2089
海南	1.2765	2.9330	5.0553	7.7466	11.1306	15.3560	20.6005	27.0769	35.0394	126.2148
重庆	7.5570	17.4469	30.2382	46.6281	67.4705	93.8112	126.9290	168.3874	220.0961	778.5645
四川	16.7403	39.0364	68.3099	106.3139	155.2074	217.6455	296.8900	396.9432	522.7120	1819.7987
贵州	12.7970	30.1832	53.4998	84.4592	125.2470	178.6504	248.2221	338.4882	455.2130	1526.7598
云南	13.9696	32.7710	57.7069	90.4027	132.8842	187.6731	257.9050	347.4751	461.2184	1582.0059
西藏	0.8194	1.8715	3.2066	4.8848	6.9780	9.5719	12.7686	16.6894	21.4787	78.2690
陕西	12.8081	29.6050	51.3881	79.3896	115.1299	160.4844	217.7647	289.8186	380.1531	1336.5415
甘肃	8.1562	19.1596	33.7897	53.0230	78.0814	110.4924	152.1633	205.4740	273.3913	933.7307
青海	0.7523	1.7267	2.9728	4.5499	6.5288	8.9945	12.0482	15.8106	20.4255	73.8092
宁夏	0.9339	2.1413	3.6829	5.6316	8.0747	11.1165	14.8820	19.5200	25.2080	91.1911
新疆	3.2119	7.4703	13.0346	20.2225	29.4216	41.1051	55.8490	74.3541	97.4718	342.1408
全国	294.3612	687.3014	1204.9249	1879.7758	2752.3890	3873.2117	5304.9857	7125.6998	9432.2490	32554.8984

注：本表测算方法请见前文。

结果显示,我国 2022 年额外增加财政支出 294.3612 亿元,之后逐年增加,到 2030 年需要额外增加财政支出 9432.2490 亿元,2022—2030 年累计需要额外增加居保财政补贴 32554.8984 亿元,年均增加居保财政补贴 3617.21 亿元。

第四节　建立国民基础养老金制度的财务可行性

那么,上述财政补贴是财政可负担的吗? 笔者认为,通过适当调整基本养老保险财政补贴支出结构,改进现行基本养老保险基金待遇计发办法,完全可以实现 2030 年城乡居保基础养老金与全国农村低保标准"并标"的目标。

根据财政部 2021 年全国财政决算数据,2021 年我国财政共补贴三大基本养老保险 16073.62 亿元,其中企职保、机关保和城乡居保分别为 6613.02 亿元(占 41.14%)、6150.09 亿元(占 38.26%)和 3310.51 亿元(占 20.60%)。按参保人员计算,机关保、企职保和城乡居保人均分别获得财政补贴 10520 元、1566 元和 604 元;按领取待遇人员计算,城乡居保的人均财政补贴为 2042 元,仅为企职保领取待遇人员人均财政补贴 5944 元的 34.35% 和机关保领取待遇人员人均财政补贴 30289 元的 6.74%(见表 8-5)。

表 8-5　2021 年我国三大基本养老保险参保和财政补贴情况

项目	参保人数 /亿人	领取待遇 人数/亿人	财政补贴 /亿元	参保人员 人均补贴/元	领取待遇人员 人均补贴/元
机关保	0.5846	0.2031	6150.09	10520	30289
企职保	4.2228	1.1126	6613.02	1566	5944
城乡居保	5.4797	1.6213	3310.51	604	2042
合计	10.2871	2.9370	16073.62	1563	5473

数据来源:三大基本养老保险参保人数和城乡居保领取待遇人数来自人力资源和社会保障部《2021 年度人力资源和社会保障事业发展统计公报》,企职保和机关保领取待遇人数来自《中国统计年鉴(2022)》。三大基本养老保险财政补贴数据来自财政部 2021 年全国财政决算报告。

从财政补贴年度增量的角度看,2021 年三大基本养老保险财政补贴比

2020 年(见表 8-6)共增长了 1219.37 亿元,其中,机关保、企职保和城乡居保分别获得 701.74 亿元(占 57.55%)、341.71 亿元(占 28.02%)和 175.92 亿元(占 14.43%)的增长。

表 8-6　2020 年我国三大基本养老保险参保和财政补贴情况

项目	参保人数/亿人	领取待遇人数/亿人	财政补贴/亿元	参保人员人均补贴/元	领取待遇人员人均补贴/元
机关保	0.5713	0.1978	5448.35	9537	27543
企职保	3.9908	1.0784	6271.31	1571	5815
城乡居保	5.4244	1.6068	3134.59	578	1951
合计	9.9865	2.8830	14854.25	1487	5152

数据来源:三大基本养老保险参保人数和城乡居保领取待遇人数来自人力资源和社会保障部《2020 年度人力资源和社会保障事业发展统计公报》,企职保和机关保领取待遇人数来自《中国统计年鉴(2022)》。三大基本养老保险财政补贴数据来自财政部 2020 年全国财政决算报告。

可见无论是从 2021 年三大基本养老保险财政补贴的存量结构看,还是从 2021 年三大基本养老保险财政补贴的增量结构看,人数最少、人均待遇最高的机关事业单位工作人员基本养老保险获得了最多的财政补贴,而人数最多、人均待遇最低的城乡居民基本养老保险反而只获得了最少的财政补贴。

2021 年,我国企业和机关事业单位退休人员月人均基本养老金全国总体调整比例为 4.5%。2020 年,我国机关保和企职保月平均基金支出金额分别为 5766.94 元和 2906.44 元,据此计算,2021 年机关保和企职保人均月待遇标准分别提高 259.51 元和 130.79 元(分别为 2020 年城乡居保月待遇 174.01 元的 149.14% 和 75.16%)。2021 年,机关保和企职保调待需要分别增加基金支出 616.0095 亿元和 1692.5535 亿元。

如果把 2021 年企业和机关事业单位退休人员基本养老金待遇调整比例从 4.5% 降低到 2.25%,将节约下来的 1154.2815 亿元用于提高城乡居民基本养老基础养老金待遇,则可以让 2021 年 1.6213 亿城乡居保领取待遇人员的人均月待遇标准提高 59.32 元。由此可见,三大基本养老保险财政补贴存在巨大的政策内部调整空间,完全可以在财政补贴不变的情况下,缩小三大基本养老保险待遇差距,促进共同富裕。

　　自 2016 年以来,我国职保个人账户一直存在巨额的"利差损"。2017年,人力资源社会保障部和财政部联合印发的《统一和规范职工养老保险个人账户记账利率办法》(人社部发〔2017〕31 号)规定,"统一机关事业单位和企业职工基本养老保险个人账户记账利率,每年由国家统一公布。记账利率应主要考虑职工工资增长和基金平衡状况等因素研究确定,并通过合理的系数进行调整。记账利率不得低于银行定期存款利率"。随后人力资源社会保障部公布的 2016—2022 年记账利率分别为 8.31%、7.12%、8.29%、7.61%、6.04%、6.69% 和 6.12%,而实际收益率大约为 3%。职保个人账户记账利率远远高于实际收益率,每年带来巨额的利差损,这些利差损属于"潜在亏损",虽然大部分不需要当期给付,但将来最终都要给付。

　　据张翔、郑阳雨璐和杨一心(2021)的估算,2015 年,企业职工基本养老保险个人账户累计记账储存额为 47144 亿元,按 2016 年记账利率 8.31% 和2016 年社保基金实际收益率 2.92% 计算,2016 年,企职保个人账户累计记账额的名义利差损就高达 2541 亿元。2015 年,我国企职保个人账户实际余额 35345 亿元,个人账户空账达 11799 亿元。如果考虑这部分个人账户空账,2016 年,我国因为职保个人账户记账利率虚高导致的实际利差损为2886 亿元。2015 年之后年份的个人账户累计记账储存额没有公布过。即使之后年份每年实际利差损维持在 2886 亿元水平(事实上每年会不断累增),那么 2022—2030 年的累计利差损也会高达 25974 亿元,占表 8-4 测算的需要增加居保最低补贴金额的 79.78%。如果再算上机关事业单位工作人员基本养老保险个人账户利差损,城职保个人账户利差损的规模将更大。

第五节　建立国民基础养老金制度的现实基础

　　和国民基础养老金一样,城乡居民基本养老保险基础养老金也完全来自政府的财政补贴,只是目前要求 2009 年之后的"新老人"必须先履行参保缴费义务才能享受城乡居保的基础养老金待遇。如果将来取消了缴费参保的要求,直接按照城乡居保基础养老金待遇标准,给所有目前尚未被三大基本养老保险覆盖的老年人按月发放城乡居保基础养老金,那么城乡居民基本养老保险基础养老金就成为一种针对城乡居民的非缴费型国民基础养老金,我国将马上实现老年人口基本养老保障的"人口全覆盖"。如果在此基础上将城乡居保基础养老金待遇水平逐步提高到农村低保标准,那么我国所有老年人都将实现基本养老保障方面真正的"老有所养"。

我国的机关事业单位工作人员基本养老保险和企业职工基本养老保险的待遇领取都以参保缴费为前提。但其实目前我国这两个基本养老保险制度发放的待遇中,有不小的部分来自财政补贴。2021年,机关保和企职保的人均月基金支出金额分别为6483.71元和3047.03元,其中分别有2524.08元和495.33元(分别占38.93%和16.26%)来自财政补贴。

如果将目前对机关事业单位基本养老保险和企业职工基本养老保险财政补贴的一部分,按照全国农村低保标准单列为这两类基本养老保险参保人员的国民基础养老金,那么我们就能建立覆盖全体国民的国民基础养老金制度。2021年,全国农村低保平均月标准为530.18元,据此推算,2021年这两类基本养老保险1.3157亿人的领取待遇人口共需要从12763.1亿元的财政补贴中将8370.69亿元单独划为国民基础养老金。

这样我们就真正建立了由财政筹资的非缴费型国民基础养老金制度。这意味着凡是中国老年公民,无论是否工作、参保、缴费,在达到法定养老金领取年龄之后,均可按月领取由财政筹资、足以保障老年基本生活需要的相同待遇水平的国民基础养老金,从而真正实现基本养老保障的底线公平。

在人人享有相同国民基础养老金的基础上,让从事不同职业、参加不同基本养老保险和补充养老保险的参保者基于各自劳动贡献和缴费水平,享受与自身缴费关联的有差别的其他养老金待遇,就能实现社会养老保障"公平"与"效率"的有机统一,为发展多层次养老保险体系奠定制度基础。

建立国民基础养老金制度,促进共同富裕目标实现,正当其时。

第九章　共同富裕背景下的
养老服务体系高质量发展

　　共同富裕是全体人民的富裕,其中包括数量庞大的老年群体。老年人共同富裕的实现,离不开有效的养老保障措施,这既包括养老保险等收入保障的合理分担,又涵盖多层次养老服务的高质量发展。本章在共同富裕的背景下,探究我国养老服务体系高质量发展的基本现状、理论建构、发展路径与政策建议。

　　本章第一节分别对基本养老服务和共同富裕进行了概念界定,重点描述了二者之间的关系。第二节对基本养老服务的概念、均等化以及目前养老服务体系存在的问题进行了分析。第三节从理论建构和政策构建两方面出发,梳理了基本养老服务的理论基础及其对应的政策制度安排,重点抓住县域养老服务、数字化养老服务以及养老服务体系中的多元共治等三个政策靶点,通过梳理相关的地方政府实践,从经验中总结和提炼基本养老服务的发展方向和精准抓手。最后,本章基于前述"基本背景""发展现状""走向何处"的分析与总结,提出了共同富裕背景下推动基本养老服务体系高质量发展的政策建议,包括:加快建立城乡统一的基本养老服务制度,加强养老服务基础设施建设,提高基本养老服务的均等化水平,保障农村老年人的基本养老权益;建立健全长期照护保障制度,提高老年人及其家庭照护服务购买能力;加快发展养老服务供给,提高社区居家养老专业化程度和服务质量；支持家庭承担养老功能，巩固家庭养老的基础性地位。

第一节　共同富裕与基本养老服务

一、基本养老服务的制度定位

目前，养老服务进入高质量发展新阶段，但是养老服务深层次发展面临着重重挑战。一方面，在积极应对人口老龄化的过程中存在多维不平等现象。养老保障水平、养老服务供需存在城乡、群体之间发展不平衡的问题（张献政和边恕，2021），尤其是养老服务供需不平衡问题突出，社区居家养老服务的设施和服务内容存在供需不匹配，不同性质的机构养老服务供给也存在结构性失衡，公办、民办养老机构在资源获取、服务质量方面发展不均衡，因此养老床位"一床难求"与"床位闲置"现象并存。此外，养老机构发展中还存在其他值得关注的问题，如健康老年人长期占据养老床位，而失能失智老年人却无法入住；养老机构致力于吸引中高收入老年人入住，而经济困难的失能老年人入住需求高但支付能力不足，导致供需矛盾突出（叶响裙，2017）。医疗资源分布、养老服务、精神文化服务的供给等均存在区域之间发展不平衡的问题（白晨和顾昕，2018）；养老服务与制度之间以及政策和效力之间均存在结构不平衡和碎片化的问题（李璐、赵玉峰和纪竞垚，2020）。另一方面，以满足老年人的美好生活需要为导向，我国现阶段的老龄化社会同时存在发展不充分的一系列问题。包括养老服务补贴在内的资金支持总量不足与碎片化并存。尤其是对于失能老人来说，长期护理保险尚未普及，家庭照护负担沉重，保障水平亟待提高（胡刚，2022）。在老年人口健康方面，由于医疗保险的综合报销率不高，老年人口看病贵问题仍然存在，且老年医疗服务需求旺盛，但老年病医院等专业医疗资源相对匮乏。在养老资源方面，以居家养老为基础、社区养老为依托、机构养老为补充的养老生态日渐成熟，但机构养老的供给不足（刁鹏飞、臧跃和李小永，2019），养老服务的实质性内容亟待充实和提升。在老年人口的精神服务和社会参与方面,尽管从政策到行动都有了实质性推动,但在老年人口的精神关爱、心理慰藉、继续教育、文化生活、公益事业等方面尚未实现不同人群的精准施策,在针对性方面需要继续完善。在老龄产业发展方面,同样存在针对性不足、供需错位的问题,老龄产业前景广阔,需要深入市场调研,市场定位、市场细分等方面有待全面提升(陆杰华和林嘉琪,2022)。

2023 年 5 月,中共中央办公厅、国务院办公厅印发了《关于推进基本养老服务体系建设的意见》。其中提到,基本养老服务是指由国家直接提供或者通过一定方式支持相关主体向老年人提供的,旨在实现老有所养、老有所依必需的基础性、普惠性、兜底性服务,包括物质帮助、照护服务、关爱服务等内容。基本养老服务的对象、内容、标准等根据经济社会发展动态调整,"十四五"时期重点聚焦老年人面临家庭和个人难以应对的失能、残疾、无人照顾等困难时的基本养老服务需求。意见列出了五项重点工作,分别是制定落实基本养老服务清单(见表 9-1)、建立精准服务主动响应机制、完善基本养老服务保障机制、提高基本养老服务供给能力和提升基本养老服务便利化可及化水平。

表 9-1　国家基本养老服务清单

对象		服务项目	服务内容	服务类型
达到待遇享受年龄的老年人	1	职工基本养老保险	为符合条件的参保老年人按时足额发放基本养老金	物质帮助
	2	城乡居民基本养老保险	为符合条件的参保老年人发放基础养老金和个人账户养老金	物质帮助
65 周岁及以上老年人	3	老年人能力综合评估	为 65 周岁及以上老年人提供能力综合评估,做好老年人能力综合评估与健康状况评估的衔接	照护服务
80 周岁及以上老年人	4	高龄津贴	为 80 周岁及以上老年人发放高龄津贴	物质帮助

续表

对象		服务项目	服务内容	服务类型
经济困难的老年人	5	养老服务补贴	为经济困难的老年人提供养老服务补贴	物质帮助
	6	家庭适老化改造	按照相关标准,分年度逐步为经济困难的老年人家庭提供无障碍改造服务	照护服务
经认定生活不能自理的老年人	7	护理补贴	为经认定生活不能自理的经济困难老年人提供护理补贴	物质帮助
	8	家庭养老支持服务	符合条件的失能老年人家庭成员参加照护培训等相关职业技能培训的,按规定给予职业培训补贴	照护服务
纳入最低生活保障范围的老年人	9	最低社会保障	对获得最低生活保障金后生活仍有困难的老年人,采取必要措施给予生活保障	物质帮助
特困老年人	10	分散供养	对选择在家供养的特困老年人,由县级政府民政部门依照有关规定给予分散供养,提供基本生活条件、疾病治疗、办理丧葬事宜等,对生活不能自理的给予照料	照护服务
	11	集中供养	对需要集中供养的特困老年人,由县级政府民政部门按照便于管理的原则,就近安排到相应的供养服务机构,提供基本生活条件、疾病治疗、办理丧葬事宜等,对生活不能自理的给予照料	照护服务
特殊困难老年人	12	探访服务	面向独居、空巢、留守、失能、重残、计划生育特殊家庭等老年人提供探访关爱服务	关爱服务
对国家和社会作出特殊贡献的老年人	13	集中供养	老年烈士遗属、因公牺牲军人遗属、病故军人遗属和进入老年的残疾军人、复员军人、退伍军人,无法定赡养人、扶养人或者法定赡养人、扶养人无赡养、抚养能力且享受国家定期抚恤补助待遇的,提供集中供养、医疗等保障	照护服务
计划生育特殊家庭老年人	14	优先享受机构养老	同等条件下优先入住政府投资兴办的养老机构	照护服务

续表

对象		服务项目	服务内容	服务类型
经认定符合条件的残疾老年人	15	困难残疾人生活补贴和重度残疾人护理补贴	为最低生活保障家庭中的残疾老年人提供生活补贴,为残疾等级被评定为一级、二级且需要长期照护的重度残疾老年人提供护理补贴	物质帮助
生活无着的流浪、乞讨老年人	16	社会救助	依照有关规定给予救助	物质帮助

资料来源:中共中央办公厅、国务院办公厅印发的《关于推进基本养老服务体系建设的意见》。

二、共同富裕与基本养老服务

共同富裕是社会主义的本质要求,是顺利推进现代化进程的内在要求,也将成为中国特色社会主义现代化的鲜明特征。共同富裕的核心,一是共享,二是富裕。它不仅指向全体人民,还指向人的全面发展,指向经济物质和精神文化全面的富裕(李实,2021)。在向共同富裕奋斗目标迈进的新征程中,人口老龄化和高龄化的加速演进是无可回避的新国情。从第七次人口普查公布的数据来看,我国60岁及以上人口截至2020年底已达2.6亿人,占人口总数的比重高达18.7%,其中,65岁及以上老年人达1.9亿人,占比为13.5%;60岁及以上人口占比相较于2010年上升了5.44个百分点。有专家预测,到2035年,60岁及以上老年人口数将会达到4亿人,占全国总人口数的30%左右,2050年,我国60岁及以上人口将占据全球老年人口数量的四分之一,步入超老龄化社会。人口结构新形势与经济社会转型交织,养老服务体系发展不平衡不充分的矛盾日益增加,随着个体及家庭的养老风险的持续累积,"谁来养""去哪养""怎么养""花多少钱养"等养老问题受到人民群众的深度关切。

党的十九届五中全会作出实施积极应对人口老龄化国家战略的重大决策,2021年,中共中央、国务院颁布《关于加强新时代老龄工作的意见》(以下简称《意见》),推动老龄事业高质量发展、走出中国特色积极应对人口老龄化道路成为新时代老龄工作的重要目标。《意见》首次明确提出健全基本养老服务体系，要始终把人民对美好生活的向往作为推动共同富裕的奋斗目标，瞄准人民群众所忧所急所盼，在更高水平上实现幼有所育、学有所教、劳有所得、病有所医、老有所养、住有所居、弱有所扶。让基本养老服务和基本养老等相关保险共同在实现老有所养中发挥基础性、保障性作用（孙文灿，2021）。

推动养老服务高质量发展，不仅关乎数量庞大且脆弱性强的老年群体能否共享发展成果、安享幸福晚年，而且关乎所有个体对生命晚年阶段的愿景预期，还关乎代际资源及责任分配的公平和谐，更关乎未来中国经济社会发展的可持续性；它既是共同富裕的题中应有之义，是对人民群众美好生活期盼的回应，也是实现共同富裕目标道路上必须妥善应对的时代命题。立足促进共同富裕的目标追求，养老服务发展的"高质量"至少要有两个方面的主要内涵：一是要求公平惠及不同代际、不同区域、不同阶层、不同特征的老年人，促进基本养老服务均等化，即具有普惠性（何文炯，2021）。二是要求全面兼顾老年人物质生活和精神生活的发展需求，即具有综合性。而要实现这两方面的"高质量"则进一步要求养老服务发展道路具有精准匹配老年人美好生活真实需要的高效性（陆杰华和刘芹，2021）。因此，立足于促进共同富裕的目标追求，养老服务高质量发展是以增进全体老年人福祉、促进老年人全面发展为旨归，具有普惠性、综合性、精准性、高效性的发展，实现从提高发展数量向提升发展质量转变，以增进人民福祉为导向，确保发展成果由人民共享。

第二节　基本养老服务的概念与现状

一、基本养老服务的概念

不同的学者对于"基本养老服务"的概念给出了不同的定义，比较有影响力的定义包括如下几个。

魏津生认为,基本养老服务是指国家为保障全体老年公民的基本生活所提供的并为其财力可以持续承担的,主要通过社会保险和社会养老救助付费的各项服务(岳振,2010)。

栾秀群和陈英(2013)认为,基本养老服务体系主要是指与经济社会发展水平相适应,以满足老年人基本服务需求、提升老年人生活质量为目标,面向所有老年群体,提供基本生活照料、护理康复、精神关爱、紧急救援和社会参与等设施、组织、人才和技术要素形成的网络,以及配套的服务标准、运行机制和监督制度。

李兵、张航空和陈谊清(2015)认为,基本养老服务是指政府针对那些依靠自身无法获得养老服务、必须求助政府的老年人及其家庭,通过公共的财政投入、设施建设、服务供给和监督管理等一系列政策和实践活动,向他们提供基本的养老咨询、照料、康复和精神健康等服务。

孙文灿(2016)认为,基本养老服务的概念应从价值理念、框架与内容、方式与目标、保障措施等方面界定,是指建立在一定社会共识基础上,与经济社会发展水平和阶段相适应,为保障全体老年人的基本生活、基本健康和基本精神慰藉需要,通过采取加大政府公共财政投入、扩大市场参与水平、落实家庭赡养功能、坚持个人合理负担等方式,让全体老年人享有的公平可及、系统连续的居家、社区、机构、医养结合等养老服务,以及与之相适应的设施、支付、评估和监管体系。

龙玉其(2020)认为,基本养老服务是由政府主导,保障老年人的基本生存权利与生活需求满足,与经济社会发展水平相适应,对贫困、失能、高龄、孤寡、"三无"等特殊老年群体给予重点关照,全体老年人机会均等、公平可及地获得适当数量和质量的养老服务。基本养老服务的具体内容包括生活照料、康复护理、情感关怀、紧急救援和社会参与等,涉及老年人生活需求满足的各个方面。

胡宏伟和蒋浩琛(2021)认为,从全球范围来看,基本养老服务在国外少有可以对标的概念,甚至可以被视为我国福利领域的特有主张。

自 2009 年提出"基本养老服务"概念以来,学界进行了广泛的讨论,但围绕基本养老服务"服务谁""服务什么""谁来服务"等关键问题,仍存在一定的阐释差异和理解分歧,归纳如表 9-2 所示。

表 9-2 我国基本养老服务概念相关的主要观点概述

聚焦问题	主要观点比较
"服务谁"	第一类观点:以全体老年人为服务对象; 第二类观点:局限于贫困、失能、"三无"等特殊老年群体; 第三类观点:应重点保障低收入、失能和高龄等群体,并保证所有老年人都有机会和能力获得最为基本的养老服务。
"服务什么"	第一类观点:基于需要调查的排序结果来确定; 第二类观点:从种类出发,包含生活照料、卫生健康等日常生存生活服务; 第三类观点:从层次性出发,满足老年人的生存、生理等较低层次需要; 第四类观点:从供给方式出发,以居家社区的服务(或家庭服务、互助服务)为主; 第五类观点:从要素视角出发,包括所有生产基本养老服务的要素。
"谁来服务"	第一类观点:政府唯一主体,强调财政承担,体现社会契约、积极国家、公民权利理念; 第二类观点:家庭主体,强调个人和家庭的首要养老责任; 第三类观点:多元主体,由家庭、政府、市场、社会多方综合提供,体现福利多元主义观点。

建立基本养老服务制度的核心问题是区分基本养老服务与延伸性养老服务的内容和边界。根据马斯洛的需求层次理论,可以把老年社会的需求分为生理(日常生活的正常与身体的健康)、安全(身体和心理的安静与安全)、感情归属(精神愉悦、亲情和睦)、地位与尊重(受到社会的尊重与爱戴)和自我实现(老年社会价值)五个需求领域。基本养老服务的内容界定应坚持立足国情、保障基本、循序渐进的思路,充分考虑经济社会发展水平、公共财政承受能力,更加注重合理引导社会保障预期。

二、基本养老服务均等化

"让发展成果人人共享"是我国共同富裕思想的实现路径和最终目标，强调基本养老服务的均等化。"均等化"并不是平均主义的共享，不是简单的无差异化，而是一种合理的、有差别的分享，这包含了双重含义：一是公共服务享有权利平等、机会均等，城乡居民不因性别、户籍、民族、职业不同和收入、财产高低而在享有基本公共服务机会方面存在差异；二是按照底线公平的思路，不考虑服务实际享有水平差异，只考虑包括最困难群体在内的所有群体都能够达到基本公共服务国家最低标准（李实，2021）。在此基础上，基本养老服务应当实现更高水平、更高质量的均等化，保证全体老年人在共建共享发展中有更多获得感。

养老服务作为重要的社会福利，本质就是一种基本公共服务。其公平可及意味着不同老年群体都可以平等地获得大致相同的养老服务，有利于缩小区域、城乡、人群间的差距，促进社会和谐（陈燕、黄金银和孙统达，2019）。基本养老服务均等化主要包含两层意思：其一，就范围而言，基本养老服务均等化体现在包括以基本生活照料为主，涵盖权益保障、文化教育、社会参与、医疗保健等在内的一系列服务对老年人的公平可及。其二，就对象而言，基本养老服务面向全体老年人，特别是对"三无""五保"以及低收入、失能、失独、高龄和特殊困难等老年贫弱群体，地方政府要加大保障力度，编织安全网，尤其注重发挥公办（或公建私营）养老机构的托底作用，确保不同地区老年贫弱群体都能有条件享受大致相同水平的养老服务（白晨和顾昕，2018）。基本养老服务的标准可以分为三个层次。第一个层次属于低水平的均等化，即最低标准的均等化，强调兜底性公共服务。"一个国家的公民无论居住在哪个地区，都有平等享受国家最低标准的基本公共服务的权利"（刘明中，2006）。"这是政府应该保证的最低限度的公共供给，必须由政府托起来"（贾康，2006）。最低层次的均等化强调政府的完全责任。第二个层次属于中等水平的均等化，主要考虑一定地区范围内的社会平均水平，以社会成员的平均需求水平为参照，不仅要兜底，还要考虑以区域整体水平为参照。第三个层次属于高层次的均等化，即所有人群基本公共服务的结果（待遇）完全均等，真正实现人人完全绝对均等地享有基本公共服务，这是均等化的最高层次和理想状态（龙玉其，2020）。

三、基本养老服务存在的问题

第一，人口老龄化推进速度过快，养老服务供给严重不足。我国老龄人口呈现出加速递增的特点，针对这一特点，政府、市场、社会组织等多方主体都已认识到老龄化问题的紧迫性、严重性，不断优化和进一步完善养老体系建设是当前国家、社会与市场三个主体必须共同面对的问题。但是，面对加速发展的老龄化趋势，我国养老服务体系整体上仍然表现出供给不足的状况。尽管国家、社会在养老方面投入的人力、财力、物力都不少，但是，就整体而言，我国养老服务供给仍然无法满足当前社会成员对于养老服务的期待和需求。在老龄化过程中，除健康老年人口外，还存在大量的失能和半失能等特殊老年群体，特殊老年群体对于养老服务的需求具有明显的差异化特征。然而，现行养老服务体系所提供的养老服务，主要以健康老年群体为对象，一定程度上忽视了特殊老年群体对于养老服务的特殊化需求，在满足多样化养老服务需求方面，存在着供给不足的问题（盛昕，2018）。

第二，老年友好的环境尚未形成。养老服务高质量发展离不开良好的发展环境，发展环境的优劣直接关系到养老服务是否能在高质量发展的基础上实现可持续发展。构建养老服务发展环境既包括人才、技术的支撑，也离不开相关监管措施和手段。现阶段在养老服务发展环境中，仍有几个关键问题需要解决：一是缺少专业人才；二是养老服务监管不到位；三是科学技术手段利用不足；四是老年友好理念贯彻不到位（王羽，2022）。

第三，养老服务发展观念存在差异。在养老服务的供给方面，国家的主体责任需要加强。目前，人们依旧习惯将养老作为家庭的责任，这不利于老年人权益的有效保障和养老个性化发展需求的满足，并且现在有许多地区对民办养老机构不够重视,对民办养老服务社会福利化的研究缺乏科学化的指导,没有市场意识和长远打算(刘艳聪和刘虎,2015)。除此之外,受习惯观念的影响,各地在推进养老服务体系建设的过程中,都不同程度地将发展养老服务机构作为主体任务,淡化居家养老的一系列服务、老年优待服务、老年文化教育服务等内容,使养老服务体系建设成为养老机构建设。有不少地方只把兴建养老院、敬老院、社区老年服务中心作为养老服务体系建设的内容,而把其他养老服务内容和机构设施建设排除在外,影响了养老服务的硬件投入和软件建设,致使养老服务发展陷入困境(王天鑫、韩俊江和张晓红,2013)。

第四,支撑养老服务体系的资金保障不足。一方面,国家财政对于基本养老服务体系的投入不足,与其他国家相比,我国在养老服务等方面的福利性财政支出是偏低的,这是阻碍我国养老服务体系发展的重要原因。我国一些养老服务机构的基础设施不够完善,而且养老服务的软环境被严重忽视,这些问题的解决要依靠政府投入大量财政支持,丰富养老服务的内容,提高质量。另一方面,老年人群普遍收入偏低,很难支付一些高价格的养老服务,需要政府进行兜底,保障低收入老年人的生活(杨明伟和吴海燕,2022)。我国的养老服务城乡差异和东西部地区差异比较大,一些经济欠发达的地区,用于建设养老服务体系的财政预算很少,导致养老服务发展不起来,养老服务模式仍主要以家庭为中心(吕鉴达等,2016)。

此外,农村一直是基本养老服务供给的薄弱环节,农村老年人家庭呈现空巢化和独居化趋势,即将迎来需要社会提供生活照料和护理的最迫切时期。前些年的政策重心聚焦在公办养老机构改革,专门针对农村地区的养老服务支持政策还不多(李实和杨一心,2022)。受制于自然条件和历史因素等多方面因素,农村地区经济发展、财力保障不充分,加上农村地区公共服务半径大、单位服务成本高,难以有效吸引社会资本的投入,优质的养老服务资源主要集中在城镇地区,农村养老服务投入不足,相关的养老基础设施建设落后,多元供给机制尚未有效形成(陆杰华和林嘉琪,2022)。应不断缩小城乡之间、区域之间、人群之间的养老服务差异,不断推进养老保障制度和养老服务均等化改革,化解经济社会发展中存在的老年健康服务不平衡的矛盾,以保障全体老年人的健康权益为出发点,确保老年健康服务公平可及,由全体老年人共享。

第三节　基本养老服务的理论与发展

一、基本养老服务的理论建构

(一)基本养老服务的需求和权利视角

现阶段我国社会形态发生了根本性变化。在老龄化社会治理中,老年人日益增长的美好生活需要同不平衡不充分的发展之间的矛盾,是有必要客观识别的问题。

如果我们站在以需求为基础(need-based)的立场来讨论基本养老服务的内容和公平性,那么应该满足:一是有同样需要的老年人应该被相同对待;二是有更多需要的老年人应该得到更多的养老服务。那么我们对基本养老服务的供给就不能单纯基于年龄或者收入水平,而是要根据老年人的心理与身体健康状况,基于不同社会网络下对老年人的需求进行评估与分析,要重点关注失能失智老年人群的养老服务需求。此外,从需求出发要考虑到基本养老服务使用的结果和筹资水平,考虑面对不同需求的老年人需要多少基本养老服务才是有效的。

以权利为基础(right-based)讨论的基本养老服务的公平则是一种机会公平,形式上的机会平等不是实际使用的平等,实质的机会平等就要考虑使用服务时发生的金钱和时间消费,要促进老年人在接受养老服务上的平等权利,而不是依据支付能力高低给予不同质量的养老服务。在新时代推动共同富裕的背景下,要实现我国的健康老龄化,基本养老服务应依据需要和权利来调整服务递送的方式和服务资金的分配,从而达到一个适当的可及性。而且可及性不是简单的平等,是通过较低的价格满足老年人的基本需要,通过社会福利资格保证平等的权利享有,让有需求的老年人得到有效的服务。此外,共同富裕强调的"底线公平"不应当是"水平"上的最低,而是基于需求和权利而言的老年人不可缺少的社会福利分享和政府必须承担的责任,其保障不应当只关注高龄、低保和"三无"等老年人群,而是弱势老年人群体,保障水平只要与经济发展水平相适应即可,而不是简单意义上的高低,底线之下的养老服务由政府提供,底线之上的带有个性化和差异化需求的延伸性养老服务则可以发挥市场、社会和家庭的作用,从而保障公平和效率的协调。在实现底线公平的过程中要优先保障弱势老年人的福利需求和权利要求,让他们能享有相对较多的资源。

（二）基本养老服务的多中心治理理论

当代国家的管理由传统的政治统治（rule）演变为现代政治管理（administration）,再转向治理（governance）、善治（good governance）、公共治理（public governance）,公共治理取代政治管理成为一个普适性概念。从公共行政的角度,治理理论拓展了传统国家与社会二分关系的分析架构,形成新型国家与社会的关系范式,强调一种多元的、民主的、协同的、合作的治理,对于公共服务的提供除了政府机关和各种机构外,还包括社会的参与、各种利益集团以及部门间的协商,有助于克服国家和社会各自能力的局限性,并因而建立国家与社会之间的互动网络。多元化的治理主体之间存在着权力互动关系,并最终形成公民自主服务与民营服务、政府服务相结合的、多中心的公共事务管理体系。治理还体现为一个互动的过程,它主要通过合作、协商、认同等方式来实现对公共事务的管理。

基本养老服务具有非排他性和不充分的非竞争性,具有准公共产品性质,基本养老服务可以以"多中心治理理论"为依归。"多中心治理理论"由经济学家埃莉诺·奥斯特罗姆（Elinor Ostrom）提出,强调以自主治理为基础的分权与自治,允许多个权力中心或服务中心并存,使得多元主体在治理过程中通过能动竞争和互动协作给予公民更多的选择权和更好的服务,减少了搭便车行为,提高了决策的科学性,避免"公地的悲剧"和"集体行动的困境",扩展了治理的公共性,提升了服务的效能水平。采用多中心治理理论,既符合中央提出的"坚持党委领导、政府主导、社会参与、全民行动相结合"的积极应对人口老龄化的方针,适应政府职能转变,也与庞大的老年群体、多样的服务需求、差异化的供给结构和当前财政收入放缓等现实国情相吻合。首先,基本养老服务的生产、提供、评价和监管等方面存在着多个供给主体,在保持政府兜底的公益性的同时,改变政府大包大揽的旧有模式,引入竞争机制,通过多个参与者的竞争和自我约束,提升服务质量,并在一定范围内保障老年人的选择权。其次,多中心治理可以打破政府和市场非此即彼的单中心体制下的路径依赖,强调政府、市场的共同参与和多种治理手段的应用,既能避免政府包揽可能导致的服务单一、低效、寻租等问题,又有助于防范完全市场化造成的"市场失灵",即可能出现的基本养老服务公共性缺失、公益性不足等缺陷。这样既彰显政府在保障基本养老服务方面的公共性、集中性优势,又能发挥市场灵活性强、效率高的长处,形成合作共治的基本养老服务治理范式。再次,多中心治理并不否认政府在保障基本养老服务中作为生产者和中介者的作用,而是角色和方式等从直接管理者转变为间接管理者,主要是通过制定多中心制度的顶层框架和行为准则,同时采取法律、政策和经济等宏观手段为基本养老服务的管理提供依据和便利。最后,在基本养老服务提供中,政府仍起到兜底保障的作用,基本养老服务强调机会均等和公平可及,对于有长期照护需求和特殊困难群体的老年人,政府可以通过社会救助、政府购买服务、发放补贴、社会保险支付等方式,采取无偿或者低偿措施为其提供重点保障。

(三)整合照护评估体系的建构

需求评估是长期照护服务目标人群的重要识别工具,作为长期护理保险实施的首要环节,是被保险人是否获得补偿资格、等级以及服务种类的评价标准,是照护服务资格的"守门员"(彭希哲、宋靓珺和茅泽希,2018)。流行病学、老年医学的大量文献表明,认知与身体功能能力具有高度相关性,认知受损会进一步影响身体功能能力的衰退,身体的失能也会造成认知水平的下降,二者具有一些共同的风险因素,比如慢性病、心脑血管疾病、激素水平紊乱等(Robertson et al.,2013)。因此,在世界各地的长期照护需求评估系统中,均把失能、失智作为两个不可忽略的维度应用在长期照护服务和保障制度中,包括以长期照护保险为主要制度模式的日本、德国、韩国,以服务补贴为主要制度框架的英国、澳大利亚,以及混合模式的美国。而在我国,目前除上海、青岛等个别城市,均未涵盖失智老年人评定标准与专业化服务。

首先,建立部门统一、机构统一的整合照护需求评估标准。无论是政府部门还是医疗和养老服务机构,都亟须建立统一的整合照护需求评估标准。目前,由部门分割造成的多评估标准在长期照护保障和服务给付中遇到较大的碎片化问题。比如在杭州市桐庐县长期护理保险的实施中,有重度残疾人(双下肢截瘫残疾人)申请待遇,但由于辅助工具(假肢)的运用,功能评价标准评定其为可以独立生活。这表明标准的不统一已经影响到资源的优化配置和福利待遇的统一安排。在该方面,我们可以借鉴国际的先进经验,比如广泛应用的国际化居民评估工具(international resident assessment instruments,interRAI)。interRAI 具有统一的临床概念和评估编码,可以做到一次评估、多次使用。一方面,在同一个医疗机构,基本信息等评估项目不需要重复进行,通常评估的时段可以选择在初次入院时、出院前、每季度或病情变化时;另一方面,因为有统一的编码,当被评估者在不同医疗机构或照护地点转诊时,部分核心评估的项目亦不用重复进行。

其次,建立科学、可操作的失能、失智整合照护需求评估标准。通过大量的文献梳理和数据分析,我们发现,失能和失智相互影响。在功能评价中一定要引入失智评价标准,且构建失能与失智相关的内在逻辑,建立失能、失智整合的长期照护需求评估标准。而且，该评价标准要注重可操作性，不宜复杂。这需要学者通过科学研究，找寻具体功能能力项目与等级评价的关系，比如在日本长期照护保险制度的评价系统中，"无法站立"即基本可以判断部分失能，"无法排便排尿"即基本可以判定中重度失能。对于生活自理能力的评价可以按照完成难度设置不同的顺序，且赋予不同的权重，使失能评定标准简单可操作。

最后，建立从身体功能能力评价向服务需求评价过渡的服务需求设计。目前，在我国长期照护需求评估中，无论是业界还是学界，多关注老年人身体功能能力和健康水平的评价，但十分缺乏服务时间、服务项目包、服务方案的需求评估和设计。无论是长期护理保险制度还是养老服务体系，均亟须建立服务需求评估系统。在这个意义上，探索认知能力与身体功能的关系十分重要，可以通过服务干预来改善认知状况，进一步延缓功能衰退的进程，提高老年人独立生活的能力和尊严。

二、基本养老服务的发展路径

（一）县域养老服务

县域养老服务的高质量发展是实施积极应对人口老龄化和乡村振兴战略，实现基本养老服务优质共享的核心任务，也是共同富裕示范区建设的重点难点。近年来，我国城市养老服务体系快速发展，制度内容不断健全，服务质量持续提高。但是，广大农村地区面临更加严重的人口老龄化、家庭养老功能弱化、农民养老保障不足，以及养老服务设施不健全等问题，农村老年人的基本养老权益难以得到保障。要想实现全体老年人公平享有基本养老服务的目标，亟须加强理论建构和顶层设计，优化制度政策，突破重点难点，建立城乡融合发展的养老服务制度和统筹衔接的县、乡、村三级养老服务网络，以及高效可持续的长效机制。其中，一个重要的突破口是从"市域强"向"县域强"转变，在县域形成政府、市场、社会、家庭等多元共治的养老服务治理格局。

县域养老服务的高质量发展,至少包括两个主要内涵:一是要求公平惠及县域内不同代际、不同区域、不同阶层、不同特征的老年人,促进基本养老服务均等化,即具有普惠性;二是要求全面兼顾老年人物质生活和精神文化生活的发展需要,即具有发展性。而要实现这两方面的高质量,则进一步要求县域养老服务供给精准匹配老年人美好生活真实需要的高效性。数字化改革恰恰为县域养老服务供需匹配的精准性、综合满足老年人全程全生命周期需求的系统性提供了新的方法论和理论可能性;"以数字化促精准化"也为县域养老服务多元主体的协同推进提供了宝贵的底层逻辑和普遍规律。

(二)新时代数字化赋能基本养老服务

新时代下的基本养老服务还需关注新常态下经济发展和供给侧结构性改革的深化,大数据、云计算、物联网、"互联网+"以及人工智能等引领的新经济、新业态不断涌现,"互联网+"等引领下的新兴消费模式迅速发展,人们的消费方式、层次等都将发生变化,这也会进一步推动老年人群体对养老服务消费需求的升级。因此,随着老龄化程度的日益加深,养老服务供给的迫切性持续加强,我国亟须精准把握养老服务需求的特征变化,精准定位老年人所需的养老服务,持续提升养老服务的有效供给能力,从而为不同群体的老年人提供更加高品质的养老服务,满足广大老年人的养老服务需求,实现健康老龄化。此外,发展基本养老服务,应当充分发挥科技创新的支撑作用,实现养老服务的"数字化改革",未来科技创新将快速迭代现有的体系和模式。老年智能产品的研发和快速普及能够极大地规避人工成本上升的影响,从而降低老龄社会支出总费用;科技产品也将改变老龄社会的生活环境和社会交往模式,建设有温度的老年友好型未来社会将是科技创新的基本宗旨。"十四五"时期,要推动养老服务与智能产品相结合,实现老龄产业链条加长、科技元素增加,搭建起一个虚实结合、智慧共享的应对人口老龄化的综合立体架构，促进我国养老服务业的高标准发展。

以下以嘉兴市嘉善县养老数字化改革实践为例进行介绍。

> 嘉善县坚持系统思维，运用数字化改革的基本方法，从需求评估到服务供给再到效果评价，打造康养服务全流程再造的闭环体系，构建"颐养智享"的系统集成，进而推动县域数字康养共同体建设，为全省乃至全国的县域康养服务数字化改革提供方法论的变革思路，提供基层的实践经验。
>
> **一、多跨协同推动康养服务数字化改革流程再造**
>
> 嘉善县作为全省"幸福颐养标杆区"唯一试点县，截至2022年5月，共有60岁及以上老年人口11.8万人，老龄化水平达28.3%。近年来，县委、县政府依托县域科学发展示范点、长三角生态绿色一体化发展示范区"双示范"建设，突出"城乡统筹、全域覆盖"，创新"城乡一体'颐养智享'平台应用"，构建多跨协同、综合集成、多元共治的康养服务共享场景。该应用于2022年5月18日正式上线"浙里办"运行，打通"浙里康养"功能组件，多跨公安、卫健、医保等16个部门，总计42大类、200多项数据。首先，在针对需求评估的系统分析基础上，围绕康养服务供需的精准匹配，构建老年人精准画像、居家智能守护、服务智慧监管、机构分析预警等模块，重点打造了"享福利""约服务""选机构""保安全"4个子场景，促进了老年人全程全生命周期的康养服务连续优质共享。其次，通过数字康养驾驶舱建设，促进了县域康养从管理走向治理，实现了多中心治理理论下的康养治理体系现代化，为县域数字康养共同体建设提供了宝贵的可借鉴、可复制经验。

（一）资源整合，聚力康养服务有效供给

1. 数字化推动城乡康养服务均等化

在"选机构"场景内建设康养联合体模块，为城乡老年人提供便捷康养服务。所有养老机构与辖区卫生院签订康养协议，设立"巡回医疗点"，医护人员每周上门为机构老年人开展诊疗、康复、配药等服务。投资近30亿元的健康嘉善"八大工程"落地建设，初步形成"15分钟"优质医疗圈。全省率先实现"5G智慧健康屋"县域全覆盖，在乡镇建立"云诊室"，可在线享受长三角三甲医院远程医疗，推动优质医疗资源下沉，县域医共体建设工作获省政府督查激励。截至2022年底，"云诊室"打通长三角三甲医院37家，连通全国范围内20万名知名专家，年接诊量可达2000人次，让老人与专家"面对面"。

2. 数字化推动机构康养服务融合发展

在"约服务"场景内推出流动康养服务上门模块，各镇（街道）均配备健康流动服务车，推动康养服务直达村（社区），实现居家困难高龄老年人康养上门服务全覆盖。全县80%以上村（社区）照料中心与卫生服务站毗邻，有效满足老年人居家康养服务需求。截至2022年底，巡回医疗点年服务16万人次，健康流动服务车年服务8.6万人次，并已投入15亿元新建医养综合体2家和养老机构3家，将新增养老床位1653张、医疗床位450张。

3. 数字化确保空巢老人安全保障

在"保安全"场景内构建以"小善AI语音交互设备"为核心的养老物联网平台，居家配套毫米波雷达、智能床垫等居家守护"安心七件套"设备，实时交互老年人健康、环境安全数据，一旦发生紧急情况，可以通过语音呼救或自动告警等方式，联动平台、机构、家属和急救部门，切实保障老年人居家安全。空巢独居老人在家晕厥时，家中智能设备立即告警，平台可立即通知居家护理员并呼叫120，救护车半小时内抵达现场施救，为老人赢得黄金救治时间。截至2022年底，已在240户困难老人家中设立"家庭养老床位"、配备守护设备，将机构专业护理服务延伸到家中，大幅提高了居家护理的质量。

（二）多元共治，助力现代康养治理体系建设

嘉善数字康养驾驶舱整体布局与服务端场景设计相匹配，由全县老年人口热力分布图、数字画像、机构管理、服务监管和居家守护等模块组成，每个模块都体现了对治理体系建设的推动作用。

1.数字画像推动精准服务治理体系建设

驾驶舱呈现了全县老年人群总体画像，通过整合分析各涉老部门42类数据，实时掌握老年人口变化趋势，2022年，嘉善县有11.8万老年人口，通过多跨公安户籍系统分析，到2025年预计突破14万人，有助于更精准地研判未来康养服务整体布局。此外，还有全县老年人口的健康情况、收入情况、困难情况等，可以据此精准分析养老金收入和医疗支出等情况。同时，聚焦老龄化趋势、老年人需求和养老设施布局等定期生成决策分析报告。比如，依据该数据预判"十四五"期间还需新增床位2200多张，在此基础上，依托群体画像大数据分析，精准得出认知障碍照护床位还需增加不少于300张。在老年人的个体画像层面，通过建立县、镇、村三级用户权限体系，工作人员可以实时查看到老人的经济、健康、福利享受等情况，并依托算法模型，提供福利政策一键办理、个性化养老方案等服务，数字画像模块也被浙江省民政厅纳入了"浙里康养"的驾驶舱并在全省推广。

2.机构管理促进体制机制改革

嘉善县在全省率先成立国有养老实体公司，建立"以县为主"的管理体制，统管全县养老机构运行，截至2022年底共有床位2842张，

全部完成一人一床一码的后台绑定,杜绝虚假床位和入住率,确保数据真实性。同时,实时调度全县养老机构床位供需。目前,全县机构平均入住率为75%,表面来看还有床位空余,但都集中在新机构,部分机构还要排队入住。嘉善县通过数字康养驾驶舱比对老人预约和数字画像的推送,主动推荐更为合适的机构,确保机构均衡入住。为确保机构护理质量,实时分析护理员队伍结构,每年研判护理员培训考证人数,力争中高级护理员占比达到18%。将养老机构定位为兜底型、普惠型、特需型三种类型,全面建设"智慧养老院",通过配备各类智能终端,有效提升机构的运行效率,特别是通过配备智能照护机和AI录音工牌,实时掌握护理员在岗情况和每日护理情况,确保老年人得到优质护理服务。

3.服务监管提升服务质量治理能力

嘉善县以数字化牵引公办养老机构改革,推动优质护理服务向居家社区延伸,截至2022年底,总工单数据已超过100万条,创造就业岗位2000多个,年养老服务市场营收达到1.5亿元。可以看到目前最高频的服务需求是助餐,占比达到35.5%,针对助餐高频事项,通过数据分析不断优化服务,共培育32家定点供餐机构,提供多样化餐品选择,形成"15分钟助餐服务圈"。对送餐工单采用闭环管理模式,通过GPS定位、人脸比对、拍照留档等方式,自动排查异常工单,确保送餐真实高效,工作人员通过电话回访调查老年人满意度。每月为服务商进行综合排名,作为年底考核的重要依据。嘉善作为浙江省养老服务"爱心卡"试点,首创"颐养券"数字津贴模式,可以用于助餐、理发等服务,并将参与现代社区建设的志愿服务纳入发券范畴,激励子女更好赡养、关爱老人。

二、证据为本的数字康养共同体效果评估

在数字化改革的过程中,不仅要有针对服务体系的流程再造,更要建立持续的以证据为本的效果追踪评价体系。嘉善县建设"颐养智享"应用平台和数字康养驾驶舱，取得了显著的成效。形成42项养老服务标准规范、15项方案制度文件，近期还在申请国家级标准化示范项目。截至2022年底，共有11.6万名老年人完成注册，覆盖率达98％以上，日活跃度在全省县级养老应用中排名第一，老年人满意度达98％以上，成为"浙里康养"核心应用场景。改革经验被列入省共富最佳实践、省数字社会案例集，并在省共富研讨班上专题分享改革经验。

（一）集成改革盘活优质康养资源

建立上门服务全数字化监管机制，流动健康车直达村社，推动公办养老机构优质护理服务向居家社区延伸、向农村延伸，养老机构参与居家养老服务覆盖率达到70％，有效提升了居家养老服务水平。养老服务年工单总量从原来的5万件增加到70万件；持证上门护理员从160人增长到430人；专业养老服务组织从3家培育到12家。

（二）区域合作实现跨省同城待遇

嘉善由于其特殊的地理位置，通过与人社部门"长三角'敬老通'"应用多跨协同，率先实现长三角区域老年人在嘉善共享同城待遇。截至2022年底，"长三角'敬老通'"应用惠及每年往返嘉善的老年人近10万人。

（三）数据流赋能增强政府科学决策能力

"颐养智享"平台通过智能分析，为康养服务治理实时提供决策咨询报告。以数据流打通决策流，改变以往粗放决策方式，增强了政府科学决策能力。通过系统的动态评估，可以及时发现康养服务供给存在的问题，比如服务供给的多元性不足，未来在满足个性化康养服务需求方面需要加强。

（三）基本养老服务的多元共治体系建构

　　基于以需求和权利为核心的视角,在多中心治理理论的指导下,在数字化改革的驱动下,基本养老服务的体系不仅是对象和内容的界定,也不仅是民政内部的小循环,更是一个以失能失智老年人照护为核心,从数据来源到整合评估,到服务主体提供的服务供给,再到包括服务评估在内的覆盖老年人全生命周期的整合照护体系,是一个多元主体共同治理的大循环体系。这一体系为养老服务提供了重要的信息化手段和应用场景,即通过信息智慧化平台建设,可以推进基本养老服务的有效实施。图 9-1 是县域养老服务体系建构的框架图。在县域内成立基本养老服务的服务管理中心(养老服务指导中心),逐步打通省医院、社区卫生服务中心、医养结合机构之间的数据壁垒,实现县域医养健康信息互联互通,相关信息在健康服务平台内部流转评估筛选后进行派单。第一步开放给医养结合机构,逐步覆盖至多方医养服务供给机构,形成多部门、街道社区、社会力量(社会办医、养老院、志愿者)、家属等广泛参与的线上联动工作机制。县域养老服务的抓手可以是整

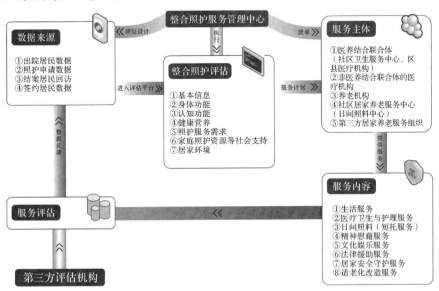

图 9-1　多元共治的县域养老服务循环体系

合民政、卫健、残联等部门的整合型评估体系,通过整合评估实现信息共享,整合资源,提高效率。

在基本养老服务的大循环体系中,照护保障制度是重要的支撑,其中的养老服务补贴制度作为老年人享受政府服务的权益,是实现基本养老服务优质普惠共享的资金保障。浙江省在2012年养老服务补贴政策的基础上,于2021年实施了新的《浙江省养老服务补贴制度实施办法》(浙民养〔2021〕164号),针对基本保障对象进行了扩面,从低保重度失能老年人扩展到了四档,而且不再考虑享受人数的百分比,做到应保尽保。

以下以杭州市养老服务电子津贴发放流程为例进行介绍。

杭州的"重阳分"明确享受政府提供的养老服务主要包括高龄普惠服务和失能失智照料服务,对计划生育特殊家庭、低保低边家庭、支出型贫困家庭中重度、中度的失能失智老年人,分别给予每人每月1820元、1330元电子津贴;对80—89周岁老年人给予每人每月40元电子津贴;90周岁及以上老年人给予每人每月100元电子津贴,已累计发放"重阳分"3.79亿元。"重阳分"以进行统一的老年人能力评估为前提条件,并同时公布了"重阳分"的使用指导目录,具备了该框架的基本要素。

根据《杭州市养老服务电子津贴制度的实施意见》(杭民发〔2020〕108号),为了深化养老服务改革,全面提升养老服务质量,提高养老服务供给保障水平,杭州市在2020年10月在市民卡(社保卡)设立养老电子专户,施行全市通用的养老电子货币"重阳分"。"重阳分"可直接用于居家养老上门服务、养老服务机构床位费和护理费等消费。在政策人群上重点对计划生育特殊家庭、低保低边家庭、支出型贫困家庭的重度、中度的失能失智老年人和高龄老人发放电子津贴。具体而言,养老服务电子津贴"重阳分"的发放流程如图9-2所示。首先,老年人自主向民政部门提出申请;其次,民政部门委托第三方评估机构对老年人的日常生活活动能力、认知能力以及精神状态与社会交流能力进行评估;再次,民政部门在评估结果的基础上结合老年人的经济状况,依规发放电子津贴"重阳分";最后,老年人根据自身需要,从民政部门委托授权的第三方服务机构中自主购买养老服务。可见,杭州市养老服务电子津贴"重阳分"制度塑造了政府

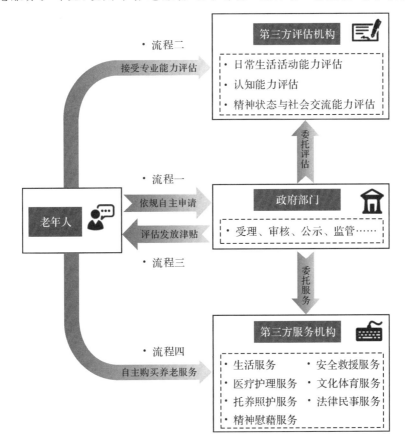

图 9-2 杭州市养老服务电子津贴发放流程

部门(民政部门、财政部门等)、第三方评估机构和第三方服务机构共同供给老年人养老服务的多元共治格局,具有能力评估科学、服务供给高效和服务选择个性化的制度优势,是评估和分析杭州市养老服务需求和供给现状的重要靶点和基础性制度。

> 依托于养老服务"互联网十"信息平台，杭州市养老服务电子津贴"重阳分"已为评估后的老年人提供了数以万计的养老服务，并累积了老年人社会人口特征、评估结果和服务工单等较为翔实的数据信息。

第四节　养老服务体系高质量发展的对策建议

第一，加快建立城乡统一的基本养老服务制度，加强养老服务基础设施建设，提高基本养老服务的均等化水平，保障农村老年人的基本养老权益。随着经济社会的发展，养老服务已成为社会成员年老后的一项基本需求，应当将其列入基本公共服务范畴，建议尽快组织实施，明确把基本养老服务作为国民的一项基本权益。这一制度的核心是，基于严格的需求评估，明确由政府委托的机构提供相应的服务，或者提供资金由老年人（或监护人）购买服务。为此，需要制定相应的规则、具体标准和绩效评估机制，这里的关键之处在于：一是需求评估，以老人失能失智状态和家庭照护能力及经济状况为主要依据，通过统一、科学的需求评估，提高养老服务的精准度；二是资金落实，这就需要建立长期照护保障制度。在基本养老服务制度中，明确政府职责，尤其加强对失能失智且生活困难、独居、高龄老年人的服务供给和照护保障；三是加强对特殊需求老年人的养老服务基础设施建设，增强县级特困供养服务机构的失能照护服务能力，拓展乡镇敬老院的区域养老服务中心功能，发挥村级互助养老服务设施的前沿阵地作用，同时加强无障碍环境建设和适老化改造，营造老年友好型环境。

第二，建立健全长期照护保障制度，提高老年人及其家庭照护服务购买能力。为提高老年人及其家庭对社会化照护服务的购买能力，并使基本养老服务制度能够落到实处，必须加快建立长期照护保障制度。建立长期照护保障制度需要有清晰的思路，要明确制度定位，加强顶层设计；还需要界定保障对象和科学的评估标准,构建多层次的照护保障体系;更需要建立有效的筹资机制、优化制度环境,确保长期照护制度可持续运行。从学理和国际经验看,长期照护保障制度模式主要有两种:一是实行长期照护服务补助制度,以严格的需求评估为基础,政府财政对困难家庭失能失智老人实行补贴,用于购买基本照护服务,这种方法比较简单,多数国家如英国、美国、澳大利亚、加拿大、丹麦、卢森堡等施行的是这种模式。建议整合杭州市现有的养老服务补贴制度和残疾人护理服务补贴资源,建立起统一的低收入家庭的照护救助制度,在保障弱势老年群体的照护刚需之外,提高财政资金的绩效水平。二是实行长期照护保险制度,即以社会保险方式,让具有缴费能力的社会成员缴纳社会保险费,形成保险基金,对失能失智的老年人提供照护服务或资助其购买照护服务。但长期照护保险是技术复杂、成本昂贵的一类社会保障项目,国际上缺乏成熟的经验,仅荷兰、以色列、德国、卢森堡、日本和韩国等国家采用这种方式。浙江省已经有部分地区试点,建议对宁波、嘉兴、温州和部分县域试点经验进行研究总结,加强顶层制度设计,稳步推进。

第三,加快发展养老服务供给,提高社区居家养老专业化程度和服务质量。目前居家养老存在服务供给不足、专业化程度更低、缺少专业化的照护服务队伍等问题,为了补齐服务体系的短板,需要从发展现代服务业的角度支持养老服务业发展。一是加大养老护理队伍的培育力度,逐步提高其专业化水平,稳步提高其薪酬水平和社会地位;二是通过建立健全照护保障制度,提高失能失智老人及其家庭购买社会化照护服务的能力;三是建立护理费标准随社会平均工资变动的自动调整机制,为提高护理员薪酬创造条件;四是鼓励支持养老机构开展居家养老上门服务,带动居家养老服务专业化水平提高;五是着眼培育新动能,因地制宜发展养老服务产业,鼓励社会化力量连锁化经营,通过政府购买服务的引导,激发养老服务市场活力;六是坚守服务质量与安全红线,强化养老服务综合监管,切实保证服务质量,提升抗击风险的能力。

第四,支持家庭承担养老功能,巩固家庭养老的基础性地位。家庭养老作为我国老年人最主要的养老安排,既是对老年人按自身意愿选择养老模式的尊重,也可以节省宝贵的社会养老资源。在家庭现代化的进程中,许多老年人没有任何子女在同一县(区、市)居住,这提示可以通过就业政策和住房政策鼓励成年子女就近工作以及与老人邻近居住。此外,对于老年人的家庭照护者,要承认他们的照护劳动价值,通过长期照护保障制度保障其经济权益的获得,通过社会化的"喘息服务"等建立起完善的照护者保障制度,通过专业的居家照护指导,提高照护水平和质量,通过完善的法律法规体系和监管体系建设,保障老年人得到有尊严、高质量、可持续的照护。

建议通过多种政策提高家庭照料者的照料能力,鼓励其积极进行照护。

第一,搭建认知症老人家庭照料者的社区支持和健康服务网络。一方面,倡导建立认知症老人家庭照料者的社区互助组织,拓展认知症老人家庭照料者的沟通渠道,使其既可以交流照护过程中的困难、经验和心得,提升居家照护质量,也从中获得归属感,在一定程度上缓解了精神和心理压力。另一方面,建立认知症老人家庭照料者的健康服务网络。对于需要医疗服务的居家照料的认知症老人,积极链接与整合社区的基层医疗资源,协助进行认知症的筛查和早期诊断,帮助认知症家庭进行就医资源的对接和转诊,有效消除其在医疗信息获取方面的障碍。

第二,由于认知症老人的照护需要家庭照料者付出很多精力和时间,建议实行照料假期和照料津贴制度,使其在繁忙照料工作中获得休息,不仅减轻家庭照料者的照料负担,更是对其照料工作价值的认可,是对其为了承担照料任务而放弃工作和休息时间的补偿。此外,可以为家庭照料者提供短期托管或暂时性上门照护等"喘息服务",使照护者获得短期的休息和放松,调整身心状态。

第三,由于不同类型、不同疾病严重程度的认知症患者所需要的照料技巧并不相同,因而家庭照料者在自行摸索照护技巧的过程中,也应当接受系统化的培训,提高其照护能力。建议通过政府购买服务的方式,借助社区和在地的社会组织,为认知症老人家庭照料者常态化地提供技能方面的培训。同时依据国内外已有的照护标准,开发认知症老人照护服务包,针对不同的认知症老人家庭提供个性化的服务,由家庭和认知症老人自主选择照护的时长、内容和地点,在促进认知症老人居家照料服务的市场化运营的同时,减轻居家照料者的照料负担。

第十章 儿童发展促进共同富裕

作为促进社会公平、实现共同富裕的重要内容与目标,儿童发展(特别是0—6岁儿童早期发展)一直是社会与学界关注的热点。那么,儿童发展到底与共同富裕存在怎样的关系?国内外学术界到底对此有何研究结论?现阶段应该如何通过儿童发展实现共同富裕?本章将围绕这些问题开展研究。

第一节 儿童发展与共同富裕的关系

本章中所指的儿童发展主要是0—6岁儿童早期发展,暂不涉及其他发展阶段。本章认为,儿童发展与共同富裕的关系主要体现在三个层面:一是儿童高质量发展是人的一生之中投资回报率最高的时期,这表明儿童发展有助于促进人的全面发展;二是儿童发展有助于破解贫困的代际传递,让更多孩子享受到更好的教育,从而实现让全社会共享发展成果;三是对于一些高风险、高需求的儿童而言,早期发展更是最佳干预阶段,所以尤为关键。下面,我们将围绕这三个方面进行阐述。

一、儿童早期高质量有助于促进人的全面发展

共同富裕的第一大特征是发展。要在高质量发展中促进共同富裕。众

所周知,人力资本投资具有丰厚的回报,不仅对个人家庭有利,而且对国家民族也有极高的价值。而在人生的不同发展阶段中,儿童早期投资的回报最高。诺贝尔经济学奖得主詹姆斯·赫克曼教授认为,对一个人在儿童时期的投入呈现前高后低的递减趋势,特别是0—5岁阶段的投入具有丰厚的回报。所以,儿童早期发展具有非常重要的价值,有助于促进人的高质量全面发展,也必将能够为共同富裕打下牢固的富裕基础。

二、儿童早期高共享有助于破解贫困的代际传递

尽管儿童早期发展具有非常高的回报率,但是不同群体之间的差异依然非常明显。已有大量研究显示,我国农村地区还有大量儿童早期发展处于相对空白状态。一方面,0—3岁营养与健康问题堪忧,特别是还有较大数量孩子生活在留守、单亲、低收入乃至监护人有精神疾患的家庭中,导致养育能力无法得到有效保障;另一方面,4—6岁学前教育体系还无法有效覆盖广大农村地区,特别是学前教育师资和课程质量还亟待保障,使得其与城市地区存在较大差距。除此以外,不同家庭之间的儿童早期养育与教育之间的差距也非常明显,这都可能对儿童发展产生持久的影响。因此,儿童早期高共享对破解贫困的代际传递、实现共同富裕具有非常重大的意义。

三、儿童早期高需求有助于实现风险的最佳防范

除了高质量和高共享,儿童早期干预还能够在最佳时间满足儿童早期高需求,为其创造最佳的发展基础。约翰·罗尔斯在其所著的《正义论》中写道:由于自然选择的缘故,一部分家庭为全社会承担了身心残疾的自然风险,社会应该为这些家庭与孩子提供最大的福利支持。事实上,对于轻中度残疾或者处于边缘阶段的儿童群体来说,融合教育乃是最好的康复方式。而这个融合教育与康复的最佳阶段就在儿童早期阶段。一旦错过这个窗口期,未来个人、家庭乃至社会就会需要提供大量的支持举措,并且事倍功半。因此,对儿童早期高需求的干预有助于实现共同富裕,促进社会公平正义。

第二节 我国儿童发展的现状与问题

国内关于儿童发展并没有权威的界定，儿童发展一般是指学龄前儿童（以 0—6 岁为主）的早期照顾与教育服务。近年来，学术界对该问题的研究呈现快速增加趋势。我们在知网上查询到以"儿童＋正式＋照顾"为关键词的学术论文已经达百余篇（见表 10-1）。

表 10-1 国内儿童照顾与教育的研究文献整理

研究方向	主要观点	代表学者
政策研究	构建普惠性儿童照顾政策；婴幼儿友好型社区；农村贫困儿童早期照顾；儿童照顾空间不平等问题；集中式儿童照顾伦理；公私责任分配；等等	胡敏洁（2019）；李树燕等（2019）；卢玮（2019）；文若予和巫筱媛（2022）；岳经纶和范昕（2018）；张文馨（2019）
实践经验	上海"一体发展"模式；贵州"苗圃工程"模式；杭州"成长驿站"模式；西安"家庭托育"模式；等等	路娟和蔡军（2022）；李亮亮和袁涛（2021）；潘层林（2021）
国际借鉴	加拿大魁北克儿童早期照顾；北欧家庭政策与早期干预；英国贫困儿童社会流动早期干预；欧洲去家庭化照顾模式比较；等等	马春华（2022）；潘昆峰、卫京伟和秦博（2019）；索长清和刘帅莉（2022）；张佳华（2013）
实证分析	家庭照顾赤字问题；儿童早期照顾的需求与供给分析；家庭养育环境和方式的影响研究；弱势儿童早期发展调查研究；儿童照顾不平等研究；等等	白钰等（2019）；陈宁等（2022）；孙铃等（2014）；钟晓慧和彭铭刚（2022）；张海峰等（2021）

注：表中关于各个研究方向的代表学者和相关文献只是用以举例说明。尽管这些文献本身质量较高，但不代表这些文献的质量高于其他未纳入表格的文献，特此说明。

一、探索构建普惠性儿童照顾与教育体系是研究的主要方向

较多学者对新中国成立以来的儿童照顾与教育政策做了系统性回顾，认为其总体经历了以单位为主体、以家庭为主体、以市场为主体以及以政府为主体等不同阶段（高薇和苗春凤，2019）。尽管一直以来政府认为照顾和

教育学龄前儿童是家庭的责任,但是未来我们需要把儿童福利视为儿童投资,通过普惠性公共服务体系建设来促进经济社会发展(岳经纶和范昕,2018)。在这个过程中,政府需要把握好城市与农村的关系、公办与民办的关系以及集中与分散的关系(胡敏洁,2019;李树燕等,2019;卢玮,2019;文若予和巫筱媛,2022;张文馨,2019)。总体来看,上述宏观政策研究占据了国内儿童发展研究文献的主体。

二、分析普惠性与选择性模式是正式照顾比较研究的主要内容

国外儿童发展政策发展较早,但每个国家的发展模式不尽相同。加拿大魁北克省是儿童早期照顾与教育体系最完备的地区之一,早在1997年便开始推进普惠性儿童福利模式(索长清和刘帅莉,2022)。相比而言,美国则更加关注特定弱势儿童的早期发展,出台的"开端计划"具有极大的国际影响力(姚艳杰和许明,2008)。在欧洲,英国的儿童早期计划与美国有异曲同工之妙,主要也是关注弱势儿童的发展问题(潘昆峰、卫京伟和秦博,2019)。而北欧家庭政策瞄准的是全体儿童青少年群体,并不特别针对弱势人群(张佳华,2013)。马春华(2022)基于父母劳动力"去商品化"程度和儿童照顾"去家庭化"程度等指标,指出北欧各国正规照顾程度较高,而东欧各国则主要是非正规照顾,各国之间存在比较大的异质性。由此可见,儿童发展的政策模式可能与各国社会福利组织特征存在密切的联系。

三、儿童发展资源不平衡是当前我国面临的严峻挑战

当前国内的研究主要侧重在对家庭育儿需求以及现有资源供给的调查。例如,张海峰等(2021)对上海市婴幼儿托育服务需求、利用与供给现状进行了抽样调查,结果表明,家长托育需求较高,但是难以承受实际托育费用,导致供需之间存在矛盾。陈宁等(2022)基于对河南省2697家托育机构的调查,发现现有托育机构存在空置率高、师资水平不高等问题。除了供需方面的实证研究,还有一些研究关注父母养育方面的影响。例如,孙铃等

(2014)对儿童早期发展与小学适应的研究表明，父母养育方式存在很大的调节影响。白钰等(2019)对中国农村贫困地区的研究发现，婴幼儿早期发展滞后风险与父母养育行为存在密切的联系。总体来看，这些实证研究均关注儿童早期家庭不平等养育问题。

四、0—3 岁儿童早期托育服务体系建设是当前研究的热点

自 2019 年国务院办公厅下发《关于促进 3 岁以下婴幼儿照护服务发展的指导意见》以来，全国各地开始探索儿童早期照顾模式。整体而言，上海的实践探索走在全国前列，2022 年出台了《上海市学前教育与托育服务条例》，率先探索 0—6 岁托育加学前一体化照顾模式。贵州通过"苗圃工程"试点，在中西部地区探索社区托育、幼托一体、医教一体等方式，形成了独具特色的早期照顾模式(李亮亮和袁涛，2021)。具体到专业照顾模式，各地也有不同的实践经验。例如，陕西西安最大的优势和特色是家庭托育机构特别发达，且形成了较强的专业化、连锁化、市场化能力(路娟和蔡军，2022)。浙江杭州正在兴起的"成长驿站"则聚焦于社区与家庭之间的联动照顾，也具有非常鲜明的地域特色(潘层林，2020)。总体来说，全国各地还处于试点探索的阶段。

第三节　国外儿童发展政策与研究的经验借鉴

整体上看，我国的儿童发展政策与研究还处在起步阶段。20 世纪 90 年代，西方发达国家开始意识到投资儿童早期发展的重要性。国际学界关注的儿童发展包含学龄前儿童的婴幼儿托育、学前教育以及课后服务等多种正规照顾服务，年龄跨度从 0 岁至 8 岁。表 10-2 总结了当前国际研究的三种视角，下文将做详细阐释。

表 10-2　正式照顾对儿童发展的三种影响视角

三种视角	主要观点	代表学者
积极影响	早期照顾对儿童认知与非认知发展具有积极影响,而且这种影响会持续到青少年乃至成人阶段,被誉为非常有效的人力资本投资	Amadon 等(2022);Gormley 等(2005);Gormley 等(2008);Heckman(2006);Heckman 等(2013)
消极影响	普惠性早期照顾对儿童早期发展具有明显的负面效应,且这种不利影响会伴随着孩子的一生。目前,导致这种现象的原因依然成谜	Baker 等(2008);Baker 等(2019);Kottelenberg 和 Lehrer(2013);Kottelenberg 和 Lehrer(2017)
短期积极长期消失	早期照顾对儿童发展的积极效应只能维持在短期干预阶段。随着儿童的逐渐成长,这种正面影响会逐步减退直至最后消失	Anderson 等(2003);Bailey 等(2017);Duncan 和 Magnuson(2013);McCoy 等(2017)

注:表格中关于各个研究方向的代表学者和相关作品只是用以举例说明。尽管这些作品本身质量较高,但不代表这些作品一定优于其他未纳入表格的作品,特此说明。

一、优质的儿童照顾与教育能够产生积极的效应

这个研究视角以诺贝尔经济学奖得主詹姆斯·赫克曼教授为主要代表,在全球具有巨大的影响力。该视角认为,正式照顾对学前儿童的认知与非认知水平会产生正向的影响;不仅如此,利用佩里追踪项目,该研究团队还发现儿童早期正式照顾会对青少年与成人发展产生积极的效果(Heckman,2006)。毫无疑问,佩里幼儿园的高瞻课程是全球知名的幼儿教育课程,具有享誉世界的美名。同时,不少学者对俄克拉荷马早期教育项目的追踪研究结果也表明,儿童照顾不仅有利于培养幼儿园阶段的社会情感能力,而且对小学、初中、高中等阶段的教育表现具有重要的影响(Amadon et al.,2022;Gormley et al.,2005;Gormley et al.,2008)。这种影响不仅包含对儿童学业成绩、社会交际、情感能力等方面的影响,而且还容纳了成人后收入、健康乃至犯罪方面的指标。该项目同样具有较高的质量保障。

二、集中化儿童照顾与教育可能产生负面的影响

不同于第一种视角的广泛影响,第二种视角的社会争议非常大。这种

视角认为,低质的正式照顾可能会对儿童发展产生负面的影响,无论是短期还是长期都是如此。这个视角的代表性学者是迈克尔·贝克教授及其同事。他们通过对加拿大魁北克省普惠性儿童照顾政策的追踪研究发现,虽然正式照顾项目有效促进了女性就业,但是对儿童的性情、社交、情感等能力产生了显著的负面影响(Baker et al.,2008)。这项研究发现迅速引起了政策界、实务界和学术界的争议。不过,贝克等人的研究结论屡屡被其他学者证实(Kottelenberg and Lehrer,2013,2017)。而且,在近期的研究中,贝克等学者进一步指出,这种影响具有长期效应。上述研究结论的产生可能是由于家庭完全放弃了育儿的责任,集中化照顾与教育无法满足孩子的亲子依恋需求。目前,学界还在对原因进行进一步研究。

三、缺乏质量的儿童发展政策无法产生持久效应

第三种视角与前两者均有所区别,认为儿童早期照顾与教育不会具有持续性效果。具体而言,这种视角认为正式照顾与教育对儿童发展会有短期的干预效果,但是长期来看,这种效应会逐渐减弱乃至消失。Duncan 和 Magnuson(2013)基于对美国 80 多项儿童早期干预项目的元分析,发现早期积极效应会以每年 0.03 个标准差的幅度下降,至 10 年后完全消失。假如这种长期失效作用成真,那么儿童早期干预也会失去科学依据。因为这意味着儿童早期干预可能属于得不偿失的投资。目前,学者们对长期失效的原因仍没有完全弄清楚。但是,假如儿童干预项目没有质量,那么后期便无法产生持久的效力。

第四节   儿童发展促进共同富裕的对策建议

通过对国内外政策与文献的系统梳理,我们认为我国儿童发展与共同富裕可以围绕三个原则,即实现高质量、促进高共享、满足高需求,基于三大领域,即 0—3 岁儿童托育、4—6 岁学前教育、0—6 岁儿童福利,实现三大目

标,即普惠托育、优质学前、弱势保护,实现具有中国特色的儿童早期照顾与教育政策体系。

一、加快完善 0—3 岁儿童普惠托育服务

鉴于我国 0—3 岁婴幼儿托育体系还在探索过程中,当前应该加快建立基本公共服务体系,防止由标准过高、期望过高、成本过高导致公共资源的浪费。首先,建立健全托育机构的登记备案、信息公开、独立评估、功能设置和监督管理等规章制度,对不同类型的机构就场地、人员、课程、费用等方面做出合理的规定,形成明确的标准;其次,探索不同托育模式,坚持家庭育儿的主体责任,鼓励发展社区托育、家庭托育、单位托育等多种托育形式,在有效保障亲子关系的基础上构建托育服务体系;最后,要求落实托育专项经费,列入各级政府财政预算管理,探索制定普惠托育项目建设与运营补贴、托位补助、奖补激励等政策,鼓励全社会参与托育服务体系建设。

二、积极提高 4—6 岁儿童学前教育质量

我国学前教育在过去 10 余年间取得了长足的进步,但是幼儿园之间的地区、城乡差异依然非常明显,办园质量差异很大,这已经成为影响儿童早期公平教育的重要因素。因此,一是要加快学前教育立法工作,参照义务教育教师工资相关标准,联动建立幼儿教师工资标准,逐步提高幼儿教师的薪资待遇;二是要加快出台公办幼儿园教职工编制标准,从制度层面保障公办幼儿园教师队伍建设,切实加强幼儿园教师队伍建设;三是要创新幼儿教育模式,探索适合当地园所的教学模式,引导、鼓励教师挖掘与当地自然大环境、园所小场地情况及当地社会经济条件相匹配、相适应的教学模式,因地制宜提升教师教研能力。

三、有效夯实 0—6 岁弱势儿童福利保障

应加强对不同类型儿童保障需求的研究,逐步建成与经济社会发展状

况相适应、与儿童生存和发展需要相匹配、与相关福利制度相衔接的现代化儿童福利保障体系。首先，加快建立监护评估机制，加强监护不当的儿童危机干预机制建设，重点解决衔接不顺、流程不畅、转介困难等问题，依法惩治虐待、遗弃等侵害儿童的事件。其次，优化残疾儿童筛查、诊断、治疗、康复一体化工作机制，建立残疾报告和信息共享制度，提高残疾儿童康复服务覆盖率，建立多层次、多渠道的医疗康复和特殊教育服务。最后，进一步健全农村留守儿童和困境儿童关爱服务体系，加快推进"儿童之家"建设，引导社会各界关心和参与未成年人保护工作。

参考文献

白晨,顾昕,2018.中国基本养老服务能力建设的横向不平等——多维福祉测量的视角[J].社会科学研究(2):105-113.

白永秀,2012.城乡二元结构的中国视角:形成、拓展、路径[J].学术月刊(5):67-76.

白钰,郑丽娟,刘步瑶,等,2019.中国农村贫困地区养育行为现状及其影响的实证研究[J].华东师范大学学报(教育科学版)(3):70-83.

蔡萌,岳希明,2016.我国居民收入不平等的主要原因:市场还是政府政策?[J].社会科学文摘(6):54-55.

蔡萌,岳希明,2018.中国社会保障支出的收入分配效应研究[J].经济社会体制比较(1):36-44.

操建华,2019.乡村振兴视角下农村生活垃圾处理[J].重庆社会科学(6):44-54.

陈斌开,林毅夫,2013.发展战略、城市化与中国城乡收入差距[J].中国社会科学(4):81-102,206.

陈纯槿,李实,2013.城镇劳动力市场结构变迁与收入不平等:1989—2009[J].管理世界(1):45-55,187.

陈金明,2021.农民财产性收入渠道多多益善[N].经济日报,2021-03-16(9).

陈坤秋,王良健,李宁慧,2018.中国县域农村人口空心化——内涵、格局与机理[J].人口与经济(1):28-37.

陈宁,高卫星,陆薇,等,2022.婴幼儿托育机构发展瓶颈、政策需求与治理取

241

向——基于河南省 2679 个托育机构的调查[J].人口研究(2):117-128.

陈燕,黄金银,孙统达,2019.基本养老服务均等化研究现状与思考[J].中国科技投资(20):188.

陈洋,李郇,许学强,2007.改革开放以来中国城市化的时空演变及其影响因素分析[J].地理科学(2):142-148.

陈宗胜,周云波,2001.非法非正常收入对居民收入差别的影响及其经济学解释[J].经济研究(4):14-23,57-94.

刁鹏飞,臧跃,李小永,2019.机构养老的现状、问题及对策——以上海市为例[J].城市发展研究(8):98-103.

菲利普·埃达罗,李庆生,1988.法国的领土整治[J].经济地理(4):308-310.

甘犁,2015.中国有多少中产阶层?[N].第一财经日报,2015-11-18(A15).

干靓,钱玲燕,杨秀,2020.乡村内生型发展活力测评——德国巴伐利亚州的实践与启示[J].国际城市规划(5):23-34.

高薇,苗春凤,2019.新中国成立 70 年来托育服务的发展历程与思考[J].北京青年研究(4):65 74.

顾益康,许勇军,2004.城乡一体化评估指标体系研究[J].浙江社会科学(6):93-97,6.

郭燕,李家家,杜志雄,2022.城乡居民收入差距的演变趋势:国际经验及其对中国的启示[J].世界农业(6):5-17.

国家发改委社会发展研究所课题组,常兴华,李伟,2012.扩大中等收入者比重的实证分析和政策建议[J].经济学动态(5):12-17.

国家统计局,2019.中国统计年鉴 2019[M].北京:中国统计出版社.

韩纪江,郭熙保,2014.扩散—回波效应的研究脉络及其新进展[J].经济学动态(2):117-125.

何文炯,2017.论社会保障的互助共济性[J].社会保障评论(1):43-52.

何文炯,2020a.建设更加公平更可持续更有效率的社会保障体系[J].中国社会保障(12):20-21.

何文炯,2020b.社会保险费征缴:体制改革与法制完善[J].探索(3):42-51.

何文炯,2020c.数字化、非正规就业与社会保障制度改革[J].社会保障评论
　　(3):15-27.

何文炯,2021.优化社会保障 促进共同富裕[J].政策瞭望(12):37-40.

何文炯,潘旭华,2021.基于共同富裕的社会保障制度深化改革[J].江淮论坛
　　(3):133-140.

洪秀敏,朱文婷,钟秉林,2019.不同办园体制普惠性幼儿园教育质量的差异比
　　较——兼论学前教育资源配置质量效益[J].中国教育学刊(8):39-44.

胡刚,2022.共同富裕命题下积极应对人口老龄化的路径选择[J].扬州大学学
　　报(人文社会科学版)(3):77-90.

胡宏伟,蒋浩琛,2021.我国基本养老服务的概念阐析与政策意涵[J].社会政策
　　研究(4):16-34.

胡敏洁,2019.学龄前儿童照顾政策中的公私责任分配[J].北京行政学院学报
　　(2):76-82.

胡晓毅,詹开明,何文炯,2018.基本医疗保险治理机制及其完善[J].学术研究
　　(1):99-106,178.

华颖,2020.从医保个人账户兴衰看中国社会保障改革理性回归[J].学术研究
　　(4):87-94.

纪宏,陈云,2009.我国中等收入者比重及其变动的测度研究[J].经济学动态
　　(6):11-16.

贾康,2006.区分"公平"与"均平"把握好政府责任与政策理性[J].财政研究
　　(12):6-10.

姜长云,2015.日本的"六次产业化"与我国推进农村一二三产业融合发展[J].
　　农业经济与管理(3):5-10.

金人庆,2006.完善公共财政制度逐步实现基本公共服务均等化[J].农村财政
　　与财务(12):4-6.

赖德胜,廖娟,刘伟,2008.我国残疾人就业及其影响因素分析[J].中国人民大
　　学学报(1):10-15.

李兵,张航空,陈谊清,2015.基本养老服务制度建设的理论阐释和政策框架

[J].人口研究(2):91-99.

李春玲,2003.中国当代中产阶层的构成及比例[J].中国人口科学(6):29-36.

李春玲,2010.高等教育扩张与教育机会不平等——高校扩招的平等化效应考查[J].社会学研究(3):82-113,244.

李春玲,2013.如何定义中国中产阶级:划分中国中产阶级的三个标准[J].学海(3):62-71.

李春玲,2018.中等收入群体成长的个体因素分析[J].社会科学辑刊(6):83-90.

李春玲,2022.迈向共同富裕阶段:我国中等收入群体成长和政策设计[J].北京工业大学学报(社会科学版)(2):38-48.

李亮亮,袁涛,2021."苗圃工程":贵州儿童托育服务的探索与思考[J].理论与当代(6):25-27.

李璐,赵玉峰,纪竞垚,2020.人口老龄化背景下的老龄事业和产业协同发展研究[J].宏观经济研究(10):103-113.

李培林,陈光金,张翼,2015.社会蓝皮书:2016年中国社会形势分析与预测[M].北京:社会科学文献出版社.

李培林,张翼,2000.消费分层:启动经济的一个重要视点[J].中国社会科学(1):52-61,205.

李培林,张翼,2008.中国中产阶级的规模、认同和社会态度[J].社会(2):1-19,220.

李培林,朱迪,2015.努力形成橄榄型分配格局——基于2006—2013年中国社会状况调查数据的分析[J].中国社会科学(1):45-65,203.

李强,2018.社会分层、中产阶层与中等收入群体[J].中央社会主义学院学报(4):5-12.

李强,徐玲,2017.怎样界定中等收入群体?[J].北京社会科学(7):4-10.

李实,2021.共同富裕的目标和实现路径选择[J].经济研究(11):4-13.

李实,罗楚亮,2007.中国城乡居民收入差距的重新估计[J].北京大学学报(哲学社会科学版)(2):111-120.

李实,罗楚亮,2011.中国收入差距究竟有多大?——对修正样本结构偏差的尝试[J].经济研究(4):68-79.

李实,沈扬扬,2021.中国的减贫经验与展望[J].农业经济问题(5):12-19.

李实,Terry Sicular,Finn Tarp,2020.中国收入不平等:发展、转型和政策[J].北京工商大学学报(社会科学版)(4):21-31.

李实,万海远,2018.中国收入分配演变40年[M].上海:格致出版社.

李实,万海远,谢宇,2014.中国居民财产差距的扩大趋势[Z].中国收入分配研究院工作论文,CIIDWP No.24.

李实,魏众,古斯塔夫森,2000.中国城镇居民的财产分配[J].经济研究(3):16-23.

李实,魏众,丁赛,2005.中国居民财产分布不均等及其原因的经验分析[J].经济研究(6):4-15.

李实,吴凡,徐晓静,2020.中国城镇居民养老金收入差距的变化[J].劳动经济研究(5):3-21.

李实,邢春冰,吴姗姗,2020.中国经济转型中的工资差距变动[C].2020年第五届劳动经济学年会(珠海)会议论文.

李实,杨修娜,2021.中等收入群体与共同富裕[J].经济导刊(3):65-71.

李实,杨一心,2022.面向共同富裕的基本公共服务均等化:行动逻辑与路径选择[J].中国工业经济(2):27-41.

李实,岳希明,罗楚亮,2020.中国低收入人口知多少?[EB/OL].(2020-07-21)[2022-09-20]. http://www.ftchineselive.com/story/001088612?archive.

李实,岳希明,史泰丽,等,2018.中国收入分配格局的最新变化——中国居民收入分配研究V[M].北京:中国财政经济出版社.

李实,赵人伟,1999.中国居民收入分配再研究[J].经济研究(4):5-19.

李实,赵人伟,2006.收入差距还会持续扩大吗[J].中国改革(7):44-46.

李实,赵人伟,高霞,2013.中国离退休人员收入分配中的横向与纵向失衡分析[J].金融研究(2):1-18.

李实,朱梦冰,2018.中国经济转型40年中居民收入差距的变动[J].管理世界(12):19-28.

李实,朱梦冰,2022.推进收入分配制度改革 促进共同富裕实现[J].管理世界(1):52-61,76,62.

李实,朱梦冰,詹鹏,2017.中国社会保障制度的收入再分配效应[J].社会保障评论(4):3-20.

李实,佐藤宏,史泰丽,等,2013.中国居民收入分配研究Ⅳ:中国收入差距变动分析[M].北京:人民出版社.

李树燕,唐敏,李彩彦,等,2019.农村贫困地区0～3岁儿童早期发展的意义、困境与出路[J].当代教育论坛(6):31-40.

李伟,王少国,2014.收入增长和收入分配对中等收入者比重变化的影响[J].统计研究(3):76-82.

李逸飞,王盈斐,2022.迈向共同富裕视角下中国中等收入群体收入结构研究[J].金融经济学研究(1):88-100.

李雨霏,马文舒,王玲艳,2019.1949年以来中国0—3岁托育机构发展变迁论析[J].教育发展研究(24):68-74.

李玉恒,阎佳玉,武文豪,等,2018.世界乡村转型历程与可持续发展展望[J].地理科学进展(5):627-635.

李玉红,2018.中国工业污染的空间分布与治理研究[J].经济学家(9):59-65.

林闽钢,2020.相对贫困的理论与政策聚焦——兼论建立我国相对贫困的治理体系[J].社会保障评论(1):85-92.

刘明中,2006.推进基本公共服务均等化的重要手段(上)——财政部副部长楼继伟答本报记者问[N].中国财经报,2006-02-07(1).

刘尚希,2019.人力资本、公共服务与高质量发展[J].消费经济(5):3-5.

刘守英,龙婷玉,2022.城乡融合理论:阶段、特征与启示[J].经济学动态(3):21-34.

刘欣,2007.中国城市的阶层结构与中产阶层的定位[J].社会学研究(6):1-14,242.

刘亚琳,茅锐,姚洋,2018.结构转型、金融危机与中国劳动收入份额的变化[J].经济学(季刊)(1):609-632.

刘艳聪,刘虎,2015.我国养老服务体系问题研究[J].青年时代(23):279.

刘渝琳,许新哲,2017.我国中等收入群体的界定标准与测度[J].统计研究(11):79-85.

刘宇南,2013.《国家基本公共服务体系"十二五"规划》中的若干重要问题探析[J].宏观经济管理(4):25-28.

刘志国,刘慧哲,2021.收入流动与扩大中等收入群体的路径:基于 CFPS 数据的分析[J].经济学家(11):100-109.

龙莹,2015.中等收入群体比重变动的因素分解——基于收入极化指数的经验证据[J].统计研究(2):37-43.

龙玉其,2020.基本养老服务均等化的核心概念及深层意蕴[J].老龄科学研究(10):62-71.

楼继伟,2006.完善转移支付制度 推进基本公共服务均等化[J].中国财政(3):6-8.

卢锋,2012.中国农民工工资走势:1979—2010[J].中国社会科学(7):47-67,204.

卢玮,2019.关怀伦理:一个儿童早期照顾服务的新视角[J].广西民族大学学报(哲学社会科学版)(3):49-56.

鲁全,2020.居民养老保险:参保主体、筹资与待遇水平[J].社会保障评论(1):19-34.

陆大道,1986.二〇〇〇年我国工业生产力布局总图的科学基础[J].地理科学(2):110-118.

陆杰华,郭芳慈,陈继华,等,2021.新时代农村养老制度设计:历史脉络、现实困境与发展路径[J].中国农业大学学报(社会科学版)(4):113-122.

陆杰华,林嘉琪,2022.共同富裕目标下推动养老服务高质量发展的理论思考[J].江苏行政学院学报(2):54-60.

陆杰华,刘芹,2021.中国老龄社会新形态的特征、影响及其应对策略——基于"七普"数据的解读[J].人口与经济(5):13-24.

陆铭,陈钊,2004.城市化、城市倾向的经济政策与城乡收入差距[J].经济研究

(6):50-58.

路娟,蔡军,2022.三孩政策背景下西安市0—3岁婴幼儿托育公共服务体系构建研究[J].陕西教育(高教)(11):43-45.

栾秀群,陈英,2013.我国基本养老服务体系研究[J].合作经济与科技(12):100-101.

罗楚亮,2019.高收入人群缺失与收入差距低估[J].经济学动态(1):15-27.

罗楚亮,陈国强,2021.富豪榜与居民财产不平等估算修正[J].经济学(季刊)(1):201-222.

罗楚亮,李实,史泰丽,等,2018.中国收入不平等的总体状况(2007—2013年)[M]//李实,岳希明,史泰丽,等.中国收入分配格局的最新变化——中国居民收入分配研究V.北京:中国财政经济出版社.

罗楚亮,李实,岳希明,2021.中国居民收入差距变动分析(2013—2018)[J].中国社会科学(1):33-54,204-205.

吕鉴达,贾思琪,阎美瑾,等,2016.辽宁省养老服务体系存在的问题与对策研究[J].中国医院用药评价与分析(S1):242.

马春华,2022.去家庭化和儿童非正规照顾:欧洲跨国比较研究[J].社会学研究(4):69-92,227-228.

茅锐,阮茂琦,史新杰,等,2022.缩小城乡收入差距推进共同富裕的财政支持政策[R]//中国农业大学全球食物经济与政策研究院,浙江大学中国农村发展研究院,南京农业大学国际食品与农业经济研究中心,等.2022中国与全球食物政策报告:58-75.

倪红日,张亮,2012.基本公共服务均等化与财政管理体制改革研究[J].管理世界(9):7-18,60.

聂海峰,岳希明,2013.间接税归宿对城乡居民收入分配影响研究[J].经济学(季刊)(1):287-312.

宁光杰,雒蕾,齐伟,2016.我国转型期居民财产性收入不平等成因分析[J].经济研究(4):116-128,187.

宁吉喆,2017.统计局:中国的基尼系数总体呈下降趋势[EB/OL].(2017-01-

20）［2022-09-20］. https://www. gov. cn/xinwen/2017-01/20/content _
5161566. htm.

潘层林,2021.杭州市举办婴幼儿照护服务社区成长驿站实践分享会[J].杭州
(20):72.

潘昆峰,卫京伟,秦博,2019.儿童期教育干预与贫困人群的社会流动性提
升——来自英国的经验与启示[J].学前教育研究(10):16-23.

彭希哲,宋靓珺,茅泽希,2018.中国失能老人问题探究——兼论失能评估工具
在中国长期照护服务中的发展方向[J].新疆师范大学学报(哲学社会科学
版)(5):1-17.

綦好东,1989.发达国家城乡关系的变化规律[J].农村经济与社会(2):10-
17,65.

盛昕,2018.新时期我国养老服务体系建设存在的问题与完善路径[J].学术交
流(10):125-131.

宋锦,李实,王德文,2020.中国城市低保制度的瞄准度分析[J].管理世界(6):
37-48,243.

宋锦,史泰丽,岳希明,2013. 2002 年和 2007 年 CHIP 调查:样本、权重以及城
镇、农村和流动人口综合样本[M]//李实,佐藤宏,史泰丽,等.中国收入差
距变动分析——中国居民收入分配研究Ⅳ.北京:人民出版社.

苏海南,2016.我国中等收入群体的产生、发展和现状[J].人事天地(12):9-11.

孙铃,梁宗保,陈会昌,等,2014.儿童 2 岁活跃性、自我控制与 5 年后学校适
应——父母养育方式的调节作用[J].心理发展与教育(1):9-15,23.

孙文灿,2016.基本养老服务内涵初探[J].中国民政(18):24-27.

孙文灿,2021.实现老有所养 促进共同富裕[J].社会福利(6):41.

索长清,刘帅莉,2022.加拿大魁北克省婴幼儿教育和保育政策的样态、特征及
启示[J].成都师范学院学报(10):118-124.

汤爽爽,冯建喜,2017.法国快速城市化时期的乡村政策演变与乡村功能拓展
[J].国际城市规划(4):104-110.

汤爽爽,孙莹,冯建喜,2018.城乡关系视角下乡村政策的演进:基于中国改革开

放 40 年和法国光辉 30 年的解读[J].现代城市研究(4):17-22,29.

仝志辉,陈淑龙,2018.改革开放 40 年来农村集体经济的变迁和未来发展[J].中国农业大学学报(社会科学版)(6):15-23.

完世伟,2008.城乡一体化评价指标体系的构建及应用——以河南省为例[J].经济经纬(4):60-63.

汪昊,娄峰,2017.中国财政再分配效应测算[J].经济研究(1):103-118.

王朝明,李梦凡,2013.极化效应下我国中等收入者群体的发展问题[J].数量经济技术经济研究(6):51-64.

王少峰,2014.义务教育公平研究文献综述[J].经济社会体制比较(3):213-218.

王天鑫,韩俊江,张晓红,2013.我国社会养老服务体系存在的问题和对策研究[J].劳动保障世界(14):13-15.

王亚柯,王宾,韩冰洁,等,2013.我国养老保障水平差异研究——基于替代率与相对水平的比较分析[J].管理世界(8):109-117.

王有强,董红,2003.国外农业立法的启示和借鉴[J].西北农林科技大学学报(社会科学版)(3):17-20.

王羽,2022.共同富裕进程中养老服务的地位作用与发展任务[J].学术交流(5):133-142.

魏后凯,2020.深刻把握城乡融合发展的本质内涵[J].中国农村经济(6):5-8.

文若予,巫筱媛,2022.建设婴幼儿友好社区:经验与启示[J].陕西学前师范学院学报(6):11-17.

吴鹏,常远,2018.中等收入群体的测算与现状研究——基于 CHNS 与 CHIP 数据[J].社会科学研究(2):72-82.

习近平.扎实推动共同富裕[J].求是,2021(20):4-8.

邢来顺,2018.德国是如何搞新农村建设的[J].决策探索(上)(5):80-81.

杨翠迎,何文炯,2004.社会保障水平与经济发展的适应性关系研究[J].公共管理学报(1):79-85,96.

杨建涛,王艳华,高建华,2016.基于 ANP-TOPSIS 的中国城乡一体化发展测度研究[J].经济经纬(1):42-47.

杨菊华,2018.制度要素与流动人口的住房保障[J].人口研究(1):60-75.

杨娟,赖德胜,邱牧远,2015.如何通过教育缓解收入不平等?[J].经济研究(9):86-99.

杨立雄,2021.相对贫困概念辨析与治理取向[J].广东社会科学(4):180-193.

杨明伟,吴海燕,2022.中国养老服务体系问题及对策探析[J].兰州工业学院学报(5):118-121.

杨奇明,林坚,2014.教育扩张是否足以实现教育公平?——兼论20世纪末高等教育改革对教育公平的影响[J].管理世界(8):55-67.

杨晓军,陈浩,2020.中国城乡基本公共服务均等化的区域差异及收敛性[J].数量经济技术经济研究(12):127-145.

杨修娜,万海远,李实,2018.我国中等收入群体比重及其特征[J].北京工商大学学报(社会科学版)(6):10-22.

姚建平,2021.我国社会救助标准体系建设研究——以最低生活保障制度为中心的分析[J].社会科学辑刊(2):81-87.

姚艳杰,许明,2008.美国开端计划的发展、问题与走向[J].学前教育研究(4):55-59.

叶响裙,2017.基于城乡社会养老服务发展实践的思考[J].中国行政管理(9):151-154.

叶兴庆,2022.城乡融合发展促进农民农村共同富裕[J].中国乡村发现(2):55-58.

余雅洋,李涛,姜辉,2021.0—3岁婴幼儿托育服务实施主体的研究——基于新中国成立以来国家政策的文本分析[J].教育观察(24):4-6.

郁建兴,任杰,2021.共同富裕的理论内涵与政策议程[J].政治学研究(3):13-25.

袁家军,2021.扎实推动高质量发展建设共同富裕示范区[J].求是(20):17-22.

岳经纶,范昕,2018.中国儿童照顾政策体系:回顾、反思与重构[J].中国社会科学(9):92-111,206.

岳希明,史泰丽,蔡萌,2018.CHIP权重构建(2007年和2013年)[M]//李实,岳希明,史泰丽,等.中国收入分配格局的最新变化——中国居民收入分配研究 V.北京:中国财政经济出版社.

岳希明,张斌,徐静,2014.中国税制的收入分配效应测度[J].中国社会科学(6):96-117,208.

岳希明,张玄,2020.强化我国税制的收入分配功能:途径、效果与对策[J].税务研究(3):13-21.

岳希明,张玄,2021.优化税收收入分配效应的思考[J].税务研究(4):11-18.

岳希明,种聪,2020.我国社会保障支出的收入分配和减贫效应研究——基于全面建成小康社会的视角[J].China Economist(4):100-131.

岳希明,周慧,徐静,2021.政府对居民转移支付的再分配效率研究[J].经济研究(9):4-20.

岳振,2010.实现老有所养必须构建基本养老服务——访国务院参事、中国人口与发展研究中心研究员魏津生［N/OL］.（2010-08-13）［2023-12-01］.http://finance.sina.com.cn/roll/20100813/04398474509.shtml? from＝wap.

詹鹏,贾晗睿,李实,2021.养老金收入如何影响农村老人的净赡养收入？[J].经济社会体制比较(5):85-98.

张海峰,黄楹,童连,等,2021.上海市 0～3 岁婴幼儿托育服务需求、利用与供给现况研究[J].中国儿童保健杂志(5):532-536.

张海朋,何仁伟,李光勤,等,2020.大都市区城乡融合系统耦合协调度时空演化及其影响因素——以环首都地区为例[J].经济地理(11):56-67.

张佳华,2013.北欧家庭政策与青年问题的早期干预——以挪威为例[J].上海青年管理干部学院学报(2):46-49.

张军,高远,傅勇,等,2007.中国为什么拥有了良好的基础设施？[J].经济研究(3):4-19.

周黎安,2007.中国地方官员的晋升锦标赛模式研究[J].经济研究(7):36-50.

张淑敏,刘辉,任建兰,2004.山东省区域城乡一体化的定量分析与研究[J].山东师范大学学报(自然科学版)(3):65-68.

张文馨,2019.城市化、居住分异与教育空间生产——0—3岁儿童照顾空间嬗变的一个分析框架[J].教育发展研究(24):75-84.

张献政,边恕,2021.我国农村社会保障体系存在的问题及对策研究[J].农业经济(2):70-73.

张翔,宋寒冰,吴博文,2019.收入、预期寿命和社会养老保险收入再分配效应[J].统计研究(3):78-87.

张翔,郑阳雨璐,杨一心,2021.职工基本养老保险个人账户利差损研究[J].公共管理学报(2):115-127,173.

张翔,周雨菲,郑衍煌,2021.提高城乡居保基础养老金水平促进共同富裕[J].中国社会保障(10):34-36.

张翼,2008.当前中国中产阶层的政治态度[J].中国社会科学(2):117-131,207.

章国荣,盛来运,2003.城乡居民收入差距扩大化及对策[J].中国统计(8):27-30.

赵德起,陈娜,2019.中国城乡融合发展水平测度研究[J].经济问题探索(12):1-28.

赵耀辉,李实,2002.中国城镇职工实物收入下降的原因分析[J].经济学(季刊)(2):575-588.

郑功成,2018.中国社会保障改革与经济发展:回顾与展望[J].中国人民大学学报(1):37-49.

郑功成,2021.面向2035年的中国特色社会保障体系建设——基于目标导向的理论思考与政策建议[J].社会保障评论(1):3-23.

《中国扶贫开发年鉴》编辑部,2019.中国扶贫开发年鉴(2019)[M].北京:中国农业出版社.

钟宁桦,2011.农村工业化还能走多远?[J].经济研究(1):18-27,56.

钟晓慧,彭铭刚,2022.养老还是养小:中国家庭照顾赤字下的代际分配[J].社会学研究(4):93-116,228.

周德,戚佳玲,钟文钰,2021.城乡融合评价研究综述:内涵辨识、理论认知与体系重构[J].自然资源学报(10):2634-2651.

周佳宁,邹伟,秦富仓,2020.等值化理念下中国城乡融合多维审视及影响因素[J].地理研究(8):1836-1851.

朱梦冰,李实,2017.精准扶贫重在精准识别贫困人口——农村低保政策的瞄准效果分析[J].中国社会科学(9):90-112,207.

朱晓龙,王洪辉,2004.巴黎工业结构演变及特点[J].国外城市规划(5):50-52.

佐藤宏,李实,岳希明,2006.中国农村税赋的再分配效应 1995—2002——世纪之交农村税费改革的评估[J].经济学报(2):140-160.

Acemoglu D,Guerrieri V,2008. Capital deepening and non-balanced economic growth[J]. Journal of Political Economy,116(3):467-498.

Alvaredo F,Gasparini L,2013. Recent trends in inequality and poverty in developing countries[M]// Atkinson A B,Bourguignon F. Handbook of Inequality:Volume 2A. New York:Elsevier:697-804.

Amadon S,Gormley W T,Claessens A,et al.,2022. Does early childhood education help to improve high school outcomes? Results from Tulsa[J]. Child Development,93(4):e379-e395.

Anderson L M,Shinn C,Fullilove M T,et al.,2003. The effectiveness of early childhood development programs:A systematic review[J]. American Journal of Preventive Medicine,24(3):32-46.

Bailey D,Duncan G J,Odgers C L,et al.,2017. Persistence and fadeout in the impacts of child and adolescent interventions[J]. Journal of Research on Educational Effectiveness,10(1):7-39.

Baker M,Gruber J,Milligan K,2008. Universal child care,maternal labor supply,and family well-being[J]. Journal of Political Economy,116(4):709-745.

Baker M,Gruber J,Milligan K,2019. The long-run impacts of a universal child care program[J]. American Economic Journal:Economic Policy,11(3):1-26.

Baumol W J,1967. Macroeconomics of unbalanced growth:The anatomy of urban crisis[J]. The American Economic Review, 57(3): 415-426.

Baumol W J, Blackman S A B, Wolff E N, 1985. Unbalanced growth revisited: Asymptotic stagnancy and new evidence[J]. The American Economic Review, 75(4): 806-817.

Bogue D J, 1969. Principles of Demography[M]. New York: John Wiley and Sons Inc.

Cai M, Yue X, 2020. The redistributive role of government social security transfers on inequality in China [J]. China Economic Review, 62: 101512.

Carrington W J, Detragiache E, Vishwanath T, 1996. Migration with endogenous moving costs[J]. The American Economic Review, 86(4): 909-930.

Castells M, 1989. The Informational City: Information Technology, Economic Restructuring, and the Urban-Regional Process[M]. Oxford: Blackwell.

Chancel L, Piketty T, Saez E, et al., 2022. World Inequality Report 2022 [R]. World Inequality Lab.

Chen C, Qin B, 2014. The emergence of China's middle class: Social mobility in a rapidly urbanizing economy[J]. Habitat International, 44: 528-535.

Chen K Z, Mao R, Zhou Y, 2022. Rurbanomics for common prosperity: New approach to integrated urban-rural development [J]. China Agricultural Economic Review, 15(1): 1-16.

Chetty R, Hendren N, Katz L F, 2016. The effects of exposure to better neighborhoods on children: New evidence from the moving to opportunity experiment[J]. The American Economic Review, 106(4): 855-902.

Cowell F A, 1995. Measuring Inequality[M]. 2nd ed. Bel Air: Harvester Wheatsheaf, Hemel Hempstead.

Credit Suisse Research Institute, 2015. Global Wealth Report 2015[R]. Credit

Suisse Research Institute.

Creedy J, 1985. Dynamics of Income Distribution[M]. Farnham: Ashgate Publishing.

Datt G, Ravallion M, 1992. Growth and redistribution components of changes in poverty measures: A decomposition with applications to Brazil and India in the 1980S[J]. Journal of Development Economics, 38(2): 275-295.

De Nardi M, Fella G, 2017. Saving and wealth inequality[J]. Review of Economic Dynamics, 26: 280-300.

Dodman D, 2009. Blaming cities for climate change? An analysis of urban greenhouse gas emissions inventories[J]. Environment & Urbanization, 21(1): 185-201.

Duncan G J, Magnuson K, 2013. Investing in preschool programs[J]. Journal of Economic Perspectives, 27(2): 109-132.

Echevarria C, 1997. Changes in sectoral composition associated with economic growth[J]. International Economic Review, 38(2): 431-452.

Edward N W, 2010. Recent trends in household wealth in the United States: Rising debt and the middle-class squeeze—An update to 2007[Z]. Levy Economics Institute of Bard College Working Paper No. 589.

Fogel R W, 1999. Catching up with the economy[J]. American Economic Review, 89(1): 1-21.

Franois B, 2018. World changes in inequality: An overview of facts, causes, consequences, and policies[J]. CESifo Economic Studies, 6: 345-370.

Fujita M, Ogawa H, 1982. Multiple equilibria and structural transition of non-monocentric urban configurations[J]. Regional Science and Urban Economics, 12(2): 161-196.

Fuller G W, Johnston A, Regan A, 2020. Housing prices and wealth inequality in Western Europe[J]. West European Politics, 43(2):

297-320.

Ganning J P, Baylis K, Lee B, 2013. Spread and backwash effects for nonmetropolitan communities in the U. S. [J]. Journal of Regional Science, 53(3): 464-480.

Garbinti B, Goupille-Lebret J, Piketty T, 2021. Accounting for wealth-inequality dynamics: Methods, estimates, and simulations for France[J]. Journal of the European Economic Association, 19(1): 620-663.

Golan J, Sicular T, Umapathi N, 2017. Unconditional cash transfers in China: Who benefits from the rural minimum living standard guarantee (Dibao) program? [J]. World Development, 93: 316-336.

Golding S A, Winkler R L, 2020. Tracking urbanization and exurbs: Migration across the rural-urban continuum, 1990-2016[J]. Population Research and Policy Review, 39: 835-859.

Goni E, López H, Servén L, 2011. Fiscal redistribution and income inequality in Latin America[J]. World Development,39(9):1558-1569.

Gormley Jr W T, Gayer T, Phillips D, et al. , 2005. The effects of universal pre-K on cognitive development[J]. Developmental Psychology, 41(6): 872-884.

Gormley Jr W T, Phillips D, Gayer T, 2008. Preschool programs can boost school readiness[J]. Science (American Association for the Advancement of Science), 320(5884): 1723-1724.

Gustafsson B, Sicular T, Yang X, 2019. China's emerging global middle class [M]// Sicular T, Li S, Yue X, et al. Changing Trends in China's Inequality: Evidence, Analysis, and Prospects. New York: Oxford University Press.

Gustafsson B, Wan H, 2020. Wage growth and wage inequality in urban China: 1988-2013[J]. China Economics Review, 62: 101462.

Gustafsson B, Yang X, Sicular T, 2020. Catching up with the West: Chinese

Pathways to the Global Middle Class [J]. The China Journal, 84: 102-127.

Hannum E, Wang M, 2006. Geography and educational inequality in China [J]. China Economic Review, 17(3): 253-265.

Heckman J J, 2006. Skill formation and the economics of investing in disadvantaged children [J]. Science (American Association for the Advancement of Science), 312(5782): 1900-1902.

Heckman J, Pinto R, Savelyev P, 2013. Understanding the mechanisms through which an influential early childhood program boosted adult outcomes[J]. American Economic Review,103(6):2052-2086.

Heshmati A, Lee S, 2010. The relationship between globalization, economic growth and income inequality[J]. Journal of Globalization Studies,1(2): 87-117.

Hirschman A O, 1958. The Strategy of Economic Development[M]. New Haven: Yale University Press.

Hoken H, Sato H, 2017. Public policy and long-term trends in inequality in rural China, 1988-2013 [Z]. Western University Centre for Human Capital Productivity Working Paper No. 2017-16.

Hungerford T L, 2010. The redistributive effect of selected federal transfer and tax provisions[J]. Public Finance Review,38(4):450-472.

Jorgenson D W, 1961. The development of a dual economy[J]. The Economic Journal, 71(282): 309-334.

Keister L A, Moller S, 2000. Wealth inequality in the United States[J]. Annual Review of Sociology, 26(1): 63-81.

Kharas H, 2010. The emerging middle class in developing countries[Z]. OECD Development Centre Working Paper No 285.

Kharas H, 2017. The unprecedented expansion of the global middle class: An update[Z]. Global Economy and Development Working Paper 100.

Knight J, Li S, Wan H, 2016. The increasing inequality of wealth in China, 2002-2013［Z］. Economics Series Working Papers 816, University of Oxford, Department of Economics.

Knight J, Li S, Wan H, 2021. The increasing inequality of wealth in China, 2013-2018［Z］. Working Paper.

Knight J, Li S, Wan H, 2022. Why has China's inequality of household wealth risen rapidly in the twenty-first century? ［J］. Review of Income and Wealth, 68(1): 109-138.

Kongsamut P, Rebelo S, Xie D, 2001. Beyond balanced growth［J］. The Review of Economic Studies, 68(4): 869-882.

Korom P, 2019. A bibliometric visualization of the economics and sociology of wealth inequality: A world apart? ［J］. Scientometrics, 118: 849-868.

Kottelenberg M J, Lehrer S F, 2013. New evidence on the impacts of access to and attending universal child-care in Canada［J］. Canadian Public Policy, 39(2): 263-286.

Kottelenberg M J, Lehrer S F, 2017. Targeted or universal coverage? Assessing heterogeneity in the effects of universal child care［J］. Journal of Labor Economics, 35(3): 609-653.

Krugman P, 1991. Increasing returns and economic geography［J］. Journal of Political Economy, 99(3): 483-499.

Kuznets S, 1957. Quantitative aspects of the economic growth of nations: Ⅱ. industrial distribution of national product and labor force［J］. Economic Development and Cultural Change, 5(S4): 1-111.

Lee E S, 1966. A theory of migration［J］. Demography, 1966, 3(1): 47-57.

Lewis W A, 1954. Economic development with unlimited supplies of labour ［J］. The Manchester School of Economic and Social Studies, 22(2): 139-191.

Li Q, Li S, Wan H, 2020a. Top incomes in China: Data collection and the impact on income inequality[J]. China Economic Review, 62：101495.

Li S, Sato H, Sicular T, et al., 2020b. Changing Trends in China's Inequality：Evidence, Analysis and Prospects[M]. New York：Oxford University Press.

Li S, Wan H, 2015. Evolution of wealth inequality in China[J]. China Economic Journal, 8(3)：264-287.

Li S, Wu S, Xing C, 2018. Education development and wage inequality in urban China[J]. Asian Economic Papers,17(2)：140-151.

Li Y, Rybski D, Kropp J P, 2019. Effects of changing population or density on urban carbon dioxide emissions[J]. Environment & Planning B, 48 (1)：43-59.

Lim S S, Updike R L, Kaldjian A S, et al., 2018. Measuring human capital：A systematic analysis of 195 countries and territories, 1990-2016[J]. The Lancet, 392 (10154)：1217-1234.

Lin J Y, 1992. Rural reforms and agricultural growth in China[J]. The American Economic Review, 82(1)：34-51.

Luo C, Li S, Sicular T, 2020. The long-term evolution of national income inequality and rural poverty in China[J]. China Economic Review, 62：1-15.

Luo C, Li S, Sicular T, et al., 2018. Evolution of inequality in China between 2007-2013：An overview[M]// Sicular T, Li S, Yue X, et al. Changing Trends in China's Inequality：Evidence, Analysis, and Prospects. New York：Oxford University Press.

Lydall H, 1968. The Structure of Earnings[M]. Oxford：Clarendon Press.

McCoy D C, Yoshikawa H, Ziol-Guest K M, et al., 2017. Impacts of early childhood education on medium-and long-term educational outcomes[J]. Educational Researcher, 46(8)：474-487.

McGranahan G, 2005. An overview of urban environmental burdens at three scales：Intra-urban, urban-regional and global[J]. International Review for Environmental Strategies，5（2）：335-355.

Milanovic B，2018. Global Inequality：A New Approach for the Age of Globalization[M]. Cambridge：Harvard University Press.

Milanovic B，Yitzhaki S，2002. Decomposing world income inequality：Does the world have a middle class[J]. Review of Income and Wealth，48（2）：155-178.

Millward H，Spinney J，2011. Time use，travel behavior，and the rural-urban continuum：Results from the Halifax STAR project[J]. Journal of Transport Geography，19（1）：51-58.

Mumford L，1961. The City in History：Its Origins，Its Transformations，and Its Prospects[M]. New York：Harcourt，Brace & World，Inc.

Myrdal G，1957. Economic Theory and Under-Developed Regions [M]. London：Gerald Duckworth & Co.

Ngai L R，Pissarides C A，2007. Structural change in a multi-sector model of growth[J]. American Economic Review，97（1）：429-443.

Pew Research Center，2012. The Lost Decade of the Middle Class[M]. Washington，D. C. ：Pew Research Center.

Pew Research Center，2015. The American Middle Class Is Losing Ground：No Longer the Majority and Falling behind Financially[M]. Washington，D. C. ：Pew Research Center.

Pew Research Center，2016. America's Shrinking Middle Class：A Close Look at Changes Within Metropolitan Areas[M]. Washington，D. C. ：Pew Research Center.

Piketty T，Yang L，Zucman G，2019. Capital accumulation，private property and rising inequality in China，1978-2015 [J]. American Economic Review，109（7）：2469-2496.

Ranis G，Fei J C，1961. A theory of economic development[J]. The American Economic Review，51：533-565.

Rickardsson J，2021. The urban-rural divide in radical right populist support：The role of resident's characteristics，urbanization trends and public service supply[J]. The Annals of Regional Science，67(1)：211-242.

Robert E，John G H，1992. The Constant Flux：A Study of Class Mobility in Industrial Societies[M]. Oxford：Clarendon Press.

Robertson D A，Savva G M，Kenny R A，2013. Frailty and cognitive impairment—A review of the evidence and causal mechanisms[J]. Ageing Research Reviews，12(4)：840-851.

Saez E，Zucman G，2016. Wealth inequality in the United States since 1913：Evidence from capitalized income tax data[J]. The Quarterly Journal of Economics，131(2)：519-578.

Savage M，2014. Piketty's challenge for sociology[J]. The British Journal of Sociology，65 (4)：591-606.

Savage M，Li C，2021. Introduction to thematic series "new sociological perspectives on inequality"[J]. The Journal of Chinese Sociology，8(1)：1-6.

Scarr S，Eisenberg M，1993. Child care research：Issues, perspectives, and results[J]. Annual Review of Psychology，44(1)：613-644.

Schopen W，2001. German policy for an integrated rural development[M]// Villages in the Future：Crops, Jobs and Livelihood. Berlin，Heidelberg：Springer Berlin Heidelberg：85-89.

Shoichiro T，Shikata M，2019. The middle class in Japan，1994-2009：Trends and characteristics[Z]. Keio-IES Discussion Paper DP2019-001.

Shorrocks A F，2013. Decomposition procedures for distributional analysis：A unified framework based on the Shapley value [J]. The Journal of Economic Inequality，11(1)：99-126.

Stark O，1991. The Migration of Labor[M]. Cambridge：Basil Blackwell.

Stiglitz J E，1969. Distribution of income and wealth among individuals[J].

Econometrica, 37(3): 382-397.

Szelenyi I, Martin B, 1988. The three waves of new class theories[J]. Theory and Society, 17: 645-667.

Thompson W E, Hickey J V, 2005. Society in Focus[M]. Boston: Pearson.

Todaro M P, 1969. A model of labor migration and urban unemployment in less developed countries[J]. The American Economic Review, 59(1): 138-148.

United Nations, 2018. World Urbanization Prospects: The 2018 Revision[R]. New York: United Nations Department of Economic and Social Affairs.

United Nations, 2020. World Social Report 2020: Inequality in a Rapidly Changing World[R]. New York: Department of Economic and Social Affairs.

Williamson J G, 1965. Regional inequality and the process of national development: A description of the patterns[J]. Economic Development and Cultural Change, 13(4): 1-84.

Winkler-Kühlken B, 2003. Voneinander lernen-Bevölkerungsrückgang und Strukturanpassung in ländlichen Regionen Europas[J]. Informationen zur Raumentwicklung, 12: 779-787.

Wolff E N, 2010. Recent trends in household wealth in the United States—Rising debt and the middle-class squeeze—An Update to 2007[Z]. Economics Working Paper Archive.

World Bank, 2007. Global Economic Prospects 2007: Managing the Next Wave of Globalization[M]. Washington, D. C. : The World Bank.

World Bank, 2016. Poverty and Shared Prosperity 2016: Taking on Inequality[M]. Washington, D. C. : The World Bank.

Xie Y, Jin Y, 2015. Household wealth in China[J]. Chinese Sociological Review, 47(3): 203-229.

Yang D T, Cai F, 2000. The political economy of China's rural-urban divide

[M]// Hope N C, Yang D T, Li M Y. How Far Across the River: Chinese Policy Reform at the Millennium. Stanford: Stanford University Press: 389-416.

Young A, 2013. Inequality, the urban-rural gap, and migration[J]. The Quarterly Journal of Economics, 128(4): 1727-1785.

Zarifa D, Seward B, Milian R P, 2019. Location, location, location: Examining the rural-urban skills gap in Canada[J]. Journal of Rural Studies, 72: 252-263.

Zhang X, Kanbur R, 2005. Spatial inequality in education and health care in China[J]. China Economic Review,16(2):189-204.

Zhang Y, Wan G, Khor N, 2012. The rise of middle class in rural China[J]. China Agricultural Economic Review, 4(1): 36-51.